高职高专“十三五”规划教材

微 课 版 创 新 型 教 材

DAXUESHENGXINLIJIANKANGJIAOYU

大学生心理健康教育

主　编　李新红　吴菁莉

副主编　赵建萍　朱东方

杨舒雯　李会文

同濟大學出版社
TONGJI UNIVERSITY PRESS

内 容 提 要

本书注重理论与实践相结合，在内容和体系上做了一些尝试和探索。全书共九章，分别讲授了大学生心理健康教育概述、自我意识与培养、人格发展与培养、学习心理与创造性思维培养、生命教育与心理危机应对、情绪管理、人际交往、恋爱与性心理、压力管理与挫折应对等心理健康知识，并以普及心理健康知识、为大学生提供心理健康指导为出发点，力求体现操作性、参与性和可读性的特点，旨在帮助大学生解决在现实生活中和学习中所遇到的心理问题，为其处理好各种心理问题提供更好的指导。

本书浅显易懂，实用性强，既可作为课程教学使用，也可以作为学生自学使用。

图书在版编目(CIP)数据

大学生心理健康教育/李新红，吴菁莉主编. —上海：同济大学出版社，2018.2

ISBN 978-7-5608-7761-7

Ⅰ. ①大… Ⅱ. ①李… ②吴… Ⅲ. ①大学生—心理健康—健康教育 Ⅳ. ①G444

中国版本图书馆 CIP 数据核字(2018)第 038463 号

高职高专“十三五”规划教材

微 课 版 创 新 型 教 材

大学生心理健康教育

主　　编　李新红　吴菁莉　**副主编**　赵建萍　朱东方　杨舒雯　李会文

责任编辑　张　莉　陈佳蔚　**责任校对**　徐春莲　**封面设计**　潘向蓁

出版发行　同济大学出版社　www.tongjipress.com.cn

(地址：上海市四平路 1239 号　邮编：200092　电话：021-65985622)

经　　销　全国各地新华书店

排　　版　南京月叶图文制作有限公司

印　　刷　常熟市大宏印刷有限公司

开　　本　787 mm×1 092 mm　1/16

印　　张　15.25

字　　数　381 000

印　　数　1—4 300

版　　次　2018 年 2 月第 1 版　2018 年 2 月第 1 次印刷

书　　号　ISBN 978-7-5608-7761-7

定　　价　38.00 元

前言

加强大学生心理健康教育工作是新形势下全面实施素质教育的重要举措，是高等学校德育工作的重要组成部分。早在2001年5月，教育部、卫生部和团中央联合印发了《关于加强普通高等学校大学生心理健康教育工作的意见》，要求各地教育部门和高校要充分认识加强高校大学生心理健康教育的重要性。高职院校的大学生作为高校大学生的一个群体，其心理健康面临着复杂的环境，表现出更加复杂的特征，为了切实做好高职院校大学生的心理健康教育和引导工作，我们依据高职院校大学生的心理特点编写了本书。

本书依据教育部《普通高等学校大学生心理健康教育工作实施纲要(试行)》的有关要求和高职院校大学生的生活和学习实际，积聚了编写人员多年来在该领域的实践经验和教学成果，同时也参照了近年来出版的有关教材和著作。本书注重理论与实际相结合，在内容和体系上做了一些尝试和探索。全书共九章，分别讲授了大学生心理健康教育概述、自我意识与培养，人格发展与培养、学习心理与创造性思维培养、生命教育与心理危机应对、情绪管理、人际交往、恋爱与性心理、压力管理与挫折应对等心理健康知识。

心理健康教育主要通过对学生进行心理健康知识的宣传和教育，引导学生正确对待自己、他人和社会，正确对待困难、挫折和荣誉，塑造良好的健康个性，从而提高学生的心理素质，促进心理和谐，构建和谐社会。

全书以“实用、够用”为度，淡化了理论，注重实践，既满足了高等职业院校培养应用型人才的要求，也体现了高职院校大学生自身的需求，从而有利于高职院校大学生良好心理素质的养成，以及科学思维方法与创新能力的培养。

本书由新乡职业技术学院李新红、吴菁莉担任主编，新乡职业技术学院赵建萍、朱东方、杨舒雯、李会文担任副主编。具体分工如下：李新红编写第一章；赵建萍编写第二章和第三章；朱东方编写第四章和第五章；李会文编写第六章；杨舒雯编写第七章；吴菁莉编写第八章和第九章。

本书浅显易懂，实用性强，既可作为课程教学使用，也可作为学生自学使用。

由于编写时间仓促且编者水平有限，书中如有不妥之处，敬请专家和读者批评指正。

编　者

2018.1

目录

第一章

大学生心理健康教育概述

名人名言

只要朝着阳光，便不会看见阴影。

——海伦·凯勒

这世界除了心理上的失败，实际上并不存在什么失败，只要不是一败涂地，你一定会取得胜利的。

——亨·奥斯汀

经得起各种诱惑和烦恼的考验，才算达到了最完美的心灵健康。

——培　根

徐晓，某重点大学大一新生。中学时期受到父母无微不至的照顾，使得她生活自理能力较差。虽然以优异的高考成绩顺利地考入大学，但随之而来的住宿生活却让徐晓感觉到压力巨大：不会洗衣服，只能趁周末把脏衣服背回家；不会整理生活用品，她的床铺总是被批评脏、乱、差；和同学相处也不尽如人意；甚至连令她引以为豪的学习也不像之前那么突出了。渐渐地，徐晓变得情绪低落、失眠、食欲不振，上课也不能集中注意力，每天都无精打采。去医院检查身体，确认身体没有疾病。然而，徐晓始终无法调整好自己的状态，对大学生活失去了兴趣，入学不到半年就退学了。

现代生活中，心理健康至关重要。大学生是祖国的未来，肩负着实现中华民族伟大复兴的历史重任，保持一个健康的心态是大学生实现这一重任的基础。拥有健康的心理成为大学生提高全面素质的重要因素。

第一节 健康与心理健康

名人名言

心灵成长是个人的进化，人的一生中心灵成长的机会永无限制。

——斯科特·派克

恻隐之心，人皆有之；羞恶之心，人皆有之；恭敬之心，人皆有之；是非之心，人皆有之。恻隐之心，仁也；羞恶之心，义也；恭敬之心，礼也；是非之心，智也。仁义礼智，非由外铄我也，我固有之也，弗思耳矣。故曰：求则得之，舍则失之。

——孟　子

一、健康

1. 健康新概念

健康是人类生存极为重要的内容，它对人类的发展、社会的变革、文化的更新、生活方式的改变，起着决定性的作用。那么，一个人怎样才算健康呢？传统观念里，人们普遍认为身体健康是健康概念的全部，身体没病也就意味着健康。但是随着社会的发展和生活水平的提高，人们的健康观也在不断发生变化，对健康的理解趋向于“整体健康观”，即健康是由心理尺度、医学尺度和社会尺度来评价的，健康的概念已从传统的生物医学模式走向生物—心理—社会医学模式，这是健康概念的第一次转向。

1948 年，世界卫生组织(World Health Organization，简称 WHO)成立时，在章程中对健康下了这样的定义：“健康乃是一种生理、心理和社会适应都日臻完满的状态，而不仅仅是没有疾病和虚弱的状态。”在此特别突出了健康概念的多元化。

1989 年，世界卫生组织进一步把健康定义为“躯体健康，生理健康，社会适应良好”。此定义突出强调了人的生理与心理、自然性与社会性的不可分割性。当然，这也是世界公认的健康的标准定义。

1990 年，世界卫生组织在对健康定义的阐述的基础上增加了“道德健康”。所谓道德健康，即健康还包含着道德标准，符合其所处社会认可的行为规范和价值标准，道德水平发展到较高阶段。这就进一步将健康的焦点转向道德健康，使健康的内涵由对精神生命的关注指向对精神成长的提升，标志着健康概念的第二次转向。

2000 年，世界卫生组织又提出“合理膳食，戒烟，心理健康，克服压力，体育锻炼”的促进健康的新准则，将健康的概念进一步细化。

世界卫生组织关于健康概念的不断完善，体现了现代社会对健康较为全面的认识。在此基础上，我们总结出衡量健康的四个层面：

(1) 躯体情况。包括身体发育是否良好，是否有生理疾病或缺陷等，这是健康概念的基础。

(2) 心理发展状态。包括是否有心理疾病，是否有持续的、积极的心理状态等。

(3) 社会适应程度。包括掌握多少生活知识和技能，是否有正确的生活目标，能否遵守社会生活规则，顺利融入社会群体，承担社会角色，适应社会生活等。

(4) 道德文明水平。包括道德认知水平和道德行为状况等，道德健康的最高标准是无私奉献，最低标准是不损害他人。

2. 健康新内涵

随着社会的进步和医学科学的发展，人们对健康含义的理解也越来越深刻。近年来，世界卫生组织又提出了健康的十条新内涵。内容如下：

(1) 有充沛的精力，能从容不迫地应付日常生活和工作的压力而不感到过分紧张。

(2) 处事乐观，态度积极，乐于承担责任，不论事情大小都不挑剔。

(3) 善于休息，睡眠良好。

(4) 应变能力强，能适应外界环境的各种变化。

(5) 能够抵抗一般性感冒和传染病。

(6) 体重适当，身材匀称，站立时头、肩、臀位置协调。

(7) 眼睛明亮，反应敏锐，眼睑不发炎。

(8) 牙齿清洁、无空洞、无痛感，牙龈颜色正常，无出血现象。

(9) 头发有光泽、无头屑。

(10) 肌肉和皮肤有弹性，走路感觉轻松。

因此，健康是生理健康与心理健康的统一，二者相互联系、密不可分。人的生理疾病会影响到人的心理健康，容易使人产生烦躁不安、情绪低落等心理不适的现象；而长期的心情抑郁也易产生身体的不适。因此，健全的心理有赖于健康的身体，健康的身体同样离不开健全的心理，二者是相互依赖、相互促进的。

心理健康歌

心无病，防为早，心理健康身体好。
气平衡，要知晓，情绪稳定疾病少。
调心理，寻逍遥，适应环境病难找。
练身体，动与静，弹性生活健身妙。
要食素，八分饱，脏腑轻松自疏导。
七情谊，不暴躁，气愤哀怒要去掉。
人生气，易衰老，适当宣泄人欢笑。

想得多，童颜少，心胸狭窄促人老。

事不急，怒不要，心平气和没烦恼。

品书画，溪边钓，选择爱好自由挑。

与人交，义为高，友好往来要做到。

动脑筋，健身好，正常生活要协调。

生命壮，睡足觉，劳逸结合真需要。

二、心理健康

1. 心理健康的概念

心理健康的认识

心理健康是相对于生理健康而言的。《心理学百科全书》中有关“心理健康”的解释是，心理健康也叫心理卫生，其含义主要包括两个方面：一是指心理健康的状态，即没有心理疾病，心理功能良好，能以正常稳定的心理状态和积极有效的心理活动，面对现实的、发展变化着的自然环境、社会环境和自身内在的心理环境，具有良好的调控能力、适应能力，保持切实有效的功能状态；二是指维护心理的健康状态，即有目的、有意识、积极自觉地按照个体不同年龄阶段身心发展的规律和特点，遵循相应的原则，有针对性地采取各种有效的方法和措施，营造良好的家庭环境、学校环境和社会环境，通过各种形式的宣传、教育和训练，以求预防心理疾病，提高心理素质，维护和促进心理活动的这种良好的功能状态。

实际上，现代社会对心理健康的标准还没有一个公认的尺度，而且对它的评价还受诸如种族、社会、文化、宗教信仰等因素的影响。古希腊哲学家苏格拉底认为，正常状态与人的自我认识有关，即没有一个完全正常的人，因自我认识永远不能完备，人格永远是在发展之中。而且，生活中的挫折本无休止，心理无时不在寻找某种平衡，就如同体操运动员在平衡木上的动作一样，心理上的完美，也就在于动中取得平衡，在平衡中求动。

第三届国际心理卫生大会对心理健康的定义为：“所谓心理健康是指在身体、智能以及情感上与他人的心理健康不相矛盾的范围内，将个人心境发展成最佳状态。”

1948 年世界卫生组织明确规定：“健康不仅是身体没有疾病，而且应当重视心理健康，只有身心健康，体魄健全，才是完整的健康。”

《简明大不列颠百科全书》中将心理健康定义为：“心理健康是指个体心理在本身和环境条件许可范围内所能达到的最佳功能状态，而不是指绝对的十全十美。”

心理学家英格里斯认为：“心理健康是一种持续的心理情况，当事者在那种情况下能进行良好的适应，具有生命的活力，而且能充分发展其身心的潜能，这才是一种积极的、丰富的情况，而不仅仅是免于心理疾病。”

心理健康即在成长和发展过程中，认知合理、情绪稳定、行为适当、人际和谐、适应变化的一种完好状态。心理健康是健康的重要组成部分。我国中科院心理研究所郭念锋教授认为:“心理健康是指人的心理,即知、情、意活动的内在关系协调,心理的内容与客观世界保持统一,并能促使人体内、外环境的平衡,促使个体与社会环境相适应的状态,并由此不断发展健全的人格,提高生活质量,保持旺盛的精力和愉快的情绪。”

当今,“健康就是无病”的传统观点已逐渐被抛弃。现在,人们倾向于接受这样一些观点:

(1) 心理健康是一种相对的、持续的且积极发展的动态心理状态,而不是指“十全十美”。

(2) 心理健康是指较长一段时间内的持续的心理状态,异常心理或行为的偶尔出现以及轻微情绪失调,如能恢复正常,则不能认为是一个人心理不健康。

(3) 心理健康可以用一系列具体标准来描述,但这种描述通常是一种全面的理想要求,不一定能全部做到。

(4) 对心理健康的理解渐趋于多元模式,造成心理不健康的因素并不是单一的,而是生物、心理和社会多因素共同作用的结果。

因此,我们认为,心理健康可以从广义和狭义两个方面进行理解。从广义上讲,心理健康指一种高效而满意的、持续的心理状态;从狭义上讲,心理健康指人的基本心理活动的过程内容完整、协调一致,即认识、情感、意志、行为、人格完整和协调,能适应社会,与社会保持同步。这样,心理健康就寻求到了一种平衡,从而达到了心理上的完美。

案例精选

在一档世界职业拳王争霸赛的电视节目中,有这样几个暖人的细节:参加比赛的是两名美国职业拳手,年长的叫卡非拉,35 岁;年轻的叫巴雷拉,28 岁。上半场两人打了 6 个回合,实力相当,难分胜负。在下半场第 7 个回合中,巴雷拉接连击中老将卡非拉的头部,使他鼻青脸肿。短暂休息时,巴雷拉真诚地向卡非拉致歉,他先用自己手中干净的毛巾一点一点擦去卡非拉脸上的血迹,然后把矿泉水洒在卡非拉头上,一脸歉意,那神情仿佛受伤的是自己。接下来两人继续交手。也许是年纪大了,也许是体力不支,卡非拉一次又一次被巴雷拉击中后倒在地上。按规则,对手被打倒在地后,由裁判连喊三声,如倒地的拳手起不来则对手获胜。卡非拉挣扎着起身,裁判开始报数:1, 2,当 3 还没出口,巴雷拉一把把卡非拉拉了起来。裁判感到很吃惊,这样的举动在拳场上很少见。巴雷拉向裁判解释说:“我犯规了,只是你没有看见,这局不算我赢。”扶起卡非拉后,他们微笑着击掌,继续交战。最终,卡非拉以 108 : 110 的成绩负于巴雷拉。观众潮水般涌向巴雷拉,向他献花、致敬、送礼物。巴雷拉拨开人群径直走向被冷落的老将卡非拉,他把鲜花送给了卡非拉。两人紧紧地抱在一起,相互亲吻被击中的部位,俨然一对亲兄弟。

分析 这个故事告诉我们，卡非拉虽然败了，但败得很有风度；巴雷拉赢了，赢得很大度。两个人一个败在体力，一个赢在拳术。但是，他们都赢在了人格上。健全的人格是心理健康的一个重要标准，今天我们做任何事情，要想取得成功，健康的心理状态和良好的心理素质是关键，心理健康才能让我们对事情做出正确的抉择。

2. 心理健康的标准

因为随着时代的发展、科技的进步，人们的个体经历或经验使人们对心理健康有着不同的理解，对心理健康标准的判定也不尽相同。心理健康也不能像生理健康那样给出精确和绝对的标准。

关于心理健康的标准，世界卫生组织明确提出了四个方面：①身体、智力、情绪十分调和；②适应环境，人际关系中彼此能谦让；③有幸福感；④在工作和职业中，能充分发挥自己的能力，过高效率的生活。

美国学者坎布斯认为心理健康的人应该有四种特质：①积极的自我观念；②恰当地认同他人；③面对和接受现实；④主观经验丰富，可供取用。

美国心理学家马斯洛和米特尔曼在 20 世纪 50 年代提出了心理健康的十条标准：①充分的安全感；②充分了解自己；③生活的目标切合实际；④与现实环境保持接触；⑤能保持人格的完整与和谐；⑥具有从经验中学习的能力；⑦能保持良好的人际关系；⑧适度的情绪表达与控制；⑨在不违背社会规范的条件下，对个人的基本需要做恰当的满足；⑩在不违背团体的要求下，能做有限度的个性发挥。

我国学者王希永认为心理健康有下列六个标准：①智力正常，思维方式正确，能唯物辩证地看待自己，看待社会，看待一切事物；②具有高尚的情感体验，能控制自己的情绪；③正确对待困难和挫折，不苛求环境，不推卸责任，有战胜困难的信心、勇气和毅力，有创新意识和开拓精神；④需要是合理的，动机是可行的，有理想、有追求、有社会责任感，精神生活充实；⑤具有自觉的社会公德，具有社会所赞许的道德品质，能恰当地处理好人际关系；⑥经常处于内心平衡的满足状态，出现心理不平衡时，自己可以及时地进行调整。

虽然学者们从不同的角度提出了有关心理健康的标准，但大家都达成了一点共识，即心理健康是一种能够表现出良好个性和良好人际关系的心理特质结构，它是在正常发展的智能基础上形成的。另外，需要指出的是，对于心理健康的标准，我们只能把它视为一个人们努力追求的理想目标，不能将这些标准当作至理来苛责自己；当然，也不能忽视这些标准从而忽略了自己真正存在的心理健康隐患。最终，我们要将这些标准当作辅助性的工具，使自己的心理健康达到较好的状态。

三、大学生的心理健康标准

大学生是社会中较为特殊的一个群体，国内外学者对大学生心理健康标准的界定依然没有一个最终的定论。但结合我国大学生群体的生理、心理特点以及社会对其角色的特定要求等实际情况,通常采用以下七条标准评判大学生的心理健康。

1. 能保持对学习有较浓厚的兴趣和求知欲

一般来说,学生的主要任务就是学习,所以对学习的兴趣及求知欲就显得特别重要。心理健康的大学生对学习应有正确的态度,求知欲强,有浓厚的学习兴趣,有较高的学习效率,能够自觉克服学习中遇到的各种困难,并从学习中体验到快乐与满足。

2. 能保持正确的自我意识,接纳自我

正确的自我意识是大学生心理健康的重要条件,能正确了解自己、接纳自己,做到自尊、自强、自爱、自制,摆正自己的位置,勇敢地面对挫折和困难,正视现实,积极进取。根据自己的个性特点和能力状况设置合理的人生目标,做一个接纳自我、发展自我的人。

3. 能协调与控制情绪,保持良好的心境

情绪,是人们各种感觉、思想和行为的一种综合的心理,是对外界刺激所产生的心理反应。每个人都有丰富的情绪体验,大学生也是如此。一个心理健康的大学生,在多数情况下都应保持情绪的稳定和良好的心境,应富有朝气和活力,对生活充满希望,对未来充满憧憬;善于调控自己的情绪,既能克制又能合理宣泄自己的情绪,情绪的表达既符合社会的要求又符合自身的需要;在困难和挫折面前,能保持积极、乐观的心态等。

4. 能保持完整统一的人格品质

人格品质完整是指个体的所想、所说、所做都是协调统一的,人格结构的各要素,如气质、能力、性格、理想、信念等方面能平衡发展,保持完整统一,具有积极的人生态度与价值观。

5. 能保持和谐的人际关系,乐于交往

和谐的人际关系是心理健康十分重要的条件。大学生要乐于与人交往。交往动机端正,不卑不亢,关心和帮助他人,交往中保持完整独立的人格;能够客观公正地评价别人,评判事件;取人之长,补己之短。

6. 能保持良好的环境适应能力

心理健康的大学生对周围的事物和环境有正确的认识和评价,能够正确地认识和正视现实,善于将自己融入不同的环境,积极地适应环境,积极投身生活,善于在生活中感受到乐趣。当发现自己的需要、愿望和社会发生矛盾时,能迅速进行自我调节,力求与社会环境协调一致。

7. 心理行为符合年龄特征

人类的生命发展有着不同的年龄阶段,而且都有着相对应的心理行为表现。大学生的思维敏捷、精力充沛,在行为上表现为勤学好问、积极探索、勇于挑战。如果整天萎靡不振、喜怒无常,那么肯定是出现了心理问题,其心理行为也不符合大学生的年龄特征。

第二节 大学生的心理健康教育

名人名言

要散布阳光到别人心里，先得自己心里有阳光。

——罗曼·罗兰

一、大学生心理健康现状及常见的心理问题

1. 大学生心理健康现状

在我国社会发展的历史进程中，随着经济的快速发展，利益格局差距日益加深，急剧的社会变迁所引发的心理问题也逐渐增多。随着中国教育的不断发展，越来越多的适龄青年都有机会进入大学，接受高等教育，同时大学生们也渐渐走出了“天之骄子”和“栋梁之材”的神话，回归到了现实生活中。大学生活将更多地承载着理想与现实的冲突。我们无法忘记 2002 年轰动全国的清华大学刘海洋硫酸泼熊事件，也同样对 2004 年云南大学马加爵杀害同寝室四名同学的事件记忆犹新，更加对 2013 年复旦大学林森浩投毒案震惊不已，这些事件留给世人的是无尽的警醒和反思。而令我们感到更为遗憾的是，此类案例在高校中绝非个别现象，心理危机事件频发，心理疾病已经成为危害大学生心理健康的主要疾病。有专家指出，中国内地正处于社会转型期，有心理障碍的学生逐年增多，值得整个社会共同关注。

据北京大学王登峰博士统计，在校大学生有心理障碍倾向的占 30%～40%，其中有较严重心理障碍的约占 10%。

据中国疾病预防控制中心精神卫生中心公布的一项调查显示，10%～25.4%的大学生有心理障碍。据北京高校大学生心理素质研究课题组的报告显示，有超过 60%的大学生存在中度以上的心理问题，并且这一数字还在继续上升。2004 年，华中科技大学社会学系陈志霞等人运用“自杀态度调查问卷”，采取分层抽样方式，对 1 010 名大学生的自杀意念与自杀态度进行调查，结果发现有过轻生念头的学生占 10.7%。

据中国社会调查所一项调查显示，26%受访大学生有过自杀想法。2008 年教育部直属高校就发生了 63 起大学生自杀事件，其中北京、上海各 23 起。2009 年，学生自杀趋势有增无减，仅上半年，北京就有 14 名大学生自杀身亡，广东一高校 2 月份接连发生 3 起跳楼自杀事件，3 月到 4 月湖北多所高校也连发 5 起，死者包括博士、硕士、本科及专科生。

因此，大学生心理健康问题必须引起全社会关注，其中自杀事件也只是高校大学生

心理健康问题的一个缩影，但从中我们可以发现，当前我国高校大学生的心理健康状况不容乐观，提升大学生心理素质迫在眉睫。

2. 大学生常见的心理问题

(1) 环境不适应

环境不适应在大学新生中反应较为普遍。尤其是初次离家过集体生活的同学都需要经历一个从不适应到逐步适应的过程。在这一过程中，从小受溺爱或过度保护的人，性格孤僻、内向或暴戾的人不易合群，就难以适应生活的变化，在孤独感、无助感的折磨下，个别人容易产生抑郁。

(2) 学习的压力

近年来，青年学生因学习压力加大而轻生的事例也较为常见。大多是进入大学后由于学习目标不明确，学习方法不适应或所学专业与自己的学习兴趣、思维方式相抵触，部分同学的学习成绩明显滞后，甚至面临留级、休学等现象。涉世不深，心理上缺乏承受能力的年轻人，一时想不开，往往铤而走险，结束自己本可以再度辉煌的生命。

(3) 情感的挫折

在大学生活中，大学生们既有对友情、爱情的追寻和渴望，也有情感的迷惑和失落，处理不当，就会受到压抑、抑郁等情绪的困扰。当今的大学生相当一部分为独生子女，在家里受到家长们无微不至的关心和照顾，享受到家庭的温暖和父母无私的爱。进入大学后，由于离开家乡和父母，一些同学感到难以适应大学生活，不能及时进入大学的学习状态，产生了情绪波动；渴望关爱和友情，苦闷、孤寂、烦恼等情绪时时会袭扰同学们的内心。

案例精选

王丽，某高职院校大一新生。刚进入大学的校门，王丽对周围的一切都充满新鲜感，她在一次班级的活动中对同班的一名男同学一见钟情。此后，王丽就一直暗恋这名男生，几乎到了魂牵梦绕的地步。但由于女生特有的羞涩，她不敢对这位男生表白，暗恋的痛苦一直缠绕她，上课的时候她总是不自觉地朝那位男同学的方向望去，无法集中注意力，期末考试就要到了，王丽仍然什么都没有学到。一方面她很想走出暗恋的误区，集中精力好好复习；另一方面又控制不住自己的情感去想那名男生。因此，她总是烦躁不安、失眠。为此，王丽陷入极端的痛苦之中，变得忧郁而沉闷，只能将美好的心愿寄托在梦境中，梦醒时分，便觉得更加迷茫和痛苦。

分析　大学生仍处于青春发育期，对爱情有着懵懂的憧憬和渴望。但这种情感如若得不到正确的疏解，久而久之便会演化为心理问题。因此，大学生应正确对待这份情感，慎重处理，可以找同学、老师倾诉或寻求其他解决的办法，不要一直沉迷于此。同时也要注意自己的学生身份，把学习放在第一位，不要荒废了学业。

(4) 人际关系问题

大学生的感情世界丰富而敏感,他们渴望与人交往,获得友谊、尊重和理解。然而不同的地域、不同的生活习惯、不同的兴趣爱好等造成的差异使得一些同学对人际交往产生了心理戒备,甚至形成封闭心理。这种渴望交往与心理封闭的矛盾,在心理上形成一个悖论,即一方面渴望与同学们真诚、平等地进行交往;但另一方面,在与人交往的过程中,却怀有多疑、戒备、封闭的心理。对人际交往的期望值越高,在人际交往过程中的猜忌、戒备心理也越强,自我封闭的状态也就日益严重。反过来,自我封闭越严重,内心的孤独感也就越强,因而更加渴望与人交往,更加渴望真情和理解。封闭与交往的冲突,也是当前一些同学产生失落和自卑心理的重要原因之一。

21 世纪对人才的要求更高,不仅要有好的身体、一定的文化知识和技能,还要有良好的心理素质、健全的人格。作为一名大学生,要妥善地处理自身问题。当然,大学生心理健康教育的目标也是帮助大学生追求一种更积极的人生境界,从而得到更全面的发展。

(5) 就业的困扰

随着社会的发展,我国的就业形势越来越严峻,因此很多大学生对未来和前途充满困惑。经济的转型和波动,无疑使原本困难的就业形势更加严峻。如何在就业困难的环境中实现自我发展,成为当代大学生必须面对的问题。

二、加强大学生心理健康教育的方法

加强大学生心理健康教育是高等教育的内在要求。目前,社会、学校和家庭都认识到了大学生心理健康教育的重要性。高等职业技术院校也从自身特点出发对学生进行心理健康教育。加强大学生心理健康教育的方法有多种,从目前各高校的做法看,主要有以下五种:

1. 积极优化校园环境,创造良好的心理社会环境

心理学家发现,环境对人的心理影响很大,因此,营造文明健康的校园文化氛围成为培养大学生心理健康的重要内容之一。学校应通过心理健康案例分析、心理科普宣传等方式,普及心理健康知识、传播心理健康的理念,使得学生关注自身心理健康,积极预防心理问题的产生。社会各界应利用各种传播媒介在促进大学生心理健康方面的潜移默化的影响,普及心理健康知识,以引起大学生对提高心理健康水平的自觉要求。

2. 开设心理健康教育课,定期举办相关讲座

大学生心理健康教育的最终目标是培养大学生良好的心理素质,而心理素质的提高离不开对心理学知识的了解,学校应开设心理健康教育课,让学生系统地学习心理健康知识。另外,学校定期举办相关讲座也是十分必要的,这对于普及心理健康知识,提高大学生对心理健康教育的认识具有重要意义。

3. 设立心理教育和咨询机构,积极开展学校心理咨询服务

通过开展心理咨询服务,防治大学生心理疾病,增强大学生心理健康。高校的心理咨询工作主要以预防为主,采取灵活多样的形式,如个体咨询,电话、网络咨询,小组咨询,挫折考验训练等帮助学生解除心理困惑;建立大学生心理档案,进行跟踪了解。

4. 将心理健康教育与德、智、体、美、劳的教育紧密结合起来,以实现相互促进、功能互补的效果

从心理的角度入手,运用心理的手段消除学生的心理障碍,加之其他方面教育的引导,使大学生克服不健康的心理和偏激的观点,从而取得最佳的整体效应,实现全面发展。

5. 鼓励大学生建立心理健康教育社团

大学生组建自己的心理社团可以说是实现大学生心理健康教育较为有效的方式之一。通过大学生的自发组织,可以强化其自我教育意识,使追求心理健康成为一种自觉行为。例如,广东某职业技术学院的大学生就成立了一个心理健康协会,并将该协会发展成该学院最大的学生社团,使得每一位会员都会为传播大学生心理健康知识贡献出一份力量。

三、加强大学生心理健康教育的意义

爱默生曾经说过:“健康是智慧的条件,是愉快的秘诀。”清华大学心理学教授樊富珉则说过这样一段话:“如果你想做一个有自知之明的,健康快乐的,拥有亲情、友情和爱情的人,如果你想在成才的道路上不断前行,那就必须具备心理健康。”心理健康的特殊性决定了心理健康教育的重要性,因而加强大学生心理健康教育有其内在的重要意义。

1. 心理健康教育可以起到保证身体健康的效果

人的心理健康和身体健康是相互依存、密不可分的。生理健康是心理健康的基础,心理健康反过来又能促进生理健康。同学们都有这样的体验:当身体有疾病时,会情绪低落、焦躁易怒;而当面临诸如考试的压力时,会头痛失眠、食欲不振。因此,加强对大学生的心理健康教育可以达成大学生心理健康和身体健康的和谐。

2. 心理健康教育可以预防精神疾病的发生,提高心理素质

大学生是一个民族的希望。身心健康状况不仅影响自己、家庭、学校,更重要的是关系到我国现代化事业的兴衰成败。在高校开展心理健康教育,既可以起到预防心理问题的发生,又可以使学生中暴露出来的某些心理健康问题被及时地解决在萌芽状态,这对大学生的健康成长无疑会起到积极作用。

3. 心理健康教育是塑造大学生良好个性和优良思想品德的先决条件

性格健康是心理健康的首要必备条件。一个人的性格具体地标志着一个人的品德和世界观,即人的性格特征和人的思想品质是紧密地联系在一起的,没有健康的性格就谈不上优良思想品德的形成。也就是说，培养健康的性格和优良的思想品德是同一教育过程中的两个不同的侧面。可见，心理健康教育对大学生个性的形成及思想和品德的训练均起到积极的促进作用。

4. 心理健康教育是促进大学生智力发展、提高心理素质的基础

在学习过程中，如果一个大学生朝气蓬勃、心情愉快，就会调动其智力活动的积极性，易于在大脑皮层形成优势兴奋中心，形成新的暂时神经联系和使旧有的暂时神经联系复活，进而促进智力的发展。反之，若是在烦恼、焦躁、担心、忧虑、惧怕等情绪状态下学习，就会压抑智力活动的积极性和主动性，使感知、记忆、思维、想象等认知机能受到压抑和阻碍。事实上，那些被感情、人际关系等问题搞得忧心忡忡致使成绩一落千丈，因控制不住自己的情绪冲动而违法违纪，因缺乏学习动机而厌学的大学生，其归因都表明了心理是人的一切活动的根本。

5. 心理健康教育对于建设社会主义精神文明有着重要的意义

心理健康教育不仅对个体有意义，而且对群体也有不可忽视的作用。加强大学生心理健康教育有助于帮助大学生克服消极心理状态，缓解人际冲突，改善交往环境；有助于塑造良好的形象，发展健全的品格，提高大学生的道德水平；还有助于提高大学生的积极性和创造力，从而推动社会主义现代化进程。可见，心理健康教育是社会主义精神文明建设的重要组成部分。

综合案例解析

别让压力挤走自我

案例一

小王一直是一个品学兼优的学生，平时成绩名列前茅，并在班级里担任班长。她对自己也很自信，感觉考上了自己理想的大学将来就业就绝对没问题了。然而前一段时间，她听说就业情况非常不好，又在网上看了许多相关信息，感到非常失望，也很有压力。最近一个月来，小王情绪一直低落，感到前途渺茫，觉得自己如果没有一份理想的工作很对不起父母。因此，开始出现烦躁不安，情绪紧张，晚上总是难以入睡，平时上课注意力不能集中，虽然她努力控制自己，却没什么效果。一周前，小王开始感觉头疼，去医院做了头部的CT，结果一切正常。有同学建议小王去做心理咨询，她一口回绝了，觉得去做心理咨询的人都是心理有疾病的，自己身体很健康，心理也没问题，根本没有必要。

案例二

某大学大三学生王某，坐在教室里看书时，总担心会有人坐在身后并干扰自己，有强烈的不安全感，以致只能坐在角落或者靠着墙坐，否则就无法安心看书。他对同寝室一名同学听收音机的行为非常反感，有时甚至难以忍受，尤其是睡午觉时总担心会有收音机的声音干扰自己，因此失眠，经常休息不好。但又不好意思跟这名同学当面发生冲突，因为他觉得为这样的小事发脾气，可能是自己的不对。王某很长时间都不能摆脱这种心理困境，很苦恼，严重影响了自己的日常生活和学习。在即将毕业时，王某心中一片茫然，既担心找不到理想的工作，又逃避这个问题，怕给自己增添烦恼。他学习一般，在班级成绩中游，看到其他同学都在准备考研究生，自己也想考，但又不能集中精力学习。自卑，缺乏自信，生活态度比较消极，认为所有的一切都糟透了。王某家在农村，经济状况一般，他认为自己有责任挑起家庭的重担，但又觉得力不从心。

分析 心理健康对大学生的学习、生活具有重要的意义。近年来，我国的就业形势越来越严峻，很多大学生对未来和前途充满困惑。小王就因为就业压力而导致心理上出现了一些问题。而王某则过于敏感，又不会调整自己的心态。当代大学生应该正视出现的各种心理问题，及时采取适当方式，如心理咨询等，解决心理问题，预防大学生心理疾病，增强大学生心理健康教育。

扩展阅读

去除心灵的杂草

一位哲学家带着他的弟子漫游世界，十年后，他的弟子个个都满腹经纶。在进城之前，哲学家在郊外一片长满杂草的地上坐了下来，对他的学生说："学业就要结束了，现在我们上最后一课吧，我想知道，如何除掉这些杂草？"弟子们非常惊愕，他们都没有想到，一直在探讨人生奥妙的哲学家，最后一课问的竟是这么简单的一个问题。一个弟子说："老师，只要有铲子就够了。"另一个弟子说："用火烧也是一种很好的办法。"第三个弟子的回答更干脆："斩草除根，只要把根挖出来就行了。"等弟子们都讲完了，哲学家站了起来说："课就上到这里，你们回去后按照各自的办法除去一片杂草，一年后再来相聚。"

一年后弟子们都来了，不过原来相聚的地方已不再是杂草丛生，而是变成了一片长满谷子的庄稼地。弟子们傍着谷地坐下来，等待哲学家的到来，可是哲学家却始终没有出现。

几十年后，哲学家去世。弟子们在整理他的言论笔记时，在最后补了一章：要想除掉旷野里的杂草，最好的方法就是在上面种上庄稼；同样，要想让灵魂无纷扰，最好的方法就是用美德去占领它。

美德可以播下真的种子，开出善的花，结出美的果，可以让恶习的杂草彻彻底底地失去生存的空间。我们不要只是单纯地除去杂草，治标不治本，那只是暂时看上去干净，而后则会"春风吹又生"，世间的外界环境时时影响我们内部的心灵，所以要建立起这犹如"庄稼"的防护林，才不会给杂草一丝重生的机会，心灵此时才会真的清净了。

放下失败后的悲观沉沦，放下嫉妒，放下骄傲，放下虚荣，放下懒惰，我们的心灵将会结出硕大的果，心中的庄稼将会使杂草知难而退，我们的心胸将变得宽广……心灵也是一方田地，长杂草，本是自然不过的事。若是长了，不可让杂草任意滋长，不可坐等荒芜，颗粒无收，那就去种些美德吧！用真诚做肥料，用纯真做阳光，用善良充当新鲜空气,你会得到一个心灵中美丽芳香的大花园,从而将杂草的位置占据。

（参考资料:阅读网,有删改）

心理健康的标准只是一种理想尺度,它为人们提高心理健康水平指明了努力方向。实际上健康与不健康并没有十分明显的界限,心理健康方面的专业人士会依照综合的标准进行判断,主要考虑四个方面的因素:①个人痛苦水平;②丧失功能行为的领域和影响大小;③对自身的伤害性,是否使痛苦或死亡的风险增加;④个人行为的社会可接受性,即是否违反社会规范。

知识链接

积极心理学

积极心理学是20世纪末产生于美国的一场声势浩大的心理学运动,是目前心理学界最新的心理取向。积极心理学运动发起人——美国著名心理学家马丁·赛里格曼认为,心理学不仅仅是关于疾病或健康的科学,也是关于人的幸福、发展、快乐、满意的科学。其研究领域包括三个方面:一是主观层次的积极的主观体验的研究,包括幸福感和满足,希望和乐观主义,快乐和充盈,重点是对人的主观幸福感的研究,强调人要满意地对待过去,幸福地感受现在和乐观地面对未来;二是个人层次的积极的个人特质的研究,包括爱的能力,工作的能力,勇气,人际交往技巧,对美的感受力,毅力,宽容,创造性,关注未来,洞察力,才能与智慧等;三是群体层次上的积极组织系统的研究,致力于研究建立积极的社会、家庭和学校系统,以培养公民美德,使公民具有责任感,利他主义,有礼貌,有职业道德。基于此,积极心理学提出,心理学应更注重研究人性中的积极方面,努力采取更加科学的方法来培养人的品质、挖掘人的潜力、激发人的活力、帮助人们唤起心中的热情,让人们充满对生活的信心,努力帮助人们寻求和掌握获得美好幸福生活的方法。

带你走进积极心理学

第三节 大学生常见的心理问题及应对

一、大学生常见的心理问题

大学生正处于青年期,其心理发展水平正处在迅速走向成熟而尚未完全成熟的过渡阶段。他们一般还保留着浓厚的少年时期的心理特征,诸如独立性不够,对家长有较大的依赖;对社会了解有限,过于理想化;对自我的认识不清而难以定位;遇到生活环境的变化、交际圈的更新、学习内容和方式的改变时,往往出现一系列冲突,这些冲突如果得不到及时调整，则可能引发一些心理问题。大学生中最常见的心理问题来自以下八个方面。

1. 入学适应问题

大学新生入学以后，离开原先所熟悉的环境，来到一个陌生的校园，新的生活环境、生活方式、学习内容、人际交往形式等都与以前中学阶段有很大的不同。在这种情况下，一些大学生会产生强烈的内心冲突，不能从心理上很好地予以适应，表现出不安、情绪紧张等心理问题。个别独立性差、自理能力缺乏的学生，心理反应更加明显。

2. 人际交往问题

比起中学时代，大学的人际交往更为复杂，独立性更强，更具有社会性。大学生需要尝试这种人际交往，并学会建立良好的人际关系。然而一些大学生社会适应能力较差，缺乏妥善处理人际关系的基本能力，在人际交往中总感到不适应、不自然，表现出或十分被动，或无所适从。有的大学生习惯以自我为中心，不考虑别人的感受，对生活、学习行为和方式不愿因集体的需要而有所改变；有的在人际交往中表现出功利性过强，总想在群体中获取点利益、得到点好处；有的对他人的一些个性行为“看不惯”，不愿与其交往，如果彼此发生矛盾，很容易引起冲突、引发事端；还有的整日沉溺于网络虚拟世界，宁愿每天面对电脑，也不想与人打交道，心理和行为越来越孤僻。

3. 学习问题

对于大学新生来说，学习不适应的现象较为普遍。大学的学习与高中时有很大不同，教学内容由少而浅变为多而深，学习方法由监督学习变为自主学习，授课方式由多讲解到少讲解多讨论，学习任务由考大学到掌握技能。面对这种种变化，有些学生一时感到无所适从，方法不当而动力不足，学习目标迷失，于是，不知为何而学成为普遍现象，这些都可能导致他们的学习成绩严重下滑，而对学习上的挫折不能很好地去面对，最终也就容易使其产生心理问题。

4. 情感问题

大学生正处于青春期的中期，生理上趋于成熟，心智上有了一定的发展，对爱情生活有所向往和追求，因此大学生谈恋爱是一种普遍现象。但是有很多大学生在恋爱中存在情感困惑，在恋爱的过程中会出现单相思、感情纠葛和失恋等心理挫折。特别是失恋，如果处理不好，他们就容易受到极大伤害而造成心理失调，萎靡不振，甚至精神崩溃，在短时期内会出现一些极端行为。

5. 自我意识问题

进入大学，学生们会认为自己已经长大了，他们注重自我探索，希望了解自己是一个什么样的人、毕业后想做什么、能做什么等，这种思索就是自我意识。在大学，每个学生都希望能尽快掌握一技之长，以适应社会。由于大学生还是以学习间接经验为主，所处的环境还是理想色彩较浓的校园，他们缺乏实践，阅历较浅，他们现实所具备的能力与他们期待的水平有一定的差距，于是产生了多种冲突。

6. 压力问题

现在大学生就业竞争越来越激烈，一些学生可能从大一就开始思考自己未来的发展问题，这使大学生学习压力越来越大。在面临压力的时候，有的学生不懂得如何求助和减压，反而用一些增加压力的方式来解决问题，这样也会使他们的压力越来越大。

7. 情绪障碍问题

一个人如果长期处于消极或激烈的情绪状态下，如烦恼、冷漠、焦虑、抑郁、暴躁等，就会造成情绪障碍。在这种情况下，正常的心理和生理活动会受到影响，出现很多异常的心理和行为，若不及时采取各种调节措施，就可能导致严重的后果。

8. 生涯规划与就业问题

目前，国家在择业和就业中引入了双向选择的竞争机制。所有面临毕业的大学生都要接受社会的选择。就业岗位要求和标准日益提高，相当数量的大学生缺乏足够而必要的就业心理准备。在面临强大的竞争压力时，有的学生还缺少必要的生涯规划，在学校学习的过程中缺少目标，没有方向，感觉迷茫，甚至未毕业时就出现了严重的就业心理压力，表现为无法有序地进行大学后期的学习，整日忧心忡忡、情绪低落，出现严重的心理焦虑和身体不适与障碍，心理承受能力越发脆弱。如不及时排解、调适，往往会发生心理崩溃，导致消极、负面的后果。

二、形成大学生心理问题的成因

相关调查与研究显示，大学生心理问题产生的原因主要来自于以下三个方面。

1. 社会大环境的影响

社会大环境是导致大学生产生心理问题的首要原因。当前社会经济制度的变革，给大学生带来了巨大的心理压力。对大学生来说，社会、家庭寄予了他们很高的期望，这种高期望给他们带来的压力也是巨大的。所有这些都会让他们感到压抑、苦闷、茫然。

2. 不良的家庭、学校环境的影响

我们的家庭教育中仍存在着诸多不利于孩子健康成长的因素。其一，应试教育使“望子成龙”或“望女成凤”成为许多中国家长期望值的代名词。家长的期望值过高或过低，对孩子的健康成长都是不利的。其二，家庭的贫困、变故，家庭关系的不和谐与家庭的不完整等因素，都会影响大学生健康心理的形成。大学学习生活的紧张、单调，也易使他们产生压抑感，从而缺乏生活乐趣，而学校如果在这方面对他们缺乏有效的指导，会引发大学生心理问题的产生。此外，大学里一些不健康的校园文化，尤其是网络文化的表面化、庸俗化、虚拟化，也对大学生的心理产生了一些不良的影响。

3. 个体因素的影响

不良的个性是个体产生心理问题的根本原因。个性在很大程度上决定了个体的心理承受能力，也决定着个体为人处世的方式，即决定了个体的思维与行为的方式。因此，它影响着个体的心理健康。某些大学生不能进行正确的自我评价，也未能合理地进行自我选择，甚至无法正常地与他人进行交往，因而产生了这样或那样的心理问题。概括而言，引发大学生心理问题的个体因素主要包括遗传、身体健康状况、先天神经系统、人格和心理素质等。

三、大学生心理问题的应对

大学生处于最美好的青春年华，有着得天独厚的优越条件，大学生活应该是人生中最绚丽的一章。然而，大学时代也是各种心理问题和心理疾病的高发期。那么，大学生该如何有效应对和及时排解心理问题呢？

1. 进行有效的自我调节

(1) 学会建立积极心态

在遇到心理问题时，第一个求助对象永远是自己，因此自我调节也是应付心理问题的基本方式。在进行自我调节时，最重要的是学会建立积极的心态。喜剧大师卓别林说过："用特写镜头看生活，生活是一个悲剧，但用长焦镜头看生活，生活则是个喜剧。"诗人汪国真说："心晴的时候，雨也是晴；心雨的时候，晴也是雨。"这就是说，积极的心态会带来积极的结果，保持积极的心态，你就可以控制环境，反之环境将会控制你。

要想拥有积极的心态，就要学会积极的思考。人的视觉和思维都是有盲点的，看见消极的一面就看不见积极的一面，我们要像调电台的旋钮一样把它调到积极的位置。比如，你不能决定生命的长度，但你可以控制它的宽度；你不能左右天气，但你可以改变心情；你不能改变容貌，但你可以展现笑容；你不能控制他人，但你可以掌握自己；你不能预知明天，但你可以利用今天；你不能样样顺利，但你可以事事尽力。

(2) 发展良好的兴趣和爱好

有人说，"兴趣是最好的老师"。也有人说，"只要是爱好的事，做一天好像才过了一小时，不感兴趣的事，做一个小时像过了一天"。这话一点也不假。爱好，可以帮我们调节紧张情绪，缓解各种压力，增添几多欢乐，甚至可以助我们陶冶性情，脱离低俗，提升修养。

大学有丰富的资源，比如各种社团活动和兴趣爱好小组，大学生也有足够的自由安排自己的课余时间，这些都为学生发展各种兴趣爱好提供了充分而便利的条件。在课余时间，你可以走进大自然，或登山览胜，或临海弄潮；可以笑傲运动场，在竞技中尽情挥洒汗水；也可以投身书海，在淡泊人生中诗意栖居；还可以寄情音乐，享受天籁之音带来的美好，等等。

(3) 调整自己的抱负水平

每个人都在追求一定的目标,否则就会失去前进的动力,这种对自己所要达到目标规定的标准,就是抱负。自我抱负水平是自定的标准,可高可低,仅仅是个人愿望,与个人的实际成就不一定相符合。一般来说,自我抱负水平直接影响个人的学习和生活,一个抱负水平较高的人,往往对自己的要求也较高,因而其学习、工作的效率也就较好;一个抱负水平低的人,对自己的要求也就低,缺乏积极性、主动性,因而其学习、工作的效果也就较差。但是,如果一个人的自我抱负水平总是高于自己的实际能力,那就很难达到预期的目标,很容易遭受挫折。因此,个人的自我抱负水平必须建立在对自己的实际能力正确认知的基础之上。

2. 发展良好的人际关系

古往今来,友谊一直是人们津津乐道的话题之一。电视剧《水浒》就热情赞扬了我国平民身上重情守谊的高贵品质,因而受到老百姓的喜爱。人们珍惜友谊、热爱友谊是因为人们热切地需要友谊。友谊是人类美好的情感之一,是高尚的道德力量。唐代诗人李白在《扶风豪士歌》中就歌颂了这强大的力量:“扶风豪士天下奇,意气相倾山河移。”18 世纪的英格兰诗人罗伯特·布拉亥则把友谊看作“心灵的神秘的结合者”“生活的美化者”和“社会的巩固者”。可见真诚的友谊,不仅使人们的生活得到欢乐,而且能增强战胜困难的勇气,获得蓬勃向上的力量。因此人们由衷地祝福:愿友谊地久天长!

著名的心理学家丁瓒也指出,“人类的心理适应最主要的就是对人际关系的适应。所以,人类的心理病态主要是有与人际关系的失调而来。”这句话对大学生来说再贴切不过了。大学生渴望友谊,希望通过人际交往来丰富人生知识、了解生活、交流情感、学会处世、确立自我,从而获得自尊、自信和心理安全感。因此,良好的人际关系能使人获得安全感和归属感,得到理解和支持,给人精神上的愉悦和满足,促进身心健康发展。

3. 寻求心理咨询帮助

通常来说,自我调节只适用于程度并不严重的心理问题,如果心理困扰不能通过自身和朋友间的倾诉进行调节,那就需要寻求专业的心理咨询的帮助了。心理咨询作为一种新生事物已经逐渐被大众认可和接受,在许多发达国家心理咨询已经成为人们生活中不可缺少的一部分。但在我国,人们对心理咨询缺少科学的认识,甚至还有着错误的观念,认为是“神经病”才需要心理咨询。事实上,心理咨询是针对健康人群的一种咨询与辅导,它不同于传统意义上的思想政治工作、说教、劝导、指导等,它是一种专业的、正式的、效果更为良好的助人方式。

四、心理问题的各种误区

1. 有心理障碍就是自己生活中犯了错

心理障碍往往是生理、社会、心理等因素共同作用的结果,与个人日常生活中的应对方式、情绪管理水平以及心理调节意识等有关，而与个人的道德品质无关。有时候心理障碍还是个人无意识的自我保护，是对生活压力的一种适应，只不过是一种不健康的适应方式而已。有了心理障碍不能自怨自艾，要开展自我调节，学习健康的应对方式，必要时还可寻求专业的帮助，增强心理健康水平。心理咨询工作从不认为是当事人犯了错，也不对当事人进行批评教育，更不做道德上的评判。

2. 求助于心理咨询很丢人

认为心理咨询很丢人、不体面，往往是因为我们缺乏心理健康知识，缺乏对心理咨询的正确认识，缺乏正确的求助意识。有人以为只有严重的精神疾病才求助于心理咨询。事实上，重性精神疾病只占心理咨询求助人数中的一小部分，而且通常他们更适合药物治疗，而不适合心理咨询。心理咨询更多的是面向有社会适应困难、心理调节困难的处于亚健康状态下的正常人。如果生活应对问题、适应方式问题及其他心理调节问题没有及时解决，时间一长反而容易积郁成疾，演变为程度更重、治疗更为困难的精神疾病。在西方国家，求助于心理医生是件光彩的事，一方面说明自己有一定的经济实力，另一方面说明自己有较高的生活追求，希望提高自己的生活质量而受人称赞。

3. 家人不支持自己去心理咨询

当事人自己有心理问题时，家人非但不能理解和支持他求助，有时甚至会埋怨说是没事找事，无事生非，或者说是为了偷懒或逃避现实，这会使当事人受到更大的伤害。这往往是因为家人不具备心理卫生知识，缺乏心理健康意识所致，也可能是因为家庭内部形成了稳定的互动模式，导致了当事人出现问题，当事人的求助和改变，往往会打破家庭已经习惯化了的互动模式，而遭到家人的阻抗。无论哪一种情况都需要耐心沟通，直面问题、解决问题是当务之急。

4. 心理咨询会透漏个人的隐私

心理咨询不可避免地会涉及个人的经历、感受，这些都是个人的隐私话题，也可能正是我们的问题所在。事实上，就心理问题求助于心理咨询医生并不意味着有什么不正常或见不得人，相反，这表明了个人具有较高的生活目标，希望通过心理咨询更好地完善自我，而不是回避和否认问题。专业的心理咨询往往具有安全的氛围，当事人可以卸下生活中沉重的面具，坦诚地面对自己的内心，这其实就是咨询和治疗的一部分。在求助过程中，个人把自己包裹得越严实，从中的收益也越少。一方面，专业的咨询师会与当事人共同构建安全氛围，更会为当事人的言行保密；另一方面，寻求帮助的当事人自己可以掌控讨论的节奏和进度，如果你觉得没有准备好，或者觉得与目前无关，你可以拒绝讨论相关话题，心理咨询尊重人的选择。

5. 求助于心理咨询的都是弱者

现实生活中自我感觉良好或者自我效能感越强的人，遇到心理问题时较少选择向他人求助。但是我们更认同这样的理念：能够意识到自己的局限，积极向外界学习的人,才更能适应现代社会的竞争。一方面前来求助的人并非是弱者,恰恰相反,他们是意识到自己的局限,愿意借另外一面镜子照自己,希望用求助的方式提高自己的生活质量;另一方面,即使是强者,如果遭遇了心理问题,也需要向外求助解决问题。强者应该是善于利用各种资源,包括可以求助的资源,帮助自己成功,而不是自大自欺,故步自封。否则当自己真的需要时,反而因为自己一向不求助,觉得没有人可以帮得了自己,而产生较强的无助感、无望感。

6. 心理咨询就是聊天

心理咨询主要是言语交流的过程,但和一般的聊天,如常见的声讯台、信息台、电台的谈心节目不同。虽然这些聊天也能给人以帮助,但它们的性质与方法皆不同。心理咨询是运用心理学的方法,还有社会学、医学等方面的知识,有严格科学的理论体系和操作规程,从而达到解决心理问题的目的,促进人格的发展。这完全不同于普通朋友的聊天、亲友带有立场的劝解安慰,以及其他说服、劝导、励志、教育工作等。

7. 心理咨询应该立竿见影

很多人希望心理咨询能够做到药到病除,立竿见影,一次咨询就能解除自己的心理障碍。这种情况不是不可能发生,只不过取决于太多的因素,比如当事人问题的性质和程度、对咨询的期望、自己的领悟能力以及咨询师的水平等。有时不是因为咨询师做了什么,而是在特定的环境下,当事人从咨询师这面镜子里,突然领悟到什么,从而直接导致了问题的解决。通常情况下,咨询需要一个较长的过程。即使是短程的心理治疗也需要数次或十数次。这是由心理咨询与治疗的方法和性质决定的。

8. 心理咨询师应该帮我做出决定

虽然当事人有时强烈地希望咨询师帮助自己或者代替自己做出生活中的各种决定,这恰恰是专业的心理咨询所应该避免的。因为生活方式的自主选择权只属于当事人自己,咨询师不可以剥夺这种权力,哪怕是当事人授意的。心理咨询是帮助当事人发现自己身上的潜力,自主应对生活压力,自己做出决定;专业的咨询师可能会视情况的不同提供支持性或者生活指导性的建议,但不会提供生活选择性的、个人倾向性的建议,更不会替你做出决定。通常情况下,当事人也不需要这样的决定。

9. 我想去但找不到合适的咨询师

就个人而言,找到一个适合自己的心理咨询师真的不是一件很简单的事。如果你觉得咨询师不适合自己,可以当作一个问题与他进行讨论。有时候是我们自己对咨询的认识存在局限,导致对心理咨询的期望过高,超出心理咨询的范畴。如果是咨询师本身的局限,你可以提出中止或转介。如果自己遭遇心理障碍,只要不放弃努力,就一定能够找到适合自己的办法,以及能够帮助自己的人。

10. 心理障碍的药物治疗容易形成依赖或产生副作用

心理障碍的药物治疗由精神专科医院或综合性医院精神科医生进行。不同病症适合不同的药物，药物维持治疗的时间长短不同；不同时段药物剂量不同，更由于个人体质差异，药物的作用和效果也不同。个别人可能对药物敏感，出现不同程度的肠胃反应或嗜睡现象，一般情况下身体会较快适应。由此担心药物的副作用，形成药物依赖，其实没有必要，相比心理障碍对个体的生活质量及生命安全的影响与威胁而言，药物的副作用微不足道。在心理障碍需要药物治疗的时候应该坚持就医，遵医嘱服药，切不可擅自停药。特别是重度抑郁症、躁郁症、精神分裂症等的治疗，药物治疗是主要的，而且发现得越早，治疗的效果越好。

11. 心理疾病不需要住院治疗

由于我国在心理卫生知识方面的普及程度远远不够，社会大众对精神卫生知识特别是精神疾病的防治存在各种错误的认识。不少人对精神心理疾病的住院治疗缺乏理解和了解，常以疯人院称呼精神病院。一般情况下，大多数心理障碍的治疗并不需要住院，单纯的心理咨询与治疗或者配合一定的门诊药物治疗即可有较好效果。但是，如果当事人发生以下三种情况，入院治疗则是必需的：当事人最近采取过自杀行为；当事人有周密的自杀计划和准备，有高度的自杀危险；当事人患有一种或多种有自杀危险的精神疾病，且处在症状发作期。在国外，以上三种情况一般需要采取强制入院措施保证充分、有效、及时的药物治疗，挽救当事人的生命。

知识链接

什么情况下向心理咨询求助

(1) 当你心情烦闷，难以自拔时。

(2) 当某些事引起了你强烈的心理冲突，自己难以解决时。

(3) 当你人际关系中出现了问题，常与他人发生冲突时。

(4) 当你恋爱中出现难以解决的问题时。

(5) 当你有明显不平常的感觉和行为时，例如，总感觉有人在说自己的坏话；总听到一个声音指挥、控制你……

(6) 当你常会害怕一些并不可怕的事物，脑子里总不停地想一些无意义的小问题，或者不停地洗手时。

(7) 当你有一些古怪的性问题时，或对月经、遗精等问题有困惑时。

(8) 当你希望进一步改善自己性格时。

如何求助心理咨询与治疗？

(1) 主动求助：寻求心理咨询不等于失面子。正视问题和勇于求助咨询师可以更好地解决问题。

(2) 开门见山：面对心理咨询师时，尽可能反映自己的真实情况，过多的隐瞒，可能会妨碍咨询师对你的情况做出判断。当然，咨询师会尊重你的隐私权，不介意你使用化名、不介意你隐瞒其他当事人的名字。

(3) 相互信任：求助者对咨询师的信任是咨询深入下去的首要条件。作为咨询师，无论是从职业道德规范还是个人修养和素质的要求，对求助者提出的任何问题都应该给以接纳和解答。

(4) 遵守约定：心理咨询通常都不是一次就能完成的，可能需要多次咨询，遵守约定对成功的心理咨询是非常重要的。

(5) 耐心坚持："冰冻三尺，非一日之寒"，心理问题不是一天形成的，心理咨询往往需要多次咨询来解决问题，需要求助者的个人努力和耐心，当然也并不是所有的心理问题都是需要多次咨询，有些简单的问题一次也就足够了。

心理测试

心理健康快速判断

心理问题通常都伴随着一些异常情况，如果某人在以下几个方面出现明显的异常，就需要考虑他是不是有某方面的心理问题或者心理疾病了。

1. 行为

行为是人们表现出的各种举止、反应，是判断是否有心理疾病最为直观和有效的评估指标。可以通过对以下行为的考察来初步判断当事人是不是需要进行心理治疗：

(1) 当事人能否保持正常的学习、生活功能。

(2) 当事人的行为活动是否与其身份相符。

(3) 当事人是否表现出他人难以理解的言行举止。

(4) 当事人的行为活动是否有明显的减少或增多。

(5) 当事人是否保持与周围人群的正常沟通。

(6) 当事人是否表现出自杀意向、行为或制订自杀计划。

(7) 当事人是否有威胁周围人群和环境的意向和行为。

2. 情绪

情绪是人的各种感觉、思想和行为的一种综合的心理和生理状态，是对外界刺激所产生的心理反应，以及附带的生理反应，如喜、怒、哀、乐等。情绪是个人的主观体验和感受。在情绪支配下，个体会产生各种行为，情绪本身也会影响到认知。怎样通过了解当事人的情绪来初步判断其是否需要进行心理治疗呢？可以参考下面的因素：

(1) 总体情绪感受如何。

(2) 当事人的情绪反应是否和环境、诱因匹配。

(3) 当事人是否存在消极情绪(忧伤、愤怒、焦虑等)。

(4) 当事人的情绪是否稳定，是否存在波动，波动程度如何。

(5) 当事人的情绪是否受其本人的控制，是否有失控的倾向。

(6) 当事人是否存在情感解体或混乱的表现。

3. 认知

认知是指人认识外界事物的过程，即对作用于人的感觉器官的外界事物进行信息加工的过程。潜在危机评估过程中的认知指的是人的总体思维能力(分析能力、记忆力、注意力等)和个体对问题以及个人的看法。可以通过对以下行为的考察来初步判断当事人是否需要进行心理治疗：

(1) 当事人对面临问题的解释是否符合实际。

(2) 当事人是否能够有效地解决所面临的问题。

(3) 当事人的注意力水平如何，是否能够保持必要的注意力。

(4) 当事人的记忆力水平如何，是否存在长期、短期记忆的损害。

(5) 当事人的逻辑思维能力如何，是否存在思维混乱的现象。

(6) 当事人的认知范围是否发生变化，是否过于狭窄。

(7) 当事人的自我认知如何，是否存在自我怀疑、自我否定等现象。

(8) 当事人是否存在强迫性思维等异常思维表现。

4. 生理表现

生理表现是指一些和心理问题相关联的、可以观察到的生理层面的表现。生理层面的评估包括以下内容：

(1) 当事人的睡眠状况如何，是否有入睡困难、睡眠质量不高、早醒(与抑郁症相关)等情况。

(2) 当事人的饮食状况如何，是否存在厌食、拒食、过度饮食、暴饮暴食等情况。

(3) 当事人是否存在物质依赖表现，如吸烟、酗酒，或者借助其他物品来消磨意志等。

(4) 当事人是否有身体不适等感受，如是否抱怨感觉自己身体不好或其他症状等。

(5) 当事人的总体生活节奏是否有明显改变。

注：这只是给大家提供一个初步判断的依据，并非因此而下定论，如果你或者他人存在异常情况，应该考虑求助心理医生进行治疗。通常情况下，如果这些异常情况持续时间比较短，比如持续几天或一周的时间就恢复正常了，一般不用太在意，如果持续两周以上，则需要引起关注并寻求心理咨询师的帮助。

第二章

大学生自我意识与培养

名人名言

一个人的真正伟大之处，就在于他能够认识到自己的渺小。

——约翰·保罗

古希腊戴尔菲城那座神庙里唯一的石碑上刻着这样一句铭文：认识自我。这句碑铭犹如一把火炬，表达了人类与生俱来的内在要求和至高无上的思考命题。这也是古希腊哲学家苏格拉底穷其一生探索的生命命题。宁静的夜晚，仰望深邃的星空，我们经常会扪心自问："我是谁？""在社会中我究竟处于一个什么位置？""我有什么目标？""我如何才能成为理想中的那类人？"等。我们可以将这些自我拷问看作是自我意识。自我意识是个体意识发展的高级阶段，是一个人心理成熟和心理健康的重要标志。

大学生自我意识的发展状况，是大学生心理健康的基础，在大学生人格形成和人格结构中占有极其重要的地位。大学生只有比较客观准确地认识自我和了解自我，并对自己持有一种接受和开放的态度，才有可能发掘出自己的潜能，幸福快乐地生活，才有可能保持心理健康，顺利成长。

第一节 自我意识概述

大学生自我意识概述

一、自我意识的概念与结构

1. 自我意识的概念

自我意识是意识的一种形式，是意识的核心部分，是个体在社会实践中对自己存在的觉察,即自己认识自我的一切。自我意识包括三个层次:自我的生理状况(如身高、身材、形态等)、心理特征(如能力、性格、气质、兴趣等)、人际关系(如人己关系、群己关系等)。简而言之,自我意识就是指个体对自己及自己与周围环境关系的认识,包括对自己存在的认识,以及对个体身体、心理、社会特征等方面的认识。这种认识是一个多层次、多维度的心理系统,是通过观察、分析外部活动及情境、社会比较等途径获得的。

小贴士

自我意识是意识的最高级形式,它不是单一的心理品质,而是认识、情感、意志的融合体,是一个完整的心理结构。心理学家约翰·梅耶将自我意识简单的定义为:"及时察觉到自己的情绪以及对这种情绪的想法。"

2. 自我意识的结构

由于自我意识的多层次、多维度的特点,我们可以从以下三个方面对自我意识的构建进行解析。

(1) 从内容上看,概括地说,自我意识大致包括三个方面:生理自我、社会自我、心理自我。

① 生理自我。生理自我是最原始的形态,是个人对自己身躯(身高、体重、容貌、性别等)的认识及温饱饥饿、劳累疲乏的感受等,包括占有感、支配感和爱护感。如大学生对自己相貌的评价,是高还是矮,是胖还是瘦。

② 社会自我。社会自我是个体对自己在社会关系、人际关系中的角色意识,即自己在集体中的地位及自己与他人相互关系的评价和体验,是对自己在社会生活中所处的经济状况、声誉、威信等方面的自我评价和自我体验,如是否受人尊重和信任、在集体生活中所处的位置。它的一个突出表现是自我控制,也就是自制力和坚持性。

③ 心理自我。心理自我是个体对自己的心理活动的意识,即对自己心理品质的自我认识和评价,主要是对自己个性心理特征的意识,包括对性格、智力、态度、爱好等的认识和体验。它的发展同个体的生理、情绪、思维的发展相联系,主要表现在自我体验、成人感性意识、自我反省和自我意识的矛盾性等方面,如记忆力的强弱、思维的敏捷迟钝等。

(2) 从形式上看,自我意识表现为认知的、情感的和意志的(知、情、意)三种形式,分别称为自我认知、自我体验和自我控制。

① 自我认知。自我认知是主观自我对客观自我的评价,属于自我意识的认知成分,也就是一个人对自己的认识,回答的是"我是一个什么样的人"的问题。它包括自我感觉、自我观察、自我分析、自我概念、自我评价等。其中,自我评价是自我认知中的最主要的方面,集中反映着个体自我认知乃至整个自我意识的发展水平。

② 自我体验。自我体验是主观自我对客观自我产生的情绪体验，属于自我意识的情感部分，它是在自我认知基础上产生的，是伴随着自我认识产生的内在感受，反映为对自己的满意状况，主要涉及“对自我是否满意”“是否悦纳自己”的问题，主要是一种自我感受，包括自尊感、自卑感、自豪感、自信、内疚等，其中自尊感是自我体验中最主要的方面。

③ 自我控制。自我控制是对自己行为、思想和言语的调控，属于自我意识的意志成分，指一个人不受外界因素的干扰，能自觉调节自己的情感冲动和行为。主要涉及“我如何控制和指导自己的行为”的问题。包括自主、自立、自我监督、自我控制和自我教育等。实际上是通过自我调节，使自己的行为适合周围的情境。

(3) 从存在方式看，自我意识可分为现实自我、投射自我和理想自我。所谓现实自我就是个体从自己的立场出发对自己当前总体实际状况的基本看法；投射自我也称镜中自我，是指个体想象自己在他人心目中的形象或他人对自己的基本看法；理想自我则是指个体想要达到的比较完美的形象。从自我观念存在的形式来看，现实自我是一种能被人感知到的客观存在，而投射自我和理想自我是在个体大脑中的一种客观存在，容易受到个体的主观因素影响，往往不稳定、易变化。研究表明，当现实自我和投射自我相一致时，个体会产生加快自我发展的倾向。反之，个体会感到别人不理解自己，或试图改变现实自我。当理想自我建立在个体的实际情况基础之上，且符合社会要求和期望时，它就会指导现实自我积极适应并作用于内外环境，从而使自我意识获得快速发展。反之，如果理想自我、现实自我和社会要求三者之间有矛盾，就会引起个体内心的混乱，甚至会引起严重的心理疾病。

通过表 2-1 的结构表，对于自我意识的内容可以一目了然。

表 2-1　自我意识结构表

	自我认知	自我体验	自我控制
生理自我	对自己身体、外貌、衣着、风度、家属、所有物的认识	英俊、漂亮、有吸引力、自我悦纳	追求身体的外表、物质欲望的满足，维持家庭的利益
社会自我	对自己的地位、角色、性别、义务、责任的认识	自尊、自信、自爱、自豪、自卑、自怜、自恋	追求名誉地位、与他人竞争、争取到他人的认可
心理自我	对自己的智力、性格、气质、兴趣等特点的认识	有能力、聪明、优雅、敏感、迟钝、感情丰富、豁达	追求信仰、注意行为符合社会规范、要求智慧与能力的发展

自我认知是自我体验和自我控制的基础，自我体验能强化自我控制，自我控制的结果又会丰富自我认知，三者是相互联系、密不可分的。总之，自我意识不是个别的心理机能，而是一个多维度、多层次的心理系统。自我意识是个体心理的调解结构，是一个人对自己的认知、体验和控制，体现着一个人的成熟度，决定着一个人个性心理的发展水平，是隐藏在个体内心深处的心理结构。

知识链接

美国心理学家乔瑟夫和哈里1995年提出了关于自我认知的窗口理论，称为“乔哈里窗口”。他们认为，人对自己的认识是一个不断探索的过程。因为每个人的自我都有四部分：公开的自我，也就是透明真实的自我，这部分自己很了解，别人也很了解；盲目的自我，别人看得很清楚，自己却不了解；秘密的自我，是自己了解但别人不了解的部分；未知的自我，是别人和自己都不了解的潜在部分，通过一些契机可以激发出来。通过与他人分享秘密的自我，通过他人的反馈减少盲目的自我，人对自己的了解就会更多更客观。

二、自我意识的发展规律及其特征

1. 自我意识的发展规律

在人类个体的发展过程中，自我意识开始形成于童年时期，初步形成并定型于青少年时期，成熟于成年时期。自我意识从形成到成熟，要经历自我意识的分化、自我意识的矛盾和自我意识的统一三个阶段，这三个阶段也就是自我意识的发展规律。同时，这三个阶段相互依存、不可分割，没有经历自我意识的分化，没有体验自我矛盾的冲突之苦，就没有可能在深层次上获得自我的统一和灵魂的整合。

(1) 自我意识的分化

当你发现你像观察其他人那样在观察自己时，你的自我意识就出现了分化，你的主体“我”正在观察你的客体“我”。原来完整的“我”被分化成两个“我”：“主观我”和“客观我”，伴随着“主观我”和“客观我”的分化，“理想我”和“现实我”也开始分化。自我意识的分化使我们更频繁地进行自我观察、自我分析、自我评价和自我监督。个体主动地关注自己的内心世界和行为，产生了新的认识和体验，同时，由此产生的种种情感也要求有属于自己的一片天空。自我意识的分化是自我意识开始走向成熟的标志。

(2) 自我意识的矛盾

随着自我意识的分化，个体也不得不承受与惊喜一并而来的焦虑、不安、自我怀疑、挫败感和失落感，这些消极的情感体验是由于自我意识分化的矛盾而产生的，具体表现在：“主观我”和“客观我”的矛盾；“理想我”和“现实我”的矛盾；渴望交流与缺乏知己的矛盾；独立需求与依附需求的矛盾。随着自我冲突的加剧，自我意识不能统一、自我形象不能确立、自我概念不能形成，表现出明显的内心冲突，甚至产生内心痛苦和强烈的不安感。

(3) 自我意识的统一

寻求平衡状态是任何生物的本能，当我们饱受自我意识分化、自我意识矛盾所带来的痛苦时，我们尝试着各种方式来摆脱这种痛苦，这实际上就是自我意识在谋求统一，包括“主观我”与“客观我”的统一、“理想我”与“现实我”的统一、“生理我”“社会我”与“心理我”的统一以及自我与客观环境的统一。从另一个角度来说，也是自我认知、自我体验和自我控制得到了统一。

总之,自我意识由分化、矛盾到统一的过程是相对的,由于我们不同的成长环境和生活经历,自我分化的早晚、自我矛盾的性质和持续时间以及自我统一的具体特点都有所不同。此外,自我意识的发展是伴随我们终身的,只不过它是青年人面临的主要人生命题。

2. 自我意识的特征

自我意识涉及知、情、意各个方面,内涵丰富,表现出形象性、独特性、能动性、同一性、矛盾性的特征。

(1) 自我意识的形象性

自我意识是从周围人们对自己的期待与评价过程中产生的主观体验发展起来的,自己觉察到对方的态度与言语中所包含的内容,于是就丰富了自我意识的内容并产生分化,从人们对自己情感与评价的意识发展为自我态度。库利指出:"人与人之间相互可以作镜子,都能照出他面前的人的形象。"就像我们可以在镜子中看到自己的面孔、体态和服装一样,人们之所以引起我们的兴趣,是因为他们与我们自己有关……我们在自己的影像中,设想自己的外貌、风度、目的、性格、友谊等在他们的思想中怎样反映,从而会以一定的程度影响着我们。

(2) 自我意识的独特性

每个人的自我意识都是个性中的一个重要组成部分,都有着与众不同的风格和特色。个体自我意识的独特性主要体现在它的形成、发展、完善和成熟,要经过他律和自律两个阶段。自我意识形成的初始阶段,个体处于自我意识的他律阶段,对自己还不能进行准确客观的认识和评价。随着年龄的增长,个体在与父母、老师、同学等的交往中,逐渐将他人的判断内化为自己的判断,形成了对自己相对稳定的自我认识和评价,这样自我意识就发展到了自律阶段。在自律阶段,个体主动去接近那些自己喜欢、对方也喜欢自己的人;回避自己不喜欢、对方也敌视自己的人,这样就表现出了"主动性"和"独立性"的特征。

(3) 自我意识的能动性

自我意识的能动性是指个人不仅能根据客观评价和自我实践形成对自己的意识,而且能根据自我意识来控制和调整自身的心理活动和行为,即指人能自觉、主动地认识、调节和控制自己。个体的能动性使个体不仅自觉积极认识自我,而且能够自觉地进行自我监督、自我批评、自我鼓励、自我教育。比如,在同一社会环境中的不同的人,有的能客观评价自己,表现出谦虚的一面,而有的人则相反。

(4) 自我意识的同一性

自我意识的同一性是指自我意识的协调统一性。个体自我意识的形成与发展受社会、文化等环境因素的影响,但这些影响又是通过个体的具体生理、心理实现的,是在个体单独活动与社会交往的互动中完成的,自我意识是在长期的社会化过程中形成的对自己本身的一种稳定的意识。但从青年期以后个体对自我的基本认识和基本态度会保持一致，表现为“主我”和“客我”同一的心理面貌。这种自我同一性是良好的自我意识的标志。

(5) 自我意识的矛盾性

个体自我意识的产生、发展、完善和成熟是一种连续不断发展变化的过程。在这个过程中充满了主体我和客体我的矛盾、理想我和现实我的矛盾。主体我用来表示“我是什么，我做什么”，是自我中积极主动的一面，代表的是社会的要求和理想状态；客体我用来表示“怎样看待我，给我什么”，是自我中被动的一面，代表的是现实生活中的真实状态，二者之间存在着一定的矛盾。个体为了摆脱矛盾带来的不安和焦虑，就必须重新调整使二者统一起来。自我意识的矛盾冲突可以被看作是个体发展的动力。

知识链接

艾里克逊的社会心理发展理论

艾里克逊是美国著名心理学家。他认为，每个人的心理发展都要经历八个时期，每个时期都会出现一种危机和矛盾，具体见表 2-2。

表 2-2 心理发展八个时期的危机和矛盾

阶段	年龄	心理社会转变期的矛盾
婴儿前期	0—1 岁	信赖—不信赖
婴儿后期	1—2 岁	自动—羞耻和怀疑
幼儿期	3—5 岁	主动—内疚
儿童期	6—12 岁	勤奋—自卑
青年期	13—18 岁	自我同一性—同一性混乱
成人前期	18—30 岁	亲近—孤立
中年期	30—50 岁	繁衍—停滞
晚年期	50 岁以后	完美—绝望

三、形成正确的自我意识的心理意义

一个人的心理发展历程一般要经历从幼稚到成熟的过程。形成正确的自我意识是心理成熟的标志，对心理健康起着重要作用。

1. 促进社会适应，和谐人际关系

大量的心理学实践证明，许多人社会适应不良及人际关系不协调是由于自我意识不健全造成的。如果一个人对生理的自我、心理的自我和社会的自我认知、体验不正确，尤其是在自我评价及自我概念上与客观的现实差距太大时，就可造成社会适应不良和人际关系不协调，从而影响人的心理健康。正确的自我意识通过正确的自我评价产生合理的理想自我，并且通过正确认识自己与他人、个体与群体双方不同的地位和需要，采取不同的策略，主动调节人际关系，从而保持良好的社会适应和人际关系以维护心理健康。

2. 促进自我实现，创造最佳心理质量

健全的自我意识通过合理的自我认知、良好的自我体验、自觉的自我调节和控制，从而促进自我实现，最大限度地挖掘自身心理潜力。按照心理学家马斯洛的观点，自我实现是心理最健康和心理质量最佳的标志。

3. 有助于自我教育和自我完善

当现实的自我和理想的自我不能统一，或在理想的自我实现过程中受到挫折时，有健全自我意识的人能够自省，自觉地寻找其原因。一方面通过自我控制调节，纠正心理偏差，努力缩小理想自我与现实自我的差距；另一方面重新调整认识，形成新的“理想自我”的内容，使自己的心理行为个体化与社会化协调、平衡完善发展。

4. 自我意识对心理健康有积极影响

自我意识是人类意识最本质的特征，也是人和动物在心理上的分界线。每个人的自我意识成了每个人人格的核心。自我意识把人的爱好、欲念、习惯、利益结合成统一的体系，在日常生活中构成个人的内心世界，对人格的发展起着极为重要的作用。因此，我们完全可以用自我意识的发展程度来衡量一个人的心理成熟程度和心理水平。简单来说，自我意识就是自己对自己的认知的、情绪的和意志的形式。因此，心理健康的标准，也可以从自己对自己的认识、自己对自己的态度、自己对自己的控制这三个方面来加以衡量，这就构成了心理健康的三大标准。

第二节 大学生自我意识的发展

名人名言

有恬静的心灵就等于能把握住心灵的全部；有稳定的精神就等于能指挥自己！

——米贝尔

一、大学生自我意识发展的特点及影响因素

1. 大学生自我意识发展的特点

大学阶段是自我意识迅速发展的阶段，也是自我意识确立的关键时期。在这个时

期，自我意识趋于稳定、全面、丰富和深刻。在这一时期，自我认知、自我体验、自我控制三方面趋于协调发展，自我意识的核心，即世界观和人生观已基本确立。总的来说，大学生自我意识的发展随着年龄的增长而不断发展，并表现出以下三个方面的特点。

(1) 大学生自我认知方面的主要特点

① 自我认知的广度和深度大大提高。大学这一特殊的学习、生活环境，为大学生打开了一个全新的世界。这个新世界使其视野更开阔了，关心的社会问题也多了，社会对其期望也比较高。这时，其自我认知不只涉及自己的气质、风度和性格等一般问题，而且还涉及自己的社会地位、社会责任、自我的价值等问题。通过对这些问题的分析和思考，大学生自我意识达到新的广度和深度。

② 自我认知更具自觉性和主动性。俗话说："迈入大学就等于迈入了半个社会。"大学是大学生走向社会的预热阶段。在这期间，他们面前摆着许多深刻的课题："我要做个什么样的人""我能为社会做些什么贡献"等。大学生们总是十分感兴趣而又急切地思考着这些问题，并且会付诸行动。相对于少年时期，大学生的自我认知更具主动性和自觉性。

③ 自我评价能力增强。由于大学生活的历练，大学生的知识增加了，社会经验也丰富了，大多数人能够通过自我观察、自我总结等手段全面客观地看待和评价自己，自我评价逐渐走向成熟，自我评价的能力也逐步增强。

(2) 大学生自我体验方面的主要特点

① 丰富性。大学生活的丰富多彩和大学生自我认识水平的提高，使大学生的自我体验更加丰富。大学生自我体验的情感基调是积极的、健康的。大学生要注意增强自我意志的指向能力，提高自我认知水平，从而助于大学生自我体验的丰富性向健康方面发展。

② 不稳定性。大学生由于对自我的认知还在不断进行中，个性还不够成熟和稳定，也缺乏驾驭情感的意志力量，因此其情感体验表现出明显的不稳定性。大学生可能因一时的成功而产生积极的、愉快的情感体验；也可能因一时的挫折、失败而低估自我或丧失自信心。到了高年级，当大学生的自我认知和自我控制比较确定后，这种情绪和情感方面的自我体验才趋于稳定。

③ 深刻性。大学生的自我体验不仅与自己的个性特点相联系，而且与自己的生活信念和人格倾向相联系。当自我的生活信念和人格倾向为别人所悦纳，或客观事物符合自己的生活信念和人格倾向时，他们就产生愉快的情感体验，否则就产生消极、不愉快的体验。因此，大学生的自我体验是深刻的。

(3) 大学生自我控制方面的主要特点

① 自觉性。大学生自我控制的自觉性体现在，他们随着知识积累，生活阅历的增加，能够根据别人的评价和自己行动结果进行反省，及时调整自己的行为以适应实现目标的要求。大学生自我评价的自觉性来源于社会责任感，成就目标，生活价值定向和意

志的努力锻炼,而外部的直接诱因的作用则相对地减少了。这说明大学生行为的自觉性和自我控制能力明显增强,而盲目性和冲动性则逐渐减少。

② 独立性。大学生自我控制的独立性也增强。在他们的心目中,“我”的形象已经改变,不再是“中学生娃娃”那样的自我形象,而是一个既肩负着历史使命,又有着一定知识才能和人格的大学生形象,成人感特别强烈。因而,在自我意识的发展中,他们强烈要求独立和自治,希望摆脱依赖和管束。

2. 大学生自我意识发展的影响因素

(1) 主观方面的因素

影响大学生自我意识发展的主观因素主要有理想、价值观、思维模式、心理与人格等。

① 理想的影响。进入大学后,随着知识的积累以及生活阅历的增长,其影响对大学生的一生有着重要的作用。但同时,大学生处于生理和心理还未完全成熟的时期,自我意识也处于发展之中。因此,理想的树立对他们来说是成长过程中一个重要的环节。在大学生自我意识形成和发展中,理想的影响首先表现为理想的感召力。理想是人的自觉的精神行为追求,树立了理想,人就有了精神支柱,有了动力。大学生如果自觉地把个人理想和社会理想结合起来,就会正确认识自我和各种社会现象。反之,夸大个人理想,把个人理想和社会理想对立起来,既不能正确认识自己,也不能正确认识社会。其次表现为理想的现实基础,理想总是有一定现实根据的,有许多大学生的自我发展不顺利,理想得不到实现,就是没有根据现实确立理想,“理想我”与“现实我”差距太大,甚至无法统一,其原因就在于此。

② 价值观的影响。价值的本质就是主体的功能和作用对客体(社会)需要的满足。人的价值就是指个人作用对客体(社会)的需要的满足。在不同的价值观影响下,有不同的自我意识。大学生自我意识的一个特点是“理想我”与“现实我”的冲突。个人利己主义的价值观念具体反映到大学生的自我意识里,就是抽象地谈论“人”和人的价值,认为社会只是为自我发展提供条件,这样脱离社会的“理想我”构想,和“现实我”的冲突就是不可避免的了。我们鼓励学生在集体主义的价值观指导下树立“理想我”,这种“理想我”不是一切以自我为出发点,而是考虑到社会现实、社会现实与自我的关系、社会现实背景对自我发展的约束,这样才能正确认识自我的地位、作用,正确地对待自我价值,从而形成符合国家和社会利益的自我意识,以便充分发挥自己的才华。

③ 思维模式的影响。辩证的思维模式能全面地认识自我、评价自我,在“理想我”与“现实我”等自我的各种冲突矛盾中,能进行辩证的思维,有机地整合和统一自我的矛盾冲突;偏颇的思维模式则不能全面认识自我、评价自我,在自我的冲突矛盾中,不能进行辩证的思维,很难整合和统一自我的矛盾冲突,而使自己陷入焦虑和痛苦。在思维模式中,不同的归因方式也会影响个人的自我意识。将个人的失败归因于运气、机遇等不可控制的外在客观因素,趋于自我保护和防御,缺乏正视现实和挫折的勇气,不利于自

我认识和反省；将个人的失败归因于自身能力、水平等自身内在因素，又容易丧失自信、自尊，导致自我畏缩性行为。只有辩证地归因，才能不断奋起，化失败为成功之母。

④ 心理与人格的影响。大学生正处在青年末期向成年期的过渡时期，心理上也相应地处于尚未成熟向成熟的发展阶段。尚未成熟的心理水平使一些难以克服的心理和人格弱点成为影响他们自我意识发展的又一重要因素。大学生有限的认识水平、不够强的心理承受力、性格上的缺陷等，都会影响他们自我意识的发展。

(2) 客观方面的因素

影响大学生自我意识发展的客观因素主要有社会环境、文化氛围、个人人际环境等。

① 社会环境的影响。随着改革开放的不断深入、社会转型和变迁加剧，当代大学生正处在一个社会日益变动的时代。这种活跃开放的社会环境的确为大学生施展才华提供了更为广阔的天地，但也给他们带来了更多的选择和心理矛盾与心理压力。社会环境的竞争性既给他们鼓舞，也将不确定性和不安全感带给了他们。这既可刺激完善自我、超越自我的追求，也可导致心理失衡和自我的失落。加上社会风气的影响，也会加剧大学生自我意识的矛盾冲突。大学生的心理、思想还不成熟，对社会风气还不能做出完全正确的分析和判断，因此社会风气对大学生的自我认识、自我评价，对大学生关于理想、前途的认识，都会产生关键性的影响。当社会风气形成一种意识后，其影响具有长期性。大学生自我意识是从中学生自我意识延续下来的，在大学生自我意识中还要加强、完善。

② 文化氛围的影响。当前，我国正处于历史转型时期，在这样一种特定的社会环境下，文化氛围的影响包括三个方面。一是社会主导文化的影响。我国的主导文化是社会主义思想价值体系，它影响和制约着整个社会生活。受这一社会主导文化的影响，当前青年学生自我意识中投身改革、奋发向上、报效祖国、推进社会进步成为其主流。二是社会亚文化的影响。"社会亚文化"是某一社会中处于次要、从属地位的文化。一般来说，亚文化与主文化的可融性较少，并往往以反或逆主文化的面孔出现，青年学生难免会受到它的影响。在这种情况下，一部分大学生渐渐难以给自己找到准确的定位，对自我的正确认知与评价也就难以实现。三是受西方文化思潮的影响。随着我国的改革开放，西方文化也逐渐渗透到社会生活和社会文化的各个层面。因此，青年学生的自我意识也受到影响。面对这种影响，一部分大学生能够正确分析对待，另一部分大学生则会丧失自己的原则，过分追求个人利益。

③ 个人人际环境的影响。个人人际环境主要指个人成长中的重要他人及其人际氛围，如父母、家庭、老师、学校、朋友、团体等对自己的影响。进入大学对大学生自我意识的发展影响最大的个人人际环境应数学校和教师了。首先，学校是特殊的社会环境和个人人际环境，如果说前面提到的一些因素自发地、非系统地影响着大学生的自我意识，那么学校则是有计划、有系统地把各个因素统一起来影响大学生自我意识的形成和

发展。教育内容最集中体现了一个社会对未来继承者的要求。通过教育内容和课程设置使大学生具有社会所希望的精神、理想和价值观。其次,教师在大学生自我意识的形成发展中有重要影响。教师的言行、品德、信仰、精神境界等,有意无意地影响着学生,并受到学生的效仿。所以,教师角色不同于学校环境外的其他角色,教师对学生的影响作用是独特的。

小贴士

对于大学生而言,自我认知、自我评价、自我控制的能力如何,将直接影响他们的社会适应和身心健康。如果大学生们能够正确认识自己、评价自己,善于利用每一个机会完善自己,那么他的一生将会充实而愉快。

二、大学生自我意识在发展中存在的问题及矛盾冲突

1. 大学生自我意识存在的问题

自我意识作为隐藏于个体内心深处的心理结构,是个体意识发展的高级阶段,是人格的自我调控系统。大学阶段是个体自我意识急剧增长、迅速发展和趋于完善的重要时期,但同时由于大学生生活阅历的局限,在发展自我意识的过程中难免有许多矛盾和冲突,这些矛盾和冲突会影响到大学生的心理健康、学业发展以及人际关系等。

(1) 过度的自我接纳和过度的自我拒绝

自我接纳又叫自我悦纳,它是指建立在对物质自我、社会自我、特别是心理自我正确认知的基础上,对自我的长处给予恰当的评价。自我拒绝是自己不喜欢自己,不能容忍自己的缺点和不足,对这些缺点和不足常常抱怨和自责。过度的自我接纳是大学生自我接受的极端表现,常常夸大自己的优点和长处,甚至把自己的缺点当成优点,却将别人看得一无是处。过度的自我拒绝则在许多大学生中都不同程度地存在。比如当现实自我受挫时,就会过度地自我拒绝,心情特别沮丧,将自己看得一无是处,处处不如人。如果这种拒绝超过了一定的程度,就会带来严重后果,当把自己的所有注意力都聚焦到自己的各种“缺点”上时,这无异于会摧毁自己对生活的全部兴趣。

虽然过度的自我接纳和过度的自我拒绝是两个绝对相反的命题,但共同的一点是二者对人的心理健康都会带来极为不利的影响。过度的自我接纳往往使个体扩大现实的自我,形成不切实际的理想自我,不易被他人接受和认可,从而导致人际关系紧张;过度的自我拒绝会使自己厌恶自己,丧失自信,从而失去应有的进取心,甚至压抑自我的积极性,还可能引发严重的情感损伤。

(2) 过强的自尊心和自卑感

自尊心是自我意识的重要组成部分，是指一个人悦纳并尊重自己，对自己持肯定态度。它是一种尊重自己的人格，尊重自己的荣誉，不向别人卑躬屈膝，不容许别人歧视侮辱，维护自我尊严的自我情感体验。自卑感是对自己不满，对自己持否定态度的情感体验，这是一种消极的自我体验，表现为对自己缺乏信心、对自己的能力评价过低、缺乏独立主见。

据调查，42%的大学生认为自己"有时很自信，有时很自卑"。著名心理学家阿德勒提出："人人都有自卑感，无论他是成功或是失败，伟大或是平凡。"适度的自尊心和自卑感是促使个体心理活动的动力，能够催人奋起。过强的自尊心和自卑感是自我体验的两个极端，对于心理健康的发展是有百害而无一利。过强的自尊心会引起虚伪、做作和装腔作势，自尊心即使受到轻微的伤害也无法忍受。有这种心态的大学生特别在意别人的评价和批评、顾全面子、爱慕虚荣。如果过强的自尊心屡屡受挫，他们便羞愧无比，没脸见人，无地自容，使过强的自尊心走向另一个极端，即过度的自卑感，这种情感状态容易产生严重的自责、自怨等挫折反应。产生自卑心理后，往往怀疑自己的能力，怯于与人交往，甚至还会封闭自己。自卑感严重的人看不到生活的光明与希望，也不敢憧憬未来。

案例精选

2013年，小利从山东农村考进了北京的一所高等职业学院，他的父母都是农民，家里的条件十分艰苦，家中也没有什么积蓄。小利从小就很懂事，学习也很用功，最终以高分考进了这所高职院校，离开了那个穷苦的地方。小利的父母为了让孩子去读书，到亲戚家、邻居家七拼八凑终于凑够了小利念书的学费，却再也供不起他的生活费了。为了能够继续念书，小利一开学就去找了好几份兼职来挣钱养活自己，但由于大城市生活水平较高，他的日子仍然过得紧巴巴。小利平时十分节俭，不舍得多花一分钱，可是回到宿舍里，听到室友们谈论着自己从来没听说过的名牌，吃着自己从来不舍得买的零食，他感到万分自卑。同学吃一顿饭的花费，他可以吃上一天，他们谈论的一些话题更是他闻所未闻，有时候一起聊天他都插不上话。从此小利不再跟室友们一起聊天、一起吃饭了。渐渐地，小利变得形单影只。上个月，小利的父亲来信说母亲病了，需要经常吃药，家里的经济负担更重了。小利觉得自己拖累了家里，愧对父母。在学校里他也没有朋友，没有人愿意接近他，小利觉得自己成了这个世界上多余的人。小利的室友们则说，刚认识小利的时候感觉他还挺好的，但慢慢地发现小利越来越内向，越来越不爱和室友们交流，凡事都是独来独往，室友们以为他不愿意搭理别人，也就很少主动和他接触了。

分析 小利在学校里因为自己的生活状况而担心被同学瞧不起，从而对室友们采取回避的态度，归根结底是因为他内心深处的自卑情结在作祟。这种回避使得室友们认为是由于他太内向而不愿意搭理别人，这样一来小利自然没有朋友。但小利只看到了自己没有朋友，没有人愿意接近他，却并没有找到真正的症结所在，他应树立正确的自我认识，即接纳自己，也接纳他人，帮助自己建立积极、自信的心理。

(3) 自我中心观和从众的倾向

自我中心观是指个体在与他人或社会的关系上只从自我立场出发，而不能从他人或社会位置去思考问题或处理问题的认知方式，这种自我中心观是影响个体客观认知他人与正确把握社会规范的一个心理问题。自我中心观的对立面是从众倾向，所谓从众，就是在群体的影响和压力下，个体放弃自己的意见而采取与大多数人相一致的行为，即通常所说的"随大流"。在人类的婴幼儿时期，由于认知发展不全面，会产生以自我为中心来观察周围事物和处理相关事情的现象，这是儿童心理发展过程的必经阶段，在正常的范畴之内。但对于大学生来说，认知已发展的较为全面，再出现以自我为中心的现象就属于自我意识的缺陷。自我中心者过度关注自己的感受，只会从自我的角度进行思维，只注意自己的心理需要，往往不能设身处地地为他人着想，爱把个人意志强加于别人，使其按照自己的意愿行事，追名逐利，且自我感觉良好。因而，自我中心者不易赢得他人的好感与信任，容易造成人际关系的不和谐，随着独生子女时代的到来，大学生中的这种心理倾向会日益增多，应注意采取相应的策略。

大学生中还有一种心理倾向就是从众，他们有这样的心理定式——多数人的意见肯定是正确的。大学生不当的从众行为对自己的成长和发展是有危害的，会导致大学生的分析能力、判断能力得不到应有的提高，从而导致成长较慢。当然，正确的从众行为则会产生积极的影响。如大学生从众行为中较为突出的表现有"宿舍效应"和"班级效应"，这两种效应是在良好群体中的积极行为。当一个宿舍或一个班级形成一种良好风尚的时候，对宿舍或班级内的成员的影响是积极的，成员在不自觉中受到这种风尚的熏陶，这种积极的从众倾向能够形成对宿舍、班级成员的鞭策力，使成员向着更好的方向发展。反之，庸俗的从众行为往往会导致班风、校风的消极落后。

(4) 过分的独立和逆反心理

随着社会的不断发展，多数大学生表现出了自立、自强、独立思考、善于明辨是非、勇于决断等积极的心理品质，这是大学生独立意向发展和成熟的体现。独立意向可以算作是大学生自我意识发展的重要内容和自我完善的标志之一。但少数大学生的自主独立意识趋于过分，要求独立的心理意识太强，甚至以孤立为荣，在人际交往中把自己置于别人的对立面，不辨是非地处处与学校、家长、同学作对，并以此为荣。如此，这部分大学生就混淆了独立和孤立两个概念的区别，将积极的独立等同于消极的孤立。

朱智贤在《心理学大辞典》中对逆反心理作了如此定义："逆反心理是客观环境与主体需要不相符时产生的一种心理活动，具有强烈的抵触情绪。"逆反的实质是表现个性、突出自我、寻求自我肯定。部分大学生为了抵抗和排除在他们看来压抑自己的那种外在力量，表现出符合年龄阶段要求的逆反心理，这是正常的。但有些逆反心理过分的大学生采取非理智的反应方式，不加分析地对一切事物都采取一种态度——排斥和抵制，最终的结果只会阻碍大学生学习新的或正确的经验，阻碍其健康成长。

2. 大学生自我意识发展中的矛盾冲突

自我意识冲突是心理冲突的一种，是个体在对自我认知、自我体验、自我控制中所形成的自我分析和评价时出现的心理冲突。进入大学以后，自我意识发展进入“主观化时期”。这一时期，大学生的自我意识迅速发展，其自我认知、自我体验、自我控制逐步协调一致。大学生们逐步意识到自己的内心世界，并关注自己的内在体验，用自己的眼光和观点去认识外部世界，开始有明确的价值探索和人生追求。但是由于大学生的心理还没有完全发展成熟，其自我意识的发展中肯定会存在许多矛盾冲突，主要表现在以下六个方面。

(1) 主体自我和客体自我之间的矛盾冲突

自我有主体自我和客体自我之分。主体自我是一个人对社会情景做出的反映，是自我中积极的一面，客体自我是主体自我在社会他人和自己眼中的反映。二者应该是统一的，这种统一是个人对客体的认识与个人愿望的统一，是“自我同一性”的发展与形成所反映的，更是良好自我意识的标志。但是由于个人所处的社会环境的差异，主体自我与客体自我并不总是统一的。大学生的主体自我与客体自我的矛盾就表现得较为突出。大学生作为同龄人中接受高等教育的人，对积极进取的主体自我能够感知，但是他们缺乏社会经验，缺乏对社会切肤的实际感受。现如今，“重理论轻实践、重专业轻基础、重科学轻人文”成了社会对大学生的评价，这也是社会对大学生“客我”的认识。当大学生也认识到自身的状况时矛盾冲突就产生了，大学生回归本位，身上光环的消失导致失落感的产生，既承认自己又否定自己，从而出现了主体自我与客体自我的矛盾冲突。

(2) 理想自我和现实自我的矛盾冲突

理想自我是个人追求的目标，是个人想要达到的完美形象，它对个体实现理想中的自我起着引导作用。现实自我是对现实中自我的各种特征的认识，是个人从自己的立场出发得出的认识，二者之间存在一定的差异。大学生怀揣着无数的美好梦想进入大学校门，每个人都渴望有一片属于自己的美丽天空。有理想就有动力，因此，大学生的成就动机特别强烈，有抱负、有追求、有理想，为自己设定了一个美丽的“理想自我”，也对大学生活进行了理想化的设定。然而现实往往是残酷的，现实与内心的理想形成巨大的反差，大学生的现实自我在能力、知识、经验等方面与理想尚有很大差距。在对理想自我的期望和追求中，现实自我带来更多的是失望。在这种情况下，大学生陷入趋避两难的冲突中，是采取积极的行动使现实自我向理想自我靠近，还是就此消极沉迷，承认自己“才疏学浅”而放弃理想自我。在理想自我与现实自我的冲突中，大学生失去了自己生活的方向，这时，积极的自我调适就显得极为重要。

案例精选

佳佳考上了某名牌大学，在接到录取通知书的那一刻，她的父母喜极而泣，因为在这样一个穷乡僻壤能出一个名牌大学生实属不易。佳佳也是个争气的孩子，从小到大，学习上她从来不让父母操心。在得知被名牌大学录取后，她对未来充满了向往，她认为在大学里自己依然还会非常出色。带着这份美好的愿望，佳佳走进了大学校门，慢慢地，她发现一切并不是像她想象得那般美好，大学里面人才济济，她认为在这里自己就像一只丑小鸭，没人注意到自己，也没有展示自己的舞台，佳佳陷入了迷茫与矛盾中。

分析 大学生在进入大学后，经常会遇到像佳佳这样的情况，在现实自我和理想自我之间迷失了方向。其实，我们首先应该明确一个观念，能够进入大学的同学都是很优秀的，我们自身也很优秀。在这种信念的鼓励下，我们应该积极地参与，而不是在原地自怨自艾。

(3) 自尊与自卑的矛盾冲突

自尊与自卑的冲突是自我体验冲突的典型表现。当代大学生大多数是独生子女，父母都尽自己最大的努力让孩子吃最好的、穿最好的、一味表扬而不忍批评，让孩子认为自己是最优秀的。并且大学生是在社会认同、长辈赞誉、同龄人的羡慕中长大的，这使大学生本人也产生了强烈的优越感和自豪感，从而建立了强烈的自尊。自尊和自卑总是紧密联系在一起的，自尊表现强烈的人往往也是极度自卑的人。当大学生遭遇失败与挫折时，有时甚至是小小的失利，就会怀疑自己的能力，进而产生自我否定、自我怀疑甚而自暴自弃，陷入强烈的自卑之中。由于对自己的评价不够恰当，给自己设定的抱负水平较高，自己的所作所为总是不能满足自身内心的期许。这种从自尊到自卑的反差给大学生带来的焦虑、忧郁和悲观，这些都与大学生自我定位不准确有关。

(4) 独立与依附的矛盾冲突

上大学后，大学生的生理和心理的成熟使其独立意识迅速发展，希望自己能在经济、生活、学习、思想等方面独立，希望摆脱成人的管束，以独立的姿态面对生活、学习与工作中遇到的问题，并希望能够自主地处理所遇到的一些问题。但由于长期的校园生活使大学生与社会脱节，社会阅历和经验相对匮乏。同时，大学生们又希望得到别人的帮助，无论是在心理上还是在现实生活中都需要依赖成人，无法真正做到人格上的独立。因此，在大学生身上，一方面有着强烈的独立意识，另一方面却又事事要依赖别人，这就使得心理上出现了独立性与依附性的矛盾冲突。大学生带着对独立意识的追求和无奈，在渴望独立与摆脱不了的依附心理的冲突中徘徊。这种独立意向与依附心理的矛盾一直困扰着大学生。

(5) 交往需要与自我闭锁的冲突

大学生迫切需要友谊，渴望理解，向知心朋友倾吐对人生和生活的看法，寻求归属和爱，有强烈的交往需要，希望能盼望能有人分担痛苦、分享欢乐。大学生们渴望自我价值的实现，渴望与人探讨人生的真谛，也希望自己能成为群体中受欢迎的人。但同时大学生又存在着自我闭锁的倾向，许多人往往不愿主动敞开自己的心扉，而把自己的心灵深藏起来，在公开场合很少发表个人的真实意见。有些学生与他人交往时存有较强的戒备心理，与同学有意无意保持一定的距离。还有一些学生因为考虑问题不周，交往心切，有时在不了解实际情况的时候就坦诚相交，往往受到伤害，受到伤害后心灵就闭锁起来。正是这种交往需要与自我闭锁的矛盾冲突，使得不少大学生感觉十分孤独。

案例精选

赵某是一名乖巧的女大学生，她很聪明、兴趣广泛、遇事有自己的见解，但是她却因没有知心朋友而苦恼。她觉得自己很孤独，与周围的人格格不入，觉得自己简直就是另类。这样的感觉是在大一下学期开始的，进入大二后这种感觉愈发的强烈。据赵某讲，小时候父母对她的管教特别严格，不太鼓励她跟小朋友交往，她经常一个人待在家里。高中时遇到了一名很严格的班主任，在这名班主任眼中，学习就是一切，同学之间的过多交往只会耽误学习。在这种种思想的灌输下，赵某高中阶段也很少跟同学交往，并且在与人交往时开始产生了紧张感，现在更加严重了。赵某还说，上课时，如果老师看她，她就会感觉不舒服，课也听不下去。参加集体活动，哪怕不是主角，都会让她感到紧张。另外，赵某和同一宿舍的同学交往也感觉困难，她觉得她们身上的缺点太多……

分析　赵某的情况属于典型的社交恐惧症，她总用自己的标准去衡量别人，看不到别人的优点。于是在自己的身边围上了一堵墙，不愿与别人交流，将自己闭锁起来。赵某的社交带有主观性和极端化及情绪化色彩。这是由于她的生活阅历、知识水平、社会经验相对不足造成的。对此，赵某应形成对自我的客观评价，在紧张来临时适当运用自我暗示法，树立正确的交往观念，最终克服社交恐惧。

(6) 激情与理智的矛盾冲突

这是自我意识的自我控制方面的冲突。自我控制是指个体摆脱监督和支配的一种自我意识倾向。随着身心的发展，大学生认知水平不断提高，理性思维日渐成熟，比起高中时代，大学生考虑的问题更加全面与客观，对人生、未来都有所思索。青年大学生最大的特点是感情易于冲动，表现出自我控制能力较差，甚至有时被人利用，听到赞扬时容易忘乎所以，受到责难时立刻怒发冲冠。往往理智让位于情感，导致做出一些错事、蠢事。在做过错事、蠢事后，又会后悔不已，马上变得一蹶不振，使自己陷于懊悔和惆怅之中。理性思维成熟与情绪情感不稳定出现明显的冲突，一方面不断克制，另一方面不断冲突，这就是理智与激情的内心冲突。处于激情与理智的矛盾冲突中的大学生往往激情占上风，意志力强的学生，理智才能控制激情。

情绪管理

第三节 大学生健康自我意识的培养

名人名言

茫茫尘世，芸芸众生，每个人都有一个属于自己的角色，只有当他演好自己的角色时，他才会觉得心安。

——洛威尔

一、健康自我意识的标准

自我意识对人的心理健康起着非常重要的作用，它制约着人格的形成发展，在人格的优化中发挥着强大的动力作用。一个人的心理发展历程一般都要经历一个由稚嫩到成熟的过程。健康的自我意识是心理健康的重要标准，是人类自身内在的一种成功机制，在人才发展中发挥着重要作用。健康的自我意识有如下标准：

(1) 一个有健康自我意识的人，应该是一个有自知之明的人，既知道自己的优势，也知道自己的劣势，能正确评价自我并引导自我健康发展。即一个能自我肯定、自我统合的人。

(2) 一个有健康自我意识的人，应该是一个自我认知、自我体验和自我控制相协调统一的人。

(3) 一个有健康自我意识的人，应该是一个独立、同时又与外界保持联系的人。

(4) 一个有健康自我意识的人，应该是一个理想自我与现实自我统一的人，有积极的目标意识和内省意识，积极进取、永无止境。

(5) 一个有健康自我意识的人，应该是一个心理健康的人，不仅自己心理健康发展，而且能促进周围的人共同进步。

二、完善大学生自我意识的途径

古希腊哲学家苏格拉底创办了一所学校，在这所学校的门口立着这样一块牌子：认识你自己。短短一句话就道出了一个千百年来困扰着一代又一代人的命题。对年轻大学生来说，拥有健康的自我意识是很重要的，正如科恩所说："对于青年来说，这种发现自我与哥白尼当时的革命同等重要。"大学生自我意识的完善是大学生完善自我个性，实现自我价值的重要途径。

1. 正确认识自我

中国人常说"人贵有自知之明"，古希腊人也将"认识自己"当作人生的最高智慧。

全面而正确的自我认识是培养健康自我意识的基础。自我认知是由多方面组成的，既有自己的认识与评价，也有他人的评价。如果大学生对自己的价值观及自己行为有一个正确的认识和评价，就能够取长补短，完善自我，就能够提高自己参与社会的积极性，协调自己与他人的交往，处理好个人与社会、个人与他人的关系。

(1) 在与他人的比较中认识自己

唐太宗李世民曾说过："以铜为镜，可以正衣冠；以史为镜，可以知兴衰；以人为镜，可以知得失。"每一个人在认识自我的过程中，免不了要与别人进行比较，与他人进行比较是每个人客观、全面认识自我的重要方式。在与他人比较时，最重要的是要选定恰当的参照系，并用发展的眼光看待自己和他人。在比较中认清自己的优势和不足，从而取人之长补己之短，缩短主观自我与客观自我的差距。

(2) 在自省中认识自己

曾子曰："吾日三省吾身。"自己对自己的观察与反思也是自我认识的一个重要途径。大学生要学会自省，严与自我分析，勇于自我解剖，经常俭省自己的行为和动机，以便有目的进行自我调整，从而使自我意识更加客观和稳定，避免自我认识的偏差，使自我更加完善，通过自省的方法来认识自我，可以促进大学生心理发展趋于成熟。

(3) 在社会交往中认识自己

社会如同一所大学校，在这所学校的交往中我们逐渐获得了关于自我的认识。在社会交往中，我们可以了解到他人对自己的看法，这样有助于发现自己以往忽略的问题；在社会交往中，我们可以通过他人对自己的态度、期望和评价等信息进行分析，重新认识自己，形成较为客观的自我概念，以此来丰富和完善自己。不少大学生比较在意他人对自己的评价，值得注意的是，大学生在社会交往中对待他人的评价应有一个正确的态度。

(4) 在社会实践活动中认识自己

社会实践是人的自我意识产生和发展的重要条件，大学生可以参与到社会实践中来，通过不同形式的实践活动来认识自我，挖掘自己的潜能。这些活动的成果更能衡量大学生的自我价值。心理学上有一种"自我意象"的说法，指在某个方面没有取得好成绩，不是欠缺这方面的能力，而是认为自己在这方面不行。因此，大学生可以通过实践活动来确定自我的能力，发现自我的价值。

小贴士

如何悦纳自我？我们可以从以下四个方面入手。

(1) 对自己实施积极的心理暗示。

(2) 全面客观地评价自己。

(3) 改变自己的观念和思维方式。

(4) 以正确的心态对待挫折和失败。

2. 积极悦纳自我

能否悦纳自我是衡量一个人的心理状态是否积极和健康的一项重要的指标。悦纳自我是指一个人相信自己存在的价值，认同自己的能力，并在行为上表现出一种与环境和他人积极互动的心理定式。通俗地说，就是能够愉悦地接纳自己，包括自己的某些缺陷，并能不断地进行自我激励，使自己的人生过得充实而有意义。一个人必须建立在正确的自我认知基础上，才能积极地悦纳自我。每个人都有自己的优点和不足，因此，大学生不应一味追求理想自我，否定现实自我；也不能过度自我接受，夸大自己的优点。

积极愉快地悦纳自我是发展健康自我体验的关键和核心。大学生积极悦纳自我需增强自信，走出自卑，大学生可通过积极的自我暗示来培养自信心，也要明白人的价值是通过人的学识、能力、品行体现出来的；大学生要合理定位自己的位置，每个人对自己都有一定的期望，期望的不合理会导致愿望的落空，而合理的期望水平是建立在恰当的自我评价基础上的，只要大学生恰当地评价自己，就能确定合理的期望水平；体验真正的自尊感，大学生都知道，只有当自己的能力等被群体认可时才能在群体中获得一定的地位，才能体验到真正的自尊。

每个人身上都有闪光点，要接受、喜欢自己，保持自己的本真，保持独特的自我。要有乐观、开朗的性格，全面地看待自己、接纳自己。只有积极悦纳自我的人才能够寻找到属于自己的闪光点，并将其绘制成一幅美丽的风景画。

案例精选

这是一个真实的故事。黄美廉，一名从小就患上了脑性麻痹症的女生。这种病的症状十分惊人，因为肢体失去平衡感，手足会时常乱动，口里也会经常念叨着模糊不清的词语，模样十分怪异。黄美廉从小就活在肢体不便及众多异样的眼光中。医生根据她的情况，判定她活不过6岁。在常人看来，她已失去了语言表达能力与正常的生活条件，更别谈什么前途与幸福。但她却坚强地活了下来，而且靠着顽强的意志考上了美国著名的加州大学，并获得了艺术博士学位。她靠手中的画笔，以色彩告诉人“寰宇之力与美”，并且灿烂地“活出生命的色彩”。

在一次讲演会上，一位学生贸然地这样提问：“黄博士，你从小就长成这个样子，请问你怎么看你自己？你有过怨恨吗？”在场的人都暗暗责怪这个学生的不敬，现场的气氛也因为这个鲁莽的问题而紧张起来。但黄美廉却没有半点不高兴，她十分坦然地在黑板上写下了这么几个字：我怎么看自己？然后又在黑板上继续写道：一、我好可爱；二、我的腿很长很美；三、爸爸妈妈那么爱我；四、上帝这么爱我；五、我会画画，我会写稿；六、我有一只可爱的猫；七、还有……八、……最后，她以一句话作结论：我只看我所有的，不看我所没有的！掌声在整个会场响起，在她脸上，我们看到了一种永远也击不败的傲然。

分析 在常人看来，黄美廉是不幸的，似乎生理上的病痛意味着她不会有任何幸福。但是，在黄美廉自己看来，她又是幸福的，她有爱她的父母，她会画画、写稿……“我只看我所有的，不看我所没有的！”似乎是对全世界的宣言，她能够积极地认识自我并悦纳自我，她并不因生理的病痛而自暴自弃，相反的，她对命运奋起抗争，最终活出了自己的精彩。

3. 积极有效地控制自我

从心理健康角度讲，自我控制是人主动定向地改变自己的心理品质、特征以及行为的心理过程，是自我心理结构中最重要的调节机制，也是心理成熟的最高标志。大学生情感丰富，但极易冲动，主要是由于大学生的自控能力还较差，还不够稳定。一般刚入校的大学生自我控制能力较弱，比较爱冲动、意气用事。但随着年龄的增长、学识的增加、经验的累积，大学生的自我控制能力逐渐增强，他们能够及时根据别人的评价和自己行动的结果进行反省，并及时调整自己的行为和目标。大学生注意从以下三个方面有效地控制自我。

(1) 有明确的行动目标

没有目标的人生，就像一叶无人驾驭的小舟，漫无目标地随风飘荡。而明确的目标正是成功的基础。目标与行动是密切联系在一起的。没有行动的目标只会是纸上谈兵和虚无缥缈的，并不是目标导致你成功，而是目标下的行动导致你在向成功迈进。正确的行动目标能够诱发人的动机，强化人的行为，并促使其走向预定的方向。对于大学生而言，由于心智尚未完全成熟，有时缺乏足够的自制力和意志，因此就要有明确的行动目标，并制订完善的行动计划和程序，这样就可以避免自己行为的盲目性。

(2) 善于自我检查、自我监督

在有了明确的行动目标，并制定合理的行动计划之后，行动就应按照预定的计划有条不紊地进行。在行动过程中，要不断进行自我检查，及时调整行动。大学生还应该认真领会社会道德准则的实质，并将其内化为个人的品德，确立个人内在的行为准则，以此来监督自己的行为。

(3) 提高自我控制的能力

在某种程度上说，大学生正处在实现人生目标的旅途的起点，在这一旅途中会遇到来自本能和外部的各种诱惑。大学生要实现自己的人生目标就必须能够抵制住这些诱惑，能够主宰自己的行动，因此需要顽强的意志力。而人的意志力往往与自我控制能力密切相关，所以就需要坚强的自我控制能力来理智地约束自己的行为，把握自己的情感，克服消极的愿望和动机。

4. 积极地提升、完善自我

积极地提升自我的一个十分有效的方法就是提高自我效能感。自我效能感是个体在一定情境下对自我完成某项工作的期望。当人们期望自己成功时，必然会尽自己最大的努力来完成具有挑战性的任务，也会更加坚持，从而增加成功的系数，自我效能感与成就动机成正相关。同时，我们也知道，大学生的自我效能感较高，这是从我们对学业的期望值较高上体现出来的，自我效能感高则能增强大学生的成就动机，从而付出努力来取得学业上的成功。克服自我障碍也是提升自我的一个有效的方法。一个希望提升自我的人必须学会用积极的心态来对待问题，公正客观地看待事物，主动克服自我障碍，进行积极的自我提升和自我尝试。

积极地完善自我则是个体在认识自我、认可自我的基础上，自觉规划行为目标，主动调节自身行为，积极改造自己个性，使个性全面发展。大学生要积极探索人生、理解人生，树立正确的世界观、人生观和价值观。在个人与社会的联系中认识并实现人生的价值和意义，并通过实现这一目标而不断完善自我。

提升和完善自我是一个长期的过程，大学生必须坚持不懈，持之以恒，这样才能最终实现自己的人生目标。

案例分析

谁打碎了他的梦想

小辉的父母都是大学教师，对他一直疼爱有加。他一直快乐地成长着，从小学开始就一直在市里的重点学校学习，直至考上大学。然而，由于高考的失误，他虽然进入了大学，却不是梦想中的学校。在接到通知的那一刻，他很绝望，甚至不和其他同学联系，害怕听到同学到名牌大学读书的消息，担心自己的失败成为同学的笑料。

当九月明媚的阳光照在开心的大学新生脸上时，他却丝毫也高兴不起来。虽然进入大学学习，但他心中的结并没有解开。由于盲目的自信，他确信自己的高考成绩超出其他同学八十分，完全有能力胜任大学的学习，因此学习没有了动力，生活没有了目标，他如大海上漂浮的小舟，完全失去了原来的方向，在茫然徘徊中迎来了期末考试，结果收获了不及格的成绩。而他并没有认真反思自己，而是将这一切归咎于没有考取理想的大学，归咎于命运的不公平。第二学期，百无聊赖的他又在网上找到了久违的自信与上进心，开始彻夜上网聊天、打游戏，在游戏中体验虚拟世界的成功。可想而知，第二学期五门功课同时亮起了红灯。

此时，学校向他发出了退学的通知。小辉追悔不已，第一次深深自责。直到此刻，他才发现大学的灯光是那么明亮，校园是那么美丽，而大学生活是如此让人难以割舍……

分析 大学阶段是自我意识迅速发展的阶段，也是自我意识确立的关键时期。在这个时期，自我意识趋于稳定、全面、丰富和深刻。但同时由于大学生生活阅历的局限，在发展自我意识的过程中难免有许多矛盾和冲突，这些矛盾和冲突会影响到大学生的心理健康、学业发展以及人际关系等。案例中的小辉正是由于不能正确处理现实自我与理想自我之间的矛盾，不能采取适当的方法调节自己，导致悲剧的发生。

因此，大学生应该培养健康的自我意识，积极悦纳自我，有效地提升和完善自我。

教学检测

一、思考题

1. 联系实际谈谈当前大学生自我意识存在哪些偏差，如何消除。

2. 你认为可以怎样提升大学生自我意识水平？

3. 描绘“我的自画像”，要求运用简洁、得体的语言或文字勾画出自我形象，包括从心理到生理，从外表到内在，从性格到兴趣爱好。文字描绘越是接近真实的自我则越好。

二、活动设计题

1. “20个我是谁”

目的：强化自我认识，促进自我接纳。

操作：

(1) 写出20句“我是怎样的人”，要求尽量选择一些能反映个人风格的语句，避免出现类似“我是一个男生”这样的句子：

我是一个……的人。

我是一个……的人。

(2) 将陈述的20项内容作下列归类：

A. 身体状况（你的体貌特征，如年龄、身高、体形、是否健康等）。

编号：

B. 情绪状况（你常持有的情绪情感，如乐观开朗、振奋人心、烦恼沮丧等）。

编号：

C. 才智状况（你的智力、能力情况，如聪明、灵活、迟钝、能干等）。

编号：

D. 社会关系状况（与他人的关系，如何与别人应对进退，对他人常持有的态度、原则，如乐于助人的、爱交朋友的、坦诚的、孤独的，等等）。

编号：

E. 其他

编号：

归类是为了了解自己对自己各方面的关注和了解程度，某一类项目多，说明你对这方面关注和了解多；某一类项目少或没有，说明你对这方面关注和了解少或根本就没关注、不了解。健全的自我意识应能较为全面地关注和了解自己。

(3) 评估你对自己的陈述是积极的还是消极的。在你列出的每句话的后面加上正号(＋)或负号(－)。正号表示“这句话表达了你对自己肯定满意的态度”，负号的意义则相反，表示“这句话表达了你对自己不满意、否定的态度”。看看你的正号与负号的数量各是多少。

如果你正号的数量大于负号的，说明你的自我接纳状况良好。相反，你的负号将近一半甚至超过一半，这显示你不能很好地接纳自己，你的自尊程度较低，这时你需要内省一番，寻找问题的根源，比如是否过低地评价了自己，是什么原因使你成为这样，有没有改善的可能。

(4) 分组交流。将团体成员分成4～6人的小组，在组内进行交流。交流对自己的认识，以及对活动的感受。

(5) 团体内分享。每组派一名代表在团体内进行小组情况交流或个人体会的发言，供大家分享。

2.“三个我”

目的：协助个体作自我反省、促进协调整合自我。

操作：

(1) 请先预备三张纸，首先在第一张纸上描述“理想的我”，时间约为10分钟。

然后将已写好的第一张纸搁置一旁，暂时不准再观看。接着照此类推，在第二张和第三张纸上分别具体描述“别人眼中的我”和“真正的我”，每一次大概10分钟时间。

(2) 完成后，将所有三张纸放置在桌上，对三张纸上的三个“我”进行检核，主要是看看三个“我”是否协调和谐。若否，则差异何在，并尝试找出原因何在。请你留意另外一个重点，“理想的我”和“真正的我”是否协调一致？透过此重点，你往往可以发现二者之间的差异，甚至矛盾之点。同时，往往会发觉自己对人生所产生的一些深层感受和渴求。

(3) 为了获得更积极的效果，你应当努力探索，看看如何可以使三个“我”更加协调一致，制定促进三个“我”协调统一的方案。有了具体的计划，你会较易在生活中落实并进行改进。一个心理健康的人，三个“我”是协调和谐的。当一个人自己和他人眼中的“我”没有太大的差距，个人理想也没有脱离现实，就是一个自我形象明确而健康的人。但当三个“我”不协调时，我们就该问自己，别人为何不了解我？我是否不能表里一致？不过，我们不必期望自己的三个“我”百分之百协调一致，因为那是不实际的期望，只会导致负面的影响。

(4) 进行上述思考后，请填写以下汇总表。

三个“我”协调一致吗？(汇总表)

三个“我”	开始时	调整后
理想的我		
别人眼中的我		
真正的我		

(5) 团体分享。请最有感受的成员在团体内交流自己的体会。

拓展阅读

石头的价值

有一个生长在孤儿院中的小男孩，常常悲观地问院长："像我这样没人要的孩子，活着究竟有什么意思呢？"院长总笑而不答。

有一天，院长交给男孩一块石头，说："明天早上，你拿这块石头到市场上去卖，但不是'真卖'，记住，无论别人出多少钱，绝对不能卖。"

第二天，男孩拿着石头蹲在市场的角落，意外地发现有不少人对他的石头感兴趣，而且价钱越出越高。回到院内，男孩兴奋地向院长报告，院长笑笑，要他明天拿到黄金市场去卖。在黄金市场上，有人出比昨天高10倍的价钱来买这块石头。

最后，院长叫孩子把石头拿到宝石市场上去展示，结果，石头的身价又长了10倍，由于男孩怎么都不肯卖，竟被传扬为"稀世珍宝"。

男孩兴冲冲地捧着石头回到孤儿院，把这一切告诉给院长，并问为什么会这样。

院长没有笑，望着孩子慢慢说道："生命的价值就像这块石头一样，在不同的环境下就会有不同的意义。一块不起眼的石头，由于你的珍惜、惜售而提升了它的价值，竟被传为稀世珍宝。你不就像这块石头一样？只要自己看重自己，自我珍惜，生命就有意义，有价值。"生命的价值首先取决于你，自己的态度，每个人应当从小就看重自己，在别人肯定你之前，你先得肯定你自己。珍惜独一无二的你自己，珍惜这短暂的几十年光阴，然后再去不断充实自己，最后世界才会认同你的价值。

（参考资料：《心灵鸡汤全集》，陈南主编）

第三章

大学生人格发展与培养

名人名言

品格可能在重大时刻中表现出来，但它却是在无关重要的时刻形成。

——雪　莱

人物的性格不仅表现在他做什么，而且表现在他怎么做。

——恩格斯

人格像每一种有生命的物体一样，随着成长而发生变化。

——阿尔伯特

人的鲜明的特征是他个人的东西，从来不曾有一个人和他一样，也永远不会再有这样的一个人。

——高尔顿·奥尔波特

人格会影响人际关系吗

赵琳、莎莎和秦瑶都是大一新生，她们被安排住在同一个寝室。可是，刚过了两个月，她们就因为关系不和而找到了学校心理咨询中心的老师。老师首先肯定了她们一遇到问题就会想要积极解决的态度，然后详细地询问了她们之间发生的矛盾。她们是三个个性迥异的女孩子。赵琳是一个心思细腻的女孩，能写一手漂亮的字和同样漂亮的文章，从小喜欢读中国古典诗词，她优雅的气质让莎莎和秦瑶十分羡慕。莎莎是一个假小子，她是学校女子篮球队的主力，平时喜欢爬山和郊游，她幽默豪爽的个性常常给寝室带来很多欢乐。秦瑶是三个人中最时尚的，她喜欢表演，一入学就被选入学校话剧团做演员，她是赵琳和莎莎的免费形象顾问，常常帮助两个室友挑选衣服款式，教她们化妆技巧和礼仪。刚一起住的时候，三个人之间的关系非常融洽，因为彼此都为对方的个性所吸引。但是日子一久，三个人就开始相互看不顺眼。赵琳认为女孩子应该娴静内敛，她常常看不惯莎莎大大咧咧、没有女孩子的样子，也看不惯秦瑶花枝招展、引人注目。莎莎觉得两个室友太小家子气，自己动作大些就会被斥责，她们天天在寝室里坐着，不喜欢运动，是病态美。秦瑶认为两个室友都太不“潮”，一个是“林黛玉”，另一个是女版“樱木花道”，总是跟不上自己的时尚脚步。于是，三个人常常抱怨对方的风格，并竭力地想要把另外两个人改变得跟自己一样。这样一来，寝室关系就搞得一团糟。最后，实在没办法，只能来找咨询老师调节了。

咨询老师了解了情况之后，就帮助三个人深入分析了她们的问题到底出在什么地方。其实，在这个案例中，并不存在谁对谁错的问题。三个学生各有特点，且各自的特点都能让自己过上充实愉快的生活，但是如果不了解和尊重他人的人格特点，而是一味地以自己的标准来要求别人，就会对人际关系产生破坏作用。相反，如果一味地按照别人的要求来改变自己的个性，不但不利于自己的健康成长，还可能会让别人给你一个“东施效颦”的评价！所以，我们要对自己和他人的人格特点都有一个清晰的认识，然后本着“相互尊重、互补互足”的原则，让我们的人际关系更加和谐。

第一节 人格概述

每个人都有他自己在能力、情绪、需要、动机、态度、价值观、气质、性格和体质等方面不同于他人的心理因素以及相应的认知方式、情感反映方式和行为方式。这些心理因素以及相应的认知方式、情感反映方式和行为方式组成了一个人心理活动和行为表现各个方面的特征。例如，有的人助人为乐，有的人损人利己，有的人说到做到，有的人口是心非。在我们的生活中，总是免不了与不同的人打交道，总是要与人建立各种各样的联系，在现实生活中有许多人，由于不了解与之打交道的人，往往吃了不少亏。因此，认识自己和了解他人，在大学生的人际交往和日常生活中具有很重要的意义。

由于人格是一个人的心理活动与行为表现的复杂统一体，一旦形成就具有相对的稳定性。因此，它是一个人的心理活动及行为方式的习惯模式，人们在学习、工作和生活中总是自觉或不自觉地接受其影响和制约。如果一个人形成了良好的人格，则工作、学习效率高，心理健康，生活幸福；如果形成了不良的人格，则工作、学习效率低，心理不健康，生活不幸福。因此，从某种程度上说，一个人的人格决定他的命运。

一、人格的定义

1. 什么是人格

人格是一个含义丰富的词，可以指人的道德品质，也可以指人的尊严或价值，但在心理学中，人格是指人所具有的比较稳定的心理特征的总和，包括思维特征、情绪情感特征、能力特征、气质特征、性格特征、行为特征等。简单来说，人格就是一个人独特的生活模式。

人格(personality)一词源自古希腊语 persona。persona 最初指古希腊戏剧演员在舞台演出时所戴的面具，与我们京剧中的脸谱类似。而后指演员本人，一个具有特殊性质的人。现代心理学沿用 persona 的含义，转意为人格。其中包含了两个意思：一是指一个人在人生舞台上所表现的种种言行，人遵从社会文化习俗的要求而做出的反映。即人格所具有的“外壳”，就像舞台上根据角色的要求而戴的面具，反映出一个人外在表现。二是指一个人由于某种原因不愿展现的人格成分，即面具后的真实自我，这是人格的内在特征。

社会心理学中讲的人格即是指人的个性。它是个体在先天生理素质的基础上，在一定社会历史条件下，通过社会交往而逐渐形成和发展起来的个人稳定的心理特征总和。它是在长期的社会实践中形成、发展起来的，主要包括以下四层含义：

(1) 人格是构成一个人的思想、情感以及行为的特有的综合模式，这个模式包含了一个人区别于他人的稳定而统一的思想品质。

(2) 人格是指稳定的行为方式和源于个体内部的人际过程。

(3) 人格是使个体的行为保持时间的一致性，并且区别于相似情境下的其他个体行为的比较稳定的内容因素。

(4) 人格是“稳定的”“内部的”“一致的”“区别于他人”的心理品质。人格存在于个体内部，并不等于外部行为。

一般认为，人格包含气质、性格、能力、兴趣、爱好、需要、理想、信念等方面的内容。换言之，人格涉及四个方面：全面整体的人、持久统一的自我、有特色的个人和社会化的个体。人与人之间显著的差别就在于人格。

2. 人格特点

(1) 独特性

在现实生活中，个体都有别于他人的整个精神面貌。我们经常所说的“人心不同，各如其面”就是指人格具有鲜明的个体特征，人格的差异铸就了个体千差万别、千姿百态的心理面貌。个体的人格是在遗传、成长环境及教育等先、后天多种因素交互作用下形成的。不同的遗传、生存及教育环境，会形成各自独特的心理特点。而生长教育条件的不同，也会使同一人格品质在不同人身上表现出不同的特点。例如，勇敢这一人格特质，对在一个缺乏父母爱护的家庭中成长的孩子，极易产生争斗；而对在一个民主型家庭中成长的孩子，则易产生见义勇为。

(2) 稳定性

人格的稳定性是指个体的人格特征具有持续性和一致性。俗话说：江山易改，禀性难移。一个人的某种人格特质一旦稳定下来，要改变是较为困难的事，这种稳定性还表现在人格特征在不同时空下的一致性。例如一个性格外向的大学生，他不仅仅在家庭中非常活跃，而且在班级活动中也表现出积极主动的一面，在老师面前同样也能自然地表现自己，不仅大学四年如此，即使毕业若干年再相逢，这个特质依旧不变。

（3）统合性

人是极其复杂的，人的行为表现出多元性、多层次的特点。人格的组合千变万化并非死水一潭。各种人格结构的组合千变万化，因而使人格表现得色彩纷呈。在每个人的人格世界里，各种特征并非简单的堆积，而是如同宇宙世界一样，依据一定的内容、秩序与规则有机组合起来的动力系统。人格的有机结构具有内在一致性，受自我意识的调控。当一个人的人格结构的各方面彼此和谐一致时，他就会呈现出健康的人格特征，否则就会出现各种心理冲突，导致“人格分裂”。

（4）功能性

人格能导引行为，驱使人趋向或回避某种行为，寻求或躲避某些刺激，是一个人生活成败、喜怒哀乐的根源。正如人们常说的“性格决定命运”。人格决定了一个人的生活方式，甚至有时会决定一个人的命运。面对挫折与失败，坚强者能够认真总结经验教训，在失败的废墟上重建人生的辉煌；而怯懦者则一蹶不振，失却了奋斗的目标。当人格功能发挥正常时，表现为健康而有力，支配着人的生活与成败；当人格功能失调时，就会表现出懦弱、无力、失控甚至变态。

（5）可塑性

虽然人格是稳定的，但不是不可以改变的。每个人的人格都可能随着现实环境的多样性和多变性而或多或少地发生变化。青年期和成年前期的人格正在形成和定型中，还不稳定，容易受外界因素影响而发生变化，因而可塑性较大；而成年人的人格比较稳定，可塑性较小，但也并非不能改变。大学时期是人格形成的最后阶段，因此，大学生在大学期间要有意识地培养自己健全的人格。

（6）社会性与生物性

在人格的形成和发展过程中，不仅受生物因素的制约，而且更多地受社会因素的制约。人是一切社会关系的总和，离开人类社会生活，人的正常人格是无法形成和发展的。

知识链接

人格是在何时“定型”的？

一个人的人格是在什么年龄定型的？从理论上讲，人格在任何年龄都可能发生戏剧化的变化，但是这种情况并不常见。有研究表明，人在 20 岁时人格的“模子”开始定型，到了 30 岁时便十分稳定。在 30 岁之后，一般不会再出现大的人格改变。有些人身上发生了人格改变，但那些大都是由某种重大灾难或悲剧等特殊生活事件造成的。

一般而言,人过30岁以后,不论你迁居到一个新城市,还是改变了职业和新的朋友,你的那些基本人格特点都不会改变。你在30岁时是什么样的人,到60岁仍然是什么样的人。

二、现代人格理论

1. 弗洛伊德的人格结构说

精神分析的创始人弗洛伊德认为,人格包括三个部分:本我、自我和超我,如图3-1所示。

(1) 本我

本我是人格结构中最原始部分,从出生日起算即已存在。构成本我的成分是人类的基本需求,如饥、渴、性三者均属之。本我中之需求产生时,个体要求立即满足,故而从支配人性的原则言,支配本我的是唯乐原则。例如婴儿每感饥饿时即要求立刻喂奶,决不考虑母亲有无困难。

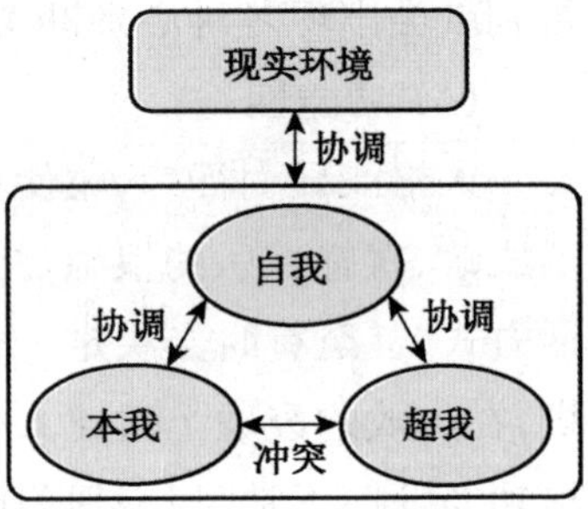

图3-1 本我、自我、超我关系图

(2) 自我

自我是个体出生后,在现实环境中由本我中分化发展而产生,由本我而来的各种需求,如不能在现实中立即获得满足,他就必须迁就现实的限制,并学习到如何在现实中获得需求的满足。从支配人性的原则看,支配自我的是现实原则。此外,自我介于本我与超我之间,对本我的冲动与超我的管制具有缓冲与调节的功能。

(3) 超我

超我是人格结构中居于管制地位的最高部分,是由于个体在生活中,接受社会文化道德规范的教养而逐渐形成的。超我有两个重要部分:一为自我理想,是要求自己行为符合自己理想的标准;二为良心,是规定自己行为免于犯错的限制。因此,超我是人格结构中的道德部分,从支配人性的原则看,支配超我的是完美原则。

人格结构中的三个层次相互交织,形成一个有机的整体。它们各行其责,分别代表着人格的某一方面:本我反映人的生物本能,按快乐原则行事,是“原始的人”;自我寻求在环境条件允许的条件下让本能冲动能够得到满足,是人格的执行者,按现实原则行事,是“现实的人”;超我追求完美,代表了人的社会性,是“道德的人”。

在通常情况下,本我、自我和超我是处于协调和平衡状态的,从而保证了人格的正常发展。如果三者失调乃至破坏,就会产生心理障碍,危及人格的发展。

2. 奥尔波特的人格特质

美国人格心理学家奥尔波特(Gordon W. Allport)将人的特质分为三大类:首要特质、中心特质和次要特质。

(1) 首要特质

首要特质是指个人最独特的人格特质,它是一个人最典型、最具概括性的特质,影响一个人各方面的行为。在小说或戏剧中,往往被作者以夸张的笔法,特别突显其首要特质。如《红楼梦》中林黛玉的“多愁善感”,《三国演义》中曹操的“狡猾奸诈”等。

(2) 中心特质

中心特质是构成个体独特性的几个重要特质,它是构成人格特质的核心部分,在每个人身上有5～10个中心特质。如林黛玉的清高、聪明、孤僻、抑郁、敏感等,都属于中心特质。

(3) 次要特质

次要特质是个体不太重要的特质,往往只有在特殊情境下才表现出来。如有些人虽然喜欢高谈阔论,但在陌生人面前则沉默寡言。

3. “五因素人格”模型

近年来,研究者们在人格描述模式上形成了比较一致的共识,提出了人格的大五模式,研究者通过词汇学的方法,发现大约有五种特质可以涵盖人格描述的所有方面。具体来说,“五因素人格”模型主要包括以下五个方面。

(1) 外倾性

外倾性是指反映一个人是否具有社会适应能力的人格特质。有代表性的人格特点包括热情、社交、果断、活跃、冒险、乐观等。这一特质的极端表现是:交际与封闭,克制与冲动,喜欢娱乐与喜欢严肃,滔滔不绝与寡言少语,情感丰富与情感储蓄。

(2) 神经质

神经质是指一个人用理性调控情绪,以提高心理成熟程度的人格特质。有代表性的人格特点包括焦虑、敌对、压抑、自我意识、冲动、脆弱等。这一特质的极端表现是:平静与烦恼,坚韧与脆弱,安全感与恐惧感。

(3) 开放性

开放性是指一个人广泛地获取新知识,创造性地探索外部世界的人格特质。有代表性的人格特点包括想象、审美、情感丰富、求异、创造、智慧等。这一特质的极端表现是:创新与守旧,勇敢与胆怯,开朗与抑郁,自主与顺从。

(4) 随和性

随和性是指一个人是否有爱心和同情心、是否尊重他人、是否以自我为中心的人格特质。有代表性的人格特点包括信任、利他、直率、谦虚、移情等。这一特质的极端表现是:温和与暴躁,信赖与怀疑,无私与自私。

(5) 尽责性

尽责性是指一个人是否具有社会责任心和责任感 的人格特质。有代表性的人格特点包括胜任、公正、条理、尽职、成就、自律、谨慎、克制等。这一特质的极端表现是:有序与无序,独立与依赖,热忱与冷漠,谨慎细心与粗心大意,言行自律与意志薄弱。

4. 人格发展理论

埃里克森是美国新精神分析派的代表人物。他认为,人的自我意识发展持续一生,自我意识的形成和发展过程可划分为八个阶段,这八个阶段的顺序是由遗传决定的,但是每一阶段能否顺利渡过却是由环境决定的,所以这个理论可称为"心理社会"阶段理论,如表 3-1 所示。每一个阶段都是不可忽视的。任何年龄段的教育失误,都会给一个人的终生发展造成障碍。它也告诉每个人为什么会成为现在这个样子,哪些心理品质是积极的,哪些是消极的,多在哪个年龄段形成的,给人以反思的依据。

表 3-1 埃里克森人格发展阶段

阶段	发展危机	获得品质	发展顺利者的特征	发展不顺利者的特征
0—1 岁	信任—不信任	希望	对人信任,有安全感	面对新环境焦虑不安
2—3 岁	自主感—羞怯感	意志	能按社会要求表现目的性行为	缺乏信心,做事畏首畏尾
4—5 岁	主动感—内疚感	目的	主动好奇,做事有方向,有责任感	畏惧退缩,缺乏自我价值感
6—11 岁	勤奋感—自卑感	能力	具备求学做事做人的基本能力	缺乏基本能力,有失败感
12—18 岁	同一性—角色混乱	忠诚	有明确的自我观念和追求的方向	生活无目的,无方向,时感迷茫
18—30 岁	亲密感—孤独感	爱	与人相处有亲密感	与社会疏远,常感寂寞孤独
30—60 岁	充沛感—停滞感	关怀	热爱家庭,关怀社会,有责任感,有义务感	不关心别人与社会,缺乏生活意义
60 岁—	完善感—绝望感	智慧	随心所欲,安享晚年	悔恨往事,遗憾终身

(1) 婴儿时期

信任—不信任(0—1 岁)。这是获得基本信任感而克服基本不信任感阶段。所谓基本信任,就是婴儿的需要与外界对他需要的满足保持一致。这阶段的婴儿对母亲或其他代理人表示信任,婴儿感到所处的环境是个安全的地方,周围人们是可以信任的,由此就会扩展为对一般人的信任。婴儿如果得不到周围人们的关心与照顾,他就会对外界特别是对周围的人产生害怕与怀疑的心理,以致会影响到下一阶段的顺利发展。

(2) 婴儿后期

自主—羞怯、怀疑(2—3 岁)。这是获得自主感而避免怀疑感与羞耻感阶段。个体在第一阶段处于依赖性较强的状态下,什么都由成人照顾。到了第二阶段,儿童开始有了独立自主的要求,如想要自己穿衣、吃饭、走路、拿玩具等,他们开始去探索周围的世界。这时候,如果父母及其他照顾他们的成人,允许他们独立地去干一些力所能及的事情,并且表扬他们完成的工作,就能培养他们的意志力,使他们获得一种自主感,能够自己控制自己。相反，如果成人过分爱护他们，处处包办代替，什么也不需要他们动手；或过分严厉，这也不准那也不许，稍有差错就粗暴地斥责，甚至采用体罚，就会使孩子产生自我怀疑与羞耻之感。

(3) 幼儿期

主动—内疚(4—5 岁)。这是获得主动感受而克服内疚感阶段。个体在这阶段的肌肉运动与言语能力发展很快，能参加跑、跳、骑小车等运动，能说一些连贯的话，还能把自己的活动扩展到超出家庭的范围，除了模仿行为外，个体对周围的环境充满了好奇心，知道自己的性别，也知道动物是公是母，常常问问这，动动那。这时候，如果成人对于孩子的好奇心以及探索行为不横加阻挠，让他们有更多机会去自由参加各种活动，耐心地解答他们提出的各种问题，而不是指责，那么孩子的主动性就会得到进一步的发展，表现出很大的积极性与进取心。反之，如果父母对儿童采取否定与压制的态度，就会使用权他们认为自己的游戏是不好的，自己提出的问题是笨拙的，自己在父母面前是讨厌的，致使孩子产生内疚感受与失败感，这种内疚感与失败感还会影响下一阶段的发展。

(4) 儿童期

勤奋—自卑(6—11 岁)这是获得勤奋感避免自卑感阶段。儿童的智力不断地得到发展，特别是逻辑思维能力发展迅速，他们提出的问题很广泛，而且有一定的深度，他们的能力也日益发展，参加的活动已经扩展到学校以外的社会。这时候，对他们影响最大的已经不是父母，而是同伴或邻居，尤其是学校中的教师。他们很关心物品的构造、用途与性质，对于工具技术也很感兴趣。这些方面如果能得到成人的支持、帮助与赞扬，则能进一步加强他们的勤奋感，使之进一步对这些方面发生兴趣。

(5) 青年期

同一—混乱(12—18 岁)。这一阶段的核心问题是自我意识的确立和自我角色的形成。青少年对周围世界有了新的观察与新的思考方法，他们经常考虑自己到底是怎样一个人，他们从别人对他的态度中，从自己扮演的各种社会角色中，逐渐认清了自己，此时，他们逐渐疏远了自己的父母，从对父母的领带关系中解脱出来，而与同伴们建立了亲密的友谊，从而进一步认识自己，对自己的过去、现在、将来产生一种内在的连续之感，也认识自己与他人在外表上与性格上的相同与差别。认识自己的现在与未来在社会生活中的关系，这就是心理社会同一感。

(6) 成人前期

亲密—孤独(18—30 岁)。这是建立家庭生活的阶段，这是获得亲密感、避免孤独感阶段。亲密感，是人与人之间的亲密关系，包括友谊与爱情。亲密的社会意义，是个人能与他人同甘共苦、相互关怀。亲密感在危急情况下往往会发展为一种互相承担义务的感情，它是在共同完成任务的过程中建立起来的。如果一个人不能与他人分享快乐与痛苦，不能与他人进行思想情感的交流，不相互关心与帮助，就会陷入孤独寂寞的苦恼情境之中。

(7) 成人中期

创造—停滞(中年)。这是获得创造力感,避免自我专注阶段。这一阶段有两种发展的可能性,一种可能是向积极方面发展,个人除关怀家庭成员外,还会扩展到关心社会上其他人,关心下一代以至子孙万代的幸福。他们在工作上勇于创造,追求事业的成功,而不仅是满足个人需要。另一种可能性是向消极方面发展,即所谓自我专注,就是只顾自己以及自己家庭的幸福,而不顾他人的困难与痛苦,即使有创造,其目的也完全是为了自己的利益。

(8) 成人后期

自我完善—悲观失望(老年)。这是获得完美感,避免捻感阶段。如果前面七个阶段积极的成分多于消极的成分,就会在老年期汇集成完美感,回顾一生觉得这一辈子过得很有价值,生活得很有意义。相反,如果消极成分多于积极成分,就会产生失望感,感到自己的一生失去了许多机会,走错了方向,想要重新开始又感到为时已晚,痛不胜痛。于是产生了一种绝望的感觉,精神萎靡不振,马马虎虎混日子。

在一个人的人生发展历程中有许多因素会影响到人格的发展,人格的塑造是先天、后天因素共同作用的结果,它凝聚着文化、社会、家庭、教育与先天遗传的个体风貌。在人格培养过程中,既要看到个体的生物遗传的影响,更要看到社会文化的决定作用。

5. 综合观点

心理学家认为,人格即个性,完整的人格包括个性心理特征和个性倾向性。心理过程是人们共同具有的心理活动。但是,由于每个人的先天素质和后天环境不同,心理过程在产生时又总是带有个人的特征,从而形成了不同的个性。

个性心理结构主要包括个性倾向性和个性心理特征两个方面。个性倾向性是指一个人所具有的意识倾向,也就是人对客观事物的稳定的态度。它是人从事活动的基本动力,决定着人的行为的方向。其中主要包括需要、动机、兴趣、理想、信念和世界观。世界观在个性倾向诸成分中居于最高层次,决定着人的总的意识倾向。个性心理特征是一个人身上经常表现出来的本质的、稳定的心理特点。

心理过程与个性心理都是在社会实践中发展形成的。一方面个性心理是在心理过程基础上形成的,没有对客观世界的认识,就不可能产生情感和意志行动,也就不可能形成个体的个性等;另一方面,已经形成的个性心理又能调节心理过程,并在心理过程中表现出来。

知识链接

人格究竟会不会遗传?

美貌、攻击性、紧张、沮丧、智力等特质都是遗传得来的。但如果你找不到隐藏在人格特质后的那些基因的话,你又怎么知道它是遗传的还是习得的?其实这个看似头疼的问题却有一个简单得不能再简单的解决方法:研究双生子和被领养的孩子。

同卵双生子通常在基因上是几乎完全相同的。异卵双生子有一半的基因是相同的。异卵双生子基因的相似程度就和亲生的兄弟姐妹差不多。当同卵双生子在某些人格特质上比异卵双生子更相似时,我们说这种特质就是遗传来的。

对眼睛的颜色来说的确如此,但对较复杂的特质,如唱歌、舞蹈、文学能力又是怎样呢?这些能力可能来自遗传,还有可能来自后天的教养。我们都知道同卵双生子的教养方式会更相似:父母给他们穿同样的衣服,让他们睡同一间房,上同样的课等。但在不同家庭环境中分开教养的,有着同样基因的同卵双生子,如果他们的人格特质相似的话,那肯定就是遗传,而不是环境的原因了。对于在不同家庭长大的同卵双生子进行的研究,可能是最能回答我们这个问题的方法了。

托尼和罗杰还在襁褓中时就被领养了。托尼生长在费城一个温暖的意大利工人家庭。罗杰在佛罗里达州长大,父母都是受过高等教育的犹太人。托尼是个推销员,在各地跑推销。有一天,当他在新泽西州的一家餐厅吃饭时,有一个女士跑过来用非常肯定的语气对他说:"罗杰,你好吗?你很久没给我打电话了。"当他最终说服这位女士他不是罗杰,也从没听过这个名字时,他的好奇心被引发了。他大费周折地找到了罗杰。当他们核对了生日后,才知道他们是双胞胎兄弟。

这种相似性令人吃惊。当然他们外表看起来很像,声音听起来也像,智商差不多。他们用同一种牙膏,都从小学起就是无神论者,学业成绩也一样。他们都抽同一品牌香烟,都用同一品牌须后水。他们加入同一个政党,有着相似的工作,喜欢相同类型的女人。在他们接下来的一次生日宴会中他们互送了礼物,结果是一模一样的毛衣和领带。

对于科学家来说,遗传率程度和遗传的人格特质范围比趣闻轶事更令人印象深刻。下列就是那些与分开抚养的同卵双生子非常相关,而与异卵双生子不那么相关的特质:智商、心智速度、感受速度及准确性、幸福感、自我接纳、饮酒及滥用药物、专制、工作满意度、择业就业、笃信宗教、传统主义、冒险精神、犯罪行为、神经过敏症、看电视次数及程度、愉快(积极情感作用)、沮丧(消极情感作用)、自我控制、支配欲、外倾性。

过去的研究表明人格是能够遗传的,人格特质的可遗传程度大致为0.50(除了智商外,智商是0.75)。

(摘自马丁·塞利格曼《认识自己,接纳自己》,任俊译,2010)

三、人格的类型

1. 希波克拉底的体液理论

希波克拉底是古希腊著名的医生,他认为体液即是人体性质的物质基础。他在"四根说"发展为"四液说"的基础上,进一步加以系统化。希波克拉底认为人体中有四种性质不同的液体，它们来自于不同的器官。其中，黏液生于脑，是水根，有冷的性质；黄胆汁生于肝，是气根，有热的性质；黑胆汁生于胃，是土根，有渐温的性质；血液出于心脏，是火根，有干燥的性质。人的体质不同，是由于四种体液的不同比例所致。基于这一理论，学者将人的气质概括为四种类型：多血质、胆汁质、黏液质和抑郁质。

(1) 多血质

这种类型的人一般表现为：外向、活泼好动，反应迅速，情绪发生快而多变，兴趣广泛。这类大学生在学习和工作上肯动脑、主意多，不安于机械、刻板、循规蹈矩，常表现出较强的工作能力和办事效率；内心体验多在面部表情和眼神中明显地表现出来；易于适应环境的变化，性情活泼、热情，善于交际，容易交上朋友，但友谊常不巩固，缺少知心朋友；对外界事物兴趣广泛，但容易失于浮躁，见异思迁；容易激动，但情绪表现不强烈；情绪变化快，遇到稍不如意的事就情绪低落，稍得安慰或又遇到其他高兴的事，马上就会兴高采烈。

(2) 胆汁质

这种类型的人一般表现为：外向、精力旺盛，直率、热情，行动敏捷，性情急躁，心境变换剧烈。这类大学生有独立见解，反应迅速，行为果断，表里如一；不愿受人指挥，而喜欢指挥别人；学习、工作热情高涨，有魄力，能吃苦，但不够细致；热情、执着，活动效率高，想干的事未完成，饭可不吃，觉可不睡；学习的理解能力和接受能力强，但不求甚解；思维方式刻板，说话喜欢与同学争辩，喜欢在公开场合表现自己；能以极大的热情和旺盛的精力投入学习和工作，一旦精力消耗殆尽时，便会失去信心，情绪顿时转为沮丧而心灰意冷。

(3) 黏液质

这种类型的人一般表现为：内向、稳重，反应缓慢，沉默寡言，情绪不易外露，注意稳定难于转移，善于忍耐。这类大学生一般很少发脾气，情感很少外露，面部表情单一；反应较为迟缓，无论环境如何变化，都能基本保持心理平衡；凡事深思熟虑，力求稳妥，一般不做无把握的事情，表现出较强的自我克制能力；与人交往态度适度，不卑不亢，不爱抛头露面和作空泛的清谈；学习、工作有板有眼，踏实肯干；兴趣爱好稳定专一，有毅力。但不善于随机应变，固定性有余而灵活性不足，有墨守成规、因循守旧的表现。

(4) 抑郁质

这种类型的人一般表现为：内向、孤僻，善查细节，行动迟缓，情感体验细腻、深刻。这类大学生喜欢安静独处，与人交往时显得腼腆、忸怩，善于领会别人的意图，在团结友爱的集体中，很可能是一个容易相处的人；自己心里有话，宁愿自己品味，也不愿向别人倾诉；不爱表现自己，对出头露面的工作尽量摆脱；感情细腻而脆弱，常为区区小事引起情绪波动，容易神经过敏，患得患失；在困难面前常怯懦、自卑和优柔寡断；当学习或工作失利时，会感到很痛苦。

知识链接

剧院前的争吵——不同气质类型

有4个人去戏院看戏，都迟到了15分钟，工作人员拦住他们：先生，对不起，您已经迟到15分钟，为了不影响他人，您不能进入。

第1个人：为什么不让我进！你知道我为什么迟到吗？刚才有个老大娘摔倒了，我为了扶她才来晚，我是做好事，怎么能不让我进?!——好好好，进去吧。这种胆汁质的人精力充沛、情绪发生快而强、言语动作急速而难于自制、热情、显得直爽而大胆、易怒、急躁。

第2个人：听你的口音，你是南阳人吧？我老婆也是，这里有南阳的烟，你来根。我是税务局的，以后有什么事情，尽管找我。——快进去吧。多血质的人活泼好动、敏感、情绪发生快而多变、注意力和兴趣容易转移，思维动作言语敏捷、亲切、善于交往，但也往往表现出轻率、不深挚。

第3个人：不让进就站在旁边等，不走。第1个人进去了，他为什么能进？——他做了好事。第2个人，又是什么原因？——算了，算了，你也进去吧。这种人属于黏液质，安静、沉稳、情绪发生慢而弱、言语动作和思维比较迟缓，显得庄重、坚韧，但也往往表现出执拗、淡漠。

第4个人：呀！我确实迟到了，不好意思，离开。这是典型的抑郁质，柔弱易倦、刻板认真、情绪发生慢而强、体验深沉，言行迟缓无力、胆小忸怩、善于觉察别人不易觉察的细小事物，容易变得孤僻。

个性当中，哪种气质类型好呢？许多人选择了多血质。其实，4种气质都好，各有各的特点。所有的气质都是天生的，是人的天分之一。要尊重天分，合理运用，这才是关键。

认识你的气质类型

2. 荣格的八种人格类型

瑞士心理学家荣格认为，人有两种基本的态度类型：一种是内倾型，其精神活动主要指向于主观世界，表现为迟疑、孤僻、退缩、情绪深沉、多思寡言、关注他人、经常提防戒备、不愿出头露面；另一种是外倾型，其精神活动主要指向客观世界，表现为开朗、坦率、乐群、情绪外露、健谈、随意、不顾他人、喜欢社会交往、敢于冒险。现实生活中极端内向或极端外向的人极少，绝大多数处于内向与外向之间。

荣格指出，个人的心理活动有感觉、思维、情感和直觉四种基本机能。感觉(感官知觉)告诉我们存在着某种东西；思维告诉你它是什么；情感告诉你它是否令人满意；而直觉则告诉你它来自何方和向何处去。按照两种态度类型与四种机能的组合，荣格描述了性格的八种机能类型，如表3-2所示。

表 3-2 人格类型的四维八极

外倾型	内倾型
倾向于对外部世界的客体做出反应	倾向于在内部世界里沉思
积极活动	偏好内省
经验先于理解	理解先于行动
从外界获得心理能量	从精神世界获得心理能量
采用尝试—错误的工作方式	采用持久稳固的工作方式
偏好新异刺激	偏好静态的外部环境
感觉型	直觉型
着眼于现实	着眼于未来
重视现实性和常情	重视想象力和独创力
关注具体性和特殊性，善于细节描述	关注普遍性和象征性，使用隐喻和类比
循序渐进的工作方式	跳跃性的工作方式
看重常规，相信确定有形的事物	不拘常规，相信灵感和推断
倾向于观察具体事件	倾向于把握事件的全局图面
偏好已知事物	偏好新的思想观念
思维型	情感型
退后思考，对问题进行非个人因素的分析	超前思考，考虑行为对他人的影响
公正，坚定，怀疑	温和，同情，体贴
倾向于分析性和逻辑性的工作方式	倾向于和自己的情感一致的工作方式
行为简洁、经济、带有批判性	行为期望他人认同
奉行清晰一致的客观原则	奉行清晰一致的主观价值观
判断型	直觉型
行为有组织性和系统性	行为保持开放性
时间观念严谨，认真对待最后期限	时间观念宽松，经常变动最后期限
看重工作结果	看重工作过程
倾向于解决问题	倾向于使问题带有弹性
认真完成预设目标	在获取新信息的过程中不断改变目标

(1) 外倾思维型

这种类型的人，既是外倾的，又是偏向于思维的，他们的思想特点是一定要以客观的资料为依据，以外界信息激发自己的思维过程。例如，机器是怎样开动的？为什么水加热到一定温度就会变成蒸气？等等。科学家是外向思维型，他们认识客观世界，解释自然现象，发现自然规律，从而创立理论体系。荣格认为，达尔文和爱因斯坦这两位科学家在思维外向方面得到了最充分的发展。外倾思维型的人,情感压抑,缺乏鲜明的个性,甚至表现为冷淡和傲慢等人格特点。

(2) 内倾思维型

这种类型的人,既是内倾的,又是偏于思维功能的。他们除了思考外界信息外,还思考自己内在的精神世界,他们对思想观念本身感兴趣,收集外部世界的事实来验证自己的思想。哲学家属于这种类型。荣格指出,德国哲学家康德是一个标准内倾思维型的人。内倾思维型的人,具有情感压抑,冷漠,沉溺于玄想,固执,刚愎和骄傲等人格特点。

(3) 外倾情感型

这种类型的人,既是外倾的,又是偏于情感功能的,他们的情感符合于客观的情境和一般价值。荣格指出,外倾情感型的人在"爱情选择"上,表现得最为明显。他们不太考虑对方的性格特点,而考虑对方的身份、年龄和家庭等方面。外倾情感型的人,思维压抑,情感外露,爱好交际、寻求与外界和谐。

(4) 内倾情感型

这种类型的人,既是内倾的,又是偏向于情感功能的。他们的情感由内在的主观因素所激发。内顿情感型的人,思维压抑,情感深藏在内心,沉默,力图保持隐蔽状态,气质常常是忧郁的。

(5) 外倾感觉型

这种类型的人,既是外倾的,又是偏向于感觉功能的。他们头脑清醒,倾向于积累外部世界的经验,但对事物并不过分地追根究底。外倾感觉型的人,寻求享乐,追求刺激,他们一般情感是浅薄的,直觉压抑的。

(6) 内倾感觉型

这种类型的人,既是内倾的,又是偏于感觉功能的,他们远离外部客观世界,常常沉浸在自己的主观感觉世界之中。外倾感觉型的人,知觉来自外部世界,是客观对象的直接反映;内倾感觉型的人知觉深受自己心理状态的影响,似乎是从自己的心灵深处产生出来的。他们艺术性强,直觉压抑。

(7) 外倾直觉型

这种类型的人,既是外倾的,又是偏于直觉功能的,他们力图从客观世界中发现多种多样的可能性,并不断地寻求新的可能性。他们对于各种尚孕育于萌芽状态但有发展前途的事物具有敏锐的感觉,并且不断追求客观事物的新奇性。外倾直觉型的人,可以成为新事业的发起人,但不能坚持到底,荣格认为,商人,承包人,经纪人等通常属于这类型的人。

(8) 内倾直觉型

这类型的人,既是内倾的,又是偏于直觉功能的。他们力图从精神现象中发现各种各样的可能性。内倾直觉型的人,不关心外界事物,脱离实际,善幻想,观点新颖,但有点稀奇古怪。荣格认为，艺术家属于内倾直觉型。

四、人格的力量

积极心理学将良好的人格定义为一系列积极素质的综合体，它的特点是有洞察力、团结合作精神、善良和充满希望等。为了能够更好地表达这些良好性格的特点，积极心理学把它们称为性格力量因子。性格的力量在某种意义上是特质性的，具有个体的差异，稳定性和普遍性较差。根据24种人格力量测试(VIA)计分方法识别出以下六个大类。

1. 第一类：智慧和知识的力量

(1) 创造性

能够思考出新奇和有效的方式去做事情；体现在艺术成就，但不仅限于此。

(2) 好奇心

对所有正在发生的事情感兴趣；认为所有的科目和话题都是富有吸引力的，乐于去探索和发现。

(3) 热爱学习

掌握新的技术、主题和知识；热爱学习与好奇心这一性格力量显然是相关的，但更能描述增加某人所知的系统性。

(4) 思想开放

能够全面透彻地思考问题，从各个方面检查问题；不急于得出结论；能够根据事实调整自己的思想；全面公平地衡量各种证据。

(5) 洞察力

能够为别人提供明智的参考意见；能够以多种方式看世界，认识自己和他人。

2. 第二类：意志的力量

(1) 真实性

以更加诚恳的方式讲述事实；不加以掩饰和伪装；对自己的感觉和行为负责。

(2) 勇敢

在威胁、挑战、困难或痛苦面前不畏缩；即使有反对意见的存在，也能直言不讳地说出自己的意见；表现出坚定不移的信念，即使不受欢迎；也体现在生理上的勇敢，但不仅限于此。

(3) 坚持

善始善终；即使存在艰难险阻，也要坚持完成自己的行动；享受任务完成时的愉悦感。

(4) 热情

充满激情和力量地去追求生活；做事情不半途而废或心不在焉；把生活当作历险；

充满生机和活力。

3. 第三类:人道主义的力量

(1) 善良

助人为乐、与人为善;关心照顾别人。

(2) 爱

重视与他人之间的亲密关系,尤其是彼此之间能够分享和关照;能够亲近他人。

(3) 社会智慧

能够感知别人和自己的意图和感受;知道在不同的社会场合应该怎样做:知道什么会使他人不悦。

4. 第四类:公正的力量

(1) 正直

公正公平地对待每一个人;不让个人的情感影响到针对别人所做出的决定;给每一个人公平的机会。

(2) 领导力

鼓励团体中的每一个人把工作做好,同时促进良好的集体关系;组织集体活动并且观察活动的效果。

(3) 团体合作精神

作为团队或小组中的一员,做好自己的工作;忠实于团队,与团队的其他成员分享。

5. 第五类:节制的力量

(1) 原谅

原谅那些曾经做错了事的人,重新给他们一次机会;不要打击报复。

(2) 虚心

让成绩自己说话;不要过分表现自己,不要认为自己比别人都强。

(3) 审慎

慎重地做出选择;不做不适当的冒险,不说以后可能会后悔的话,不做以后可能会后悔的事。

(4) 自我调节

调节自己的感受和行为;遵守纪律,控制自己的欲望和情绪。

6. 第六类:卓越的力量

(1) 对美和优点的欣赏

能够在生活的所有领域,发现和欣赏美丽、卓越和富有技巧的表现,从自然界到艺术领域,再到数学、科学领域,以及日常生活的每一天。

(2) 感激

敏锐地观察和感激生活中发生的每一件好的事情;花时间去表达你的感恩之情。

(3) 希望

期待未来最美好事情的发生,并努力去达成这一愿望;相信未来的美好能够实现。

(4) 幽默

畅快地大笑,给别人带来欢乐;心中充满阳光,积极地去看待事情;制造一些笑话(并不一定非得是讲出来的笑话)。

(5) 虔诚

对高级的目标和宇宙的意义有内在的信念;拥有对人生价值的信念,并以此来规划自己的行为,感受生命意义的愉悦。

克里斯托弗·彼得森(2010)和他的同事们发现,24 种性格力量的相对认可度在全世界都高度一致。在 54 个国家和地区里,从阿塞拜疆到津巴布韦,最为认可的力量有善良、公正、真实、感激和开放的思想(图 3-2)。国家与国家之间的等级相关性非常强,往往都在 0.8 以上,不存在文化、种族、宗教和经济上的差异。这些性格力量,又被称为"心灵上的"力量,如热情、感激、希望和爱等,有助于实现充实的人生,而且比起那些"头脑上的"力量,如热爱学习等,与生活满意度之间存在更为强烈和稳定的关系。纵向研究结果还表明,这些心灵上的力量能够预示今后的生活满意度。可见,性格力量源自自身,作用于他人时最能使个体感受到幸福快乐。

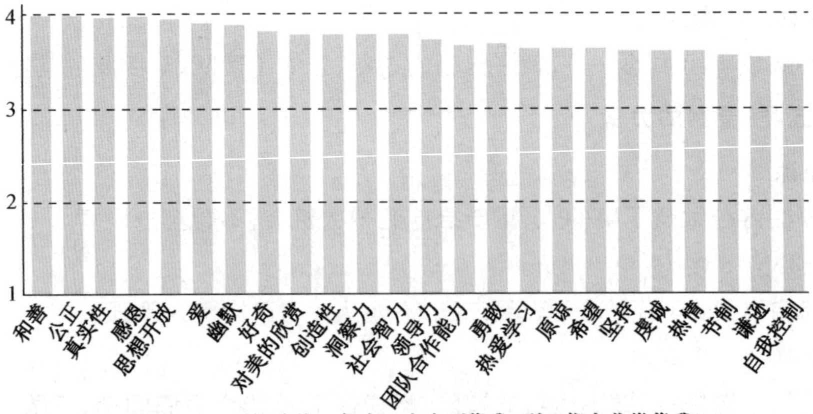

N=83 567,平均分从1(代表一点也不像我)到5(代表非常像我)

图 3-2 美国被试者的 VIA-IS 平均分

研究还表明,人们所看重的东西是与自己性格力量相一致的工作、人际关系和兴趣爱好。比如,具有善良性格力量的人,往往会喜欢对别人进行指导的工作;那些有着好奇心性格力量的人们,更喜欢"富有冒险精神的"浪漫伴侣;那些性格力量中有热爱学习成分的人,则很喜欢在闲暇的时候做一些园艺工作。

美国民众在线完成的 VIA-IS 问卷得分,在"9·11"之后的两个月与"9·11"之前所做的结果相比,那些诸如信任(虔诚)、希望和爱的性格力量得分明显增长,而在欧洲的被试中没有这样的变化。克里斯托弗·彼得森用恐怖控制理论去解释这种变化,即人们试图通过增加对文化中倡导的主流价值的认可，来“控制”对自身危险的恐惧。在危机事件中会出现很多有趣的证据(至少当危机被克服的时候)留给人们新的思考，什么才是生命中最重要的东西，或许他们会立即因为新的体验而投入实际行动。

克里斯托弗·彼得森的研究表明，那些经历过危机事件(躯体疾病、心理困扰或创伤事件)的被试者相比那些没有类似经历的人，在某些性格力量的得分上要偏高。比如有过严重躯体疾病的被试者(如果被试者从中恢复过来的话)所表现出来的性格力量往往就是跟勇敢、善良和幽默相关。这些力量最终又与生活满意度相关。研究结果提示：进行有针对性的干预训练，提高人们相关方面的性格力量，不仅可以帮助他们渡过危机，还能在危机过拥有更幸福的生活。

第二节 大学生人格发展的特点及自我调节

大学生正处于身心急剧发展和自我意识分化的特殊时期，因此大学阶段仍然是大学生人格不断发展的重要时期。我国有关学者的研究表明，具有创造力的当代大学生其人格特征是：勇于创新与开拓，有努力取得成就的坚韧性，富有热情，自信心强等。然而，急剧变革、观念多元化的社会文化也使人格的形成变得困难，变得更加不确定，从而使大学生在人格发展的过程中出现更多的迷茫和冲突。

一、大学生人格发展的特点

人格是社会文化的产物。改革开放的社会背景和校园文化氛围使大学生有了更大的适应性、灵活性和更大的发展可能，也为人格塑造提供了一个广阔的天地。在改革开放伊始，大学生强烈的主体意识显现为“寻找自我、渴望成才”，这是 20 世纪 80 年代大学生人格发展的显著特点。进入 90 年代以后，随着社会主义市场经济体制的建立，大学生逐步形成自立、平等、开放、竞争等人格特征。

根据国内外心理学家对人格素质结构的研究，结合我国当今社会发展的现状和大学生的实际表现，我们认为当代大学生在人格发展中呈现出如下五个方面的特点：

1. 能正确认知自我

大学生正确认知自我首先是能自我认可，基本上能接受一切属于自我的东西，从而形成对自己积极的看法；其次是自我客体化，对自己的所有与所缺都比较清楚和明确，理解现实自我与理想自我之间的差别。大多数人都有明确的奋斗目标和愿望，并为之而努力。

2. 智能结构健全而合理

大学生智能结构健全而合理是指具有良好的观察力、记忆力、思维力、注意力和想象力，没有认知障碍，各种认知能力能有机结合并发挥其应有作用。

3. 对社会环境的适应能力较强，不断地进行社会化活动。

当代大学生对外部世界有着浓厚的兴趣，有着广泛的活动范围和许多爱好，人际交往范围扩大，积极参与各种形式的社会实践。同时，能容忍别人与自己在价值观与信念上存在的差别，能根据事物的实际情况看待事物，而不是根据自己的主观愿望来看待事物。

4. 富有事业心，具有一定创造性和竞争意识

大部分大学生都能把事业看成生活的重要组成部分，在事业上有较强的进取心和责任感；具有竞争意识，具有开放性的思想观念，少有保守思想；喜欢创造，勇于创新，甘愿冒险，独立性强，富有幽默感，态度务实。

5. 情感饱满适度

情绪上稳定性与波动性、外显性与内隐性并存，情感丰富多彩，积极的情绪、情感体验在学习、生活中占主导。

这些特点表明，我国大学生人格发展状况基本良好，大学生在人格教育方面具有良好的自觉性。

二、人格障碍形成的原因

造成大学生人格障碍的原因非常复杂，一般涉及遗传和环境两个方面，尤其是遗传和环境的交互作用的影响。总结起来，其原因包括以下四个方面。

1. 生物遗传因素

根据研究：遗传是人格不可缺少的影响因素，遗传因素对人格的作用程度因人格特征的不同而异，通常在智力、气质这些与生物因素相关较大的特征上，较为重要；而在价值观、信念、性格等与社会因素关系紧密的特征上，后天环境因素更重要。我们一生的发展其实是我们每个人自己选择的结果，遗传并不能决定我们的命运。

2. 社会文化因素

社会文化塑造了社会成员的人格特征，使其成员的人格结构朝着相似性的方向发展，而这种相似性又具有一个维系社会稳定的功能。使个人嵌入文化形态里。其影响力因文化而异，社会对文化要求是否严格，越严格，影响力就越大。影响力的强弱也要视其行为的社会意义的大小。社会文化对人格的塑造，反映在不同文化民族有其固有的民族性格。不同自然环境下民族也反映出人文地理对人格的影响。社会文化对人格具有重要的作用，特别是后天形成的一些人格特征。社会文化因素决定了人格的共同性特征，它使同一社会的人在人格上具有一定程度的相似性。

浅谈家庭教养方式

3. 家庭环境因素

不同教养方式对人格差异所构成的影响不同。许多精神分析学家认识，一个人从出生到五六岁，是人格形成的最主要阶段，父母的教养态度对于其人格的形成和今后的发展起着重要作用。不同的依恋关系，父母对子女的态度，家庭氛围都对一个人的人格有着较强的影响。

4. 自然物理因素

生态环境、气候条件、空间拥挤程度等物理因素都会影响人格。例如，热天会让人烦躁不安，对他人采取负面的反应。世界上炎热的地区，也是攻击行为较多的地方。人格特质和环境之间相互作用，外部环境和情境同样影响着人格特质的表现方式。

总之，人格障碍的形成受多种因素的影响，因为它是长期作用的结果，所以必须以预防为主。在一个人生活的早期及早注意这些问题，防患于未然。这是每一个人都应高度重视的问题。

三、大学生常见的人格障碍

人格障碍(personality disorders)是指人格特征显著偏离正常，形成了特有的行为模式，对环境适应不良，常影响其社会功能，甚至与社会发生冲突，给自己或社会造成恶果。人格障碍不是精神疾病，但是如果得不到及时有效的矫正，往往持续终生，并容易引发精神疾病。人格障碍常开始于幼年，青年期定型，持续至成年期或者终生。人格障碍有时与精神疾病有相似之处或易于发生精神疾病，但其本身尚非病态。

目前，大学生常见的人格障碍有以下十种。

1. 偏执型人格障碍

偏执是指根据错误或不全面的信息，产生不恰当的观念，秉持错误的思维方式，并且固执己见，不听讲道理，认为只有自己是对的。如果经常出现偏执的状态，有可能存在偏执型的人格障碍。其主要表现为：①猜疑心理严重，常将他人无意的过失甚至友好的行为误解为敌意、歧视，因此会有很强的防卫心理；②容易嫉妒，对别人的身份、地位，以及受到的表扬或奖励心生不满，总觉得不公平、看不惯；③喜欢与人争辩，不遗余力地追求不合理的“权利”和利益；④总是把问题的责任推给别人，忽视或拒绝与自己想法不吻合的客观事实，很难讲通道理，固执己见。

2. 分裂型人格障碍

有这类人格障碍的人的思维常常僵化，他们在与别人的对话中不理解对话的上下文，对举一反三的事例缺乏联想。有奇异的信念，或与文化背景不相称的行为，如相信透视力、心灵感应、特异功能和第六感官等，或在独处时感到了另一个人的存在。奇怪的、反常的或特殊的行为或外貌，如服饰奇特、不修边幅、行为不合时宜、习惯或目的不明确。言语怪异，如离题、用词不当、繁简失当、表达意见不清，并非文化程度或智能障碍等因素所引起。对人冷淡，对亲属也不例外，缺少温暖体贴。表情淡漠，缺乏深刻或生动的情感体验。多单独活动，主动与人交往仅限于生活或工作中必需的接触，除亲属外无亲密友人。

3. 冲动型人格障碍

冲动是一种理智被情感、情绪所蒙蔽的心理现象。冲动型人格障碍的主要表现为：情绪急躁、易怒，做事盲目性强，没有计划，缺乏坚持性，不考虑行为的后果，常表现出攻击性，容易与他人争吵或肢体冲突。

4. 强迫型人格障碍

强迫是指经常不由自主地产生某种想法或行为，即使知道这样做没有必要，也无法控制自己去想去做。强迫型人格障碍主要表现为强迫性的观念和强迫性的行为，在日常生活中表现为：

(1) 总是感到一种莫名的不安全，如锁上门后还反复检查是否锁好等。

(2) 过于追求完美，却常常因过于执着琐碎细节导致整件事情失败。

(3) 做事刻板，过于循规蹈矩，不懂得变通，难以适应变化。

(4) 对于环境是否整洁过于敏感，洁癖严重。

(5) 不仅对自己过于刻板，也常用自己的特殊癖好来要求别人。

过分的谨小慎微、严格要求、完美主义及内心有不安全感。过高的标准使得他们对自己和别人都要求完美，成绩很优秀，但却很少对自己满意，而且很难得到自己的预期要求。往往把事情放到最后，致使完成重要任务的时间所剩无几。当需要别人对自己的工作和成果给出评价时，往往会过分拘泥于条条框框。很难表达自己的感情，在别人眼中往往是一本正经的、严肃的、过于谨慎的和守纪律的。缺乏想象，不会利用时机，做事过分谨慎与刻板，事先反复计划，事后反复检查，不厌其烦，犹豫不决。

5. 反社会型人格障碍

反社会是指与社会的规范背道而驰的思想观念和言行。反社会型人格障碍常表现为：

(1) 总是违反各种纪律或规范，甚至习惯于犯罪，导致不能正常学习或工作。

(2) 对他人及社会缺乏同情心、责任感，冷酷，情感淡漠。

(3) 对自己违反道德准则和各种规范的行为结果不以为意，无悔改之心。

6. 表演型人格障碍

表演型人格习惯于用夸张的言行以吸引他人的注意。表演型人格障碍的主要表现有：

(1) 表情易夸张，习惯装腔作势。

(2) 以自我为中心，强迫他人满足自己的要求，否则就产生强烈不满并想方设法使对方难堪。

(3) 常表现出异于常人的言行举止，或习惯展现特别的外貌服饰。

(4) 情绪情感特别强烈，并且过于敏感，常表现出戏剧性的情绪变化，喜欢对自己的经历过分夸张。他们常常外表迷人，热心、好交际，如果自己不是人们注意的中心，便感到不舒服。但是他们常被别人认为是某种不真诚的、肤浅的。似乎通过在陌生人面的表演来寻求别人的赞美。一旦建立了某种联系,就会变得苛刻、不为别人考虑,自我中心,并且自我关注。他们可能非常不专情,爱勾引人,性适应能力不好。以高度的自我中心、过分情感化和用夸张的言语和行为吸引注意为主要特点。情感浮浅,易受暗示,容易被他人或环境所影响,认为与别人的关系比实际上的更亲近。

7. 回避型人格障碍

回避型人格障碍的个体对他人的观点非常敏感,并因此而回避大多数人的人际交往。具有非常低的自尊,害怕被拒绝,这使他们的交往范围非常有限,而对那些他们认为值得信赖的人则表现出极端的依赖。他们并非是出于冷漠、情感平淡对人际关系不感兴趣而表现出背离社会,相反他们是出于个人内部的焦虑和对拒绝的恐惧而导致的对社会的背离。这类人的最大特点是自卑,其主要表现有:

(1) 在人际交往方面特别自卑,渴望与人交往,但总是退缩、回避,没有或很少有知心朋友。

(2) 在与人交往时总是怕出丑,习惯沉默,不敢主动表达自己。

(3) 对需要与人交往的活动或工作总是想方设法逃避。

8. 依赖型人格障碍

依赖型人格障碍总是要求别人替他做大部分的决定、替他做重要的事情,并且对他的生活负很大的责任。应该住在哪里,应该拥有什么样的工作以及谁应该成为他的朋友,他都依赖于伴侣、父母和朋友的决定。他所依赖的人的需要就是他的需要,因为他怕说出自己的要求会破坏这种依赖关系。为了不被抛弃,这种人往往在生理和心理上承受着巨大的侮辱。独处时感到很不舒服。因此他往往需要陪伴,很不自信,认为自己很愚蠢、很无助。在一个亲密关系终结后,迫切寻求另一个作为支持和照料的依靠,不现实地沉湎于害怕被别人遗弃以致不得不自己照料自己的恐惧。依赖型人格障碍的主要表现为任务依赖和情感依赖,具体表现有:

(1) 缺乏自主性和决断力,总是需要他人帮助自己决定事情或进行选择。

(2) 缺乏独立思考能力,人云亦云,总是听从别人的看法。

(3) 特别害怕独处,极力避免孤独。

(4) 为了讨好别人,使别人能陪伴自己,宁愿去做自己不愿意去做的事情。

(5) 经常觉得自己被抛弃,对亲密关系的终结感到绝望和无助。

9. 自恋型人格障碍

自恋型人格障碍主要是持续地表现出浮夸(无论幻想或行为的),需要他人赞扬。自以为了不起,好出风头,喜欢别人的注意和称赞。好“拔尖”,只注意自己的权利而不愿尽自己的义务。利用别人来满足自己的欲望。往往嫉妒或认为别人在嫉妒自己。不合理地期望特殊的优厚待遇,要求旁人都得按照他们的意志去做。缺乏同情心,理解不了别人的感情。在无限的成功、权利和美貌的幻想中表现出"夸大"和自我关注。他人的批评、漠视及自尊受到威胁会令他们感到愤怒和羞耻。当与人建立一种关系时，可能会在对自我的过度理想化和对他人的极度贬低之间摇摆不定，然而这种自恋的根源可能正是由于脆弱的自尊和深埋的失败恐惧。

10. 多重人格

多重人格的人同时具有两种或两种以上迥然不同的亚人格，是一种癔症性的分离性心理障碍。平常人们所说的"觉得自己不是自己"就是多重人格的典型表现。

一个具有多重人格的人，虽然在他身上表现出来两种或更多完全不同的亚人格，但在某一时间只有一种最为明显，并且每种亚人格都是完整的，都有自己的记忆、行为、兴趣、偏好，完全可以独立存在。

多重人格包括双重人格、三重人格……最多的可以达到17重人格，其中以双重人格最为多见。双重人格的人通常是其中一种人格占优势，两种人格互不干预，在其中一种人格表现出来时几乎意识不到另一种人格的存在。双重人格的人，起初一种人格向另一种人格转变的过程非常突然，常伴随创伤性事件，以后这种转变只在其遇到重大应激事件、接受放松或催眠治疗时才发生。

具有上述几种人格障碍的人在日常生活中并不占多数，但具有某些人格障碍特点的人在生活中却比比皆是。这些人格特点虽然不能视为人格障碍，但如果不及时加以克服，极有可能转变为人格障碍。

四、大学生的人格问题与自我调节

1. 大学生的不良人格与自我调节

不良人格是介于正常人格与人格障碍之间的一种人格状态。大学生中常见的不良人格有懒散、拖拉、怯懦、孤僻、冷漠、悲观、依赖、敏感、多疑、焦虑或对人敌视、暴躁冲动、破坏等。不良人格在青年群体中较为常见，不仅影响活动效率、妨碍正常人际关系，而且会给人生蒙上一层消极的阴影，如不及时矫正与治疗，会发展为各种人格障碍。因此，应了解并掌握一些常见不良人格的特征及调适的方法。

(1) 拖延

有研究显示，在美国超过70%的大学生都有拖延心理。拖延是当前不少大学生的通病。本来可以完成的事情，今天推明天，明天推后天，不到最后一刻不做，做又马马虎虎。正是"春天不是读书天，夏日炎炎正好眠，秋多蚊虫冬又冷，一心收拾等明年"。心理学研究表明，拖延与不快乐、生理免疫系统脆弱、压力过大等都呈正相关。造成拖延的原因有逃避困难、目标不明确、惰性。拖延不仅耽误学习和工作，而且会导致心理压力增大，焦虑。

关于如何克服拖延，降低生活和学习工作中因拖延而带来的压力，积极心理学家泰勒·本·沙哈尔为我们提供了以下六种方法。

方法一:5分钟起飞法。

沙哈尔老师说,战胜拖延的最佳法宝就是“5分钟起飞法”,它不需要通过精神力量,只需要行动即可。很多时候,个体不太想开始工作,可以在开始的5分钟内,强迫自己工作。

通常5分钟之后,就会走入正轨了。很多状态不佳的人会觉得,必须受到鼓舞、激发之后,才能采取行动。事实并非如此,如果先有行动上的改变,会影响个体的态度。如果总是等待自己情绪上准备好了再开始行动,就可能总是处于懒懒散散的状态中。但是如果你已经开始行动了,哪怕是强迫自己行动的,也可以通过行动来改变你的情绪。

方法二:放手去做,并奖励自己。

人要懂得奖励自己,包括精神上的和物质上的,比如,周一到周五认真学习了,周末就可以好好休息。通过奖励可以强化个体的行为。

方法三:把想法公开,破釜沉舟,告诉大家你的目标。

一旦把想法公开,在某种意义上,就是没有了退路,就不得不去做了,这样可以有效地克服拖延。

方法四:加强团队合作,让别人来督促自己。

能与别人一起去做的事情,就尽量同别人进行合作,一起结伴学习。因为在进行合作的同时,他人也可以对个体进行有效的监督,并且也可以分散自身的压力。

方法五:写下目标,分解成功的步骤。

将目标记录下来,就等于给自己立下军令状,这样也可以有效克服拖拉。

方法六:允许娱乐消遣,准许自己偶尔偷懒。

允许自己在某个时候偷点懒,娱乐消遣一下。人不是机器,不能一直工作学习,娱乐放松是人类的天性。如果不尊重天性,就会付出代价,比如削弱创造力、生产力和幸福感。

(2) 焦虑

很多人喜欢把事情往坏处想,常会把一件很小的事情想象成大难临头。不要以为只有神经过敏的人、抑郁的人、患恐惧症的人才会这样,事实上大多数人在大部分时候都这样。对有的人来说,只有当一切都顺利时才感到快乐。但是往往在这种时候,他就会开始担心,会不会有不好的事情发生。焦虑通常是危险来临的警笛,驱使个体去深思熟虑、冥思苦想,企图找到各种可能的解决办法。所以对于焦虑,个体应该忍受、关注甚至心怀感激。但很多时候,焦虑是不必要的或过多的。下面有三个指标来衡量焦虑是否变成你的负担,应该赶快从肩上卸下来。第一,你的焦虑是不是不可理喻的?个体要时常将内心的“坏天气”与外部真实的“天气”进行校准。你的焦虑是否已经超出了对现实威胁应有的反应范围?如一个在期中考试中两门不及格的学生在临近期末考试时担忧得睡不着觉，这种焦虑是合理的。但当一个大学生不去参加考试是因为他担心在他答题时，教授会一直盯着他看，这样他的手会不由自主地发抖，这种焦虑就是不合理的。焦虑失控的第二个指标是麻痹性。焦虑的初衷是促使你采取行动，改变生活。当焦虑达到极致时，它就会麻痹你，让你变得无动于衷。如一位女生总担心出门会被汽车撞到，所以终日躲在宿舍里不敢出门。焦虑的最后一个指标是强度。焦虑强度的测试可参考《认识自己，接纳自己》（马丁·塞利格曼著，任俊译）第 41 页“测试你有多焦虑”。如果焦虑只是一般水平，且没有不合理性或麻痹性，那可以处之泰然。仔细聆听它的指示，去改变外部生活而不是情绪状态。如果焦虑程度很高或一般，但是有不合理性或麻痹性，那应该马上采取行动减少焦虑。

如何减少日常生活中的焦虑，积极心理学家马丁·塞利格曼推荐两种经过了大量研究证实确实有效的技术，这两种技术都需要每天花 20～40 分钟的时间，并且持之以恒地使用。

第一个技术是渐进式放松训练。必须每天最少做一次（最好两次），每次至少 10 分钟。进行渐进式放松时，先绷紧全身的肌肉，然后慢慢放松身体的主要肌肉，直到完全松弛下来（在网络上有很多这种放松的指导语供参考）。大部分时候，放松训练都有一个反馈系统，这个反馈系统与焦虑相对抗。

第二个技术是冥想。它简单易行，但很有效果。这个技术需要每天使用两次，每次 20 分钟。冥想的作用在于驱除那些产生焦虑的想法，它可以是放松训练的补充。

（3）抑郁

个体每天都要面对很多失意与挫败，因此会变得悲观绝望，整天什么也不想做，失去了对生活的热情，甚至对美食、娱乐都没有兴趣，在床上辗转难眠。抑郁时，你看不到自己的未来，并把原因归咎于自己的资质。认为自己资质平平，所以毫无前途可言。经常会放大生活中的困难与挫折。即使是成功，也能找出一大推理由来证明这是失败之作。在抑郁时，悲观的解释风格会处于主导地位。抑郁的人总是以阴暗的眼光来看待美好的事物。在面临选择时，也会犹豫不决，举棋不定。当处于抑郁时，觉得什么都会来跟你作对，甚至自己的身体。

轻微的抑郁症由悲观的思维习惯导致。悲观主义把失败和被拒归因到永久的（“永远都会这样”）、普遍的（“这会毁了一切”）和人格化的原因（“都是我的错”）。这些习惯性的信念通常都不是真的，只是个人的非理性的主观看法而已。认知疗法的核心是：思维习惯可以彻底改变，即使是重度抑郁症患者。而轻微的抑郁症通常不需要治疗就可以得到改善。认知疗法共有五条原则。

① 学会辨认自己的下意识想法。这些想法在你感觉最糟糕的时候冲出来，而且来势汹汹，让你来不及反应，也无力反抗，如“我是一个很差劲的学生”等。

② 学会用相反的证据来反驳下意识想法。方法其实大家都会，只不过是在面对别人的苛责时才使用。如果一个善妒的朋友告诉你，你是一个非常差劲的人，你会搬出一

大堆证据来反驳他。同理，学会搜集证据来反驳自己的非理性信念。

③ 学会不同的解释方法进行重新归因。这也是用来反驳下意识想法的。学会用新的解释风格来反驳，如对自己说："这完全不符合逻辑啊，我只是在文娱方面比较弱一点，我在人缘等方面还是很不错的，我怎么会是一个很差劲的学生呢？"

④ 学会把自己从抑郁的想法中解救出来。反之会让情况越来越糟糕，尤其是当一个人处于压力之下还得强颜欢笑时。最好的做法就是不去想它。不但要学会控制思考的内容，还要学会控制思考的时间。

⑤ 学会质疑引起抑郁的那些假设。这些假设束缚了你。如"没有爱我活不下去""我是个失败者，因为我做得不够完美"等。

认知疗法对治疗抑郁症非常有效，治愈率高达 70%，但通常要一个月后才见效。需要注意的是，认知疗法对文化水平较低的人和圆滑世故的人效果还不得而知。

(4) 懒散

懒散是不少大学生感到苦恼并很难克服的一种不良人格。处于懒散状态的大学生也常常感到内疚、自责、后悔，但又无力自拔，主要原因是此类大学生想得多、做得少，缺乏毅力所致。

要克服懒散，首先要充分认识到其危害性；真正要做的是认真做好计划，坚定地行动起来。从日常小事做起，自己对自己负责，努力做到不为自己找借口，不原谅自己偷懒，按计划今日事今日毕，多参加有益身心的活动。

(5) 狭隘

受功利主义的影响，大学生中"狭隘"的现象越来越多。斤斤计较、耿耿于怀、嫉妒挑剔、容不得人等，都是狭隘的表现。狭隘影响人际关系，伤害他人感情，也给自己带来烦闷、苦恼，影响自己的情绪和形象。狭隘人格多见于内向性格的人。

克服狭隘，一是要胸怀坦荡，一切向前看，有"比天空更广阔的心灵"；二要开阔视野丰富自己，"站得高，看得远"；三要学会宽容，"宰相肚里能撑船"。

五、大学生常见人格障碍与自我调节

针对前文十种大学生常见的人格障碍，我们可以采取不同的方法去分别克服，俗话说"对症下药"，我们可不能"吃错药"。

1. 偏执型人格障碍的应对方法

(1) 改善沟通，建立互信。猜疑和误解很多时候都是由于沟通不畅，或是缺乏互信。加强沟通，遇事不要先生气、先怀疑，尝试相信他人，尽量减少猜疑和误解。

(2) 自我分析，保持理智。经常分析和提醒自己，在怀疑他人或嫉妒他人时，是不是自己的偏执心理在作怪。

(3) 积极自我暗示。暗示自己别人不会为难自己，自己也要谦和待人。别人的看法也许是对的，自己也该多听听。

2. 分裂型人格障碍的应对方法

(1) 走出孤独，与人交往。人与人之间本来就有差异，相信他人能够理解自己，接纳自己。

(2) 走出空想，幻想变成理想。幻想再美好也是一场空，如果能够在生活中为理想踏踏实实的努力，最后就能拥抱真真实实的美好。

(3) 培养生活情趣。养一棵花、看一本书、做一些运动。培养一些爱好，最好能有几个“臭味相投”的伙伴一起，才会知道幸福的滋味。

3. 冲动型人格障碍的应对方法

(1) 培养自控，管住情绪。情绪犹如野马，理智就是缰绳。我们要握紧缰绳，否则野马就会把我们甩飞。

(2) 积累阅历，开阔胸怀。多看书，多观察社会，我们才会知道冲动其实解决不了问题，真正解决问题的是合作、是妥协。要合作，就要放下仇恨，敞开胸怀。

(3) 找个方式释放自己。年轻难免气盛，精力过多就会满溢。跑跑步、唱唱歌、去旅行，很多方法可以释放自己的能量，然后你会感到——好累好轻松！

4. 强迫型人格障碍的应对方法

(1) 相信再大的事天也不会塌下来。许多事情没有想象中的严重，就算被子没叠、手没洗，一时半会儿也没什么要紧，影响不大。就算自己偶尔有不好的念头，有就有吧，每个人的内心都很复杂，我也一样，没关系的。

(2) 多做，少想，不后悔。自己想好的事情，做了的决定，就不要去更改、去怀疑，而要按计划去做，事后无论结果如何，也不要后悔，后悔没用。

(3) 适度“放纵”。什么事情都像条约一样，生活将会变得死板、没有情趣，适度的“放纵”，自己给自己松松绑，自由的呼吸，你能做到的。

5. 反社会型人格障碍的应对方法

(1) 做人要有原则。没有原则的人就像脱轨的火车，是一场灾难，伤害别人，自己也跑不远。法律、道德，这些都是必须遵守的原则，不容触犯。

(2) 尝试体验痛苦的感觉。自己不觉得自己做的事会给别人带去痛苦？那么让别人也那样对你做，体验一下痛苦的感觉。以后再想这样做的时候回味一下这种感觉。

(3) 放下仇恨，学会爱。人与人之间不只有仇恨，可以有关心和爱护。以怨报怨，伤害别人，自己也得不到幸福。以德报怨，世界会更美好。

6. 表演型人格障碍的应对方法

(1) 自己的“表演”别人喜欢吗？自己总觉得自己的表现很好，很完美，很受别人欢迎，真的吗？问问别人对自己的看法，不要争辩，认真地听，好好反思。

(2) 做一个别人喜欢的人。做别人不喜欢的事情而得到关注,是自讨没趣,不如不做。控制自己的表现欲望,不要让它为所欲为,静下心来做自己的事,不要总是影响别人。

(3) 恰当地发挥自己的表演才能。分清楚什么时候能表演,什么时候不能表演。在舞台上,可以尽情发挥,相信大家会喜欢你。在生活中,活得真实自然,平平淡淡才是真。

7. 回避型人格障碍的应对方法

(1) 走出自卑,树立自信。人人都有缺点,不用因为自己优缺点而自卑,人人都有优点,找到自己的优点,树立自信。

(2) 学会交往,勇敢走出第一步。怕见别人？想躲起来？不行,必须学会交往。别人不会嘲笑你,会理解你。只要勇敢走出第一步,就能找到温暖的双手和微笑。

8. 依赖型人格障碍的应对方法

(1) 相信自己"我可以""我能行"。自己的生命自己做主,你会活的更有力量、有自由。相信自己有能力做自己的事,别人告诉你不行,你不一定不行,相信自己,尽力尝试。

(2) 克服依赖思想。幼儿园的小朋友都知道自己的事情自己做,我们更应该做到。小朋友能自己收拾东西,我们要做得更多,自己做决定、自己承担责任、自己做计划、自己监督自己……

9. 自恋型人格障碍的应对方法

(1) 解除自我中心观

自我中心是自恋型人格的最主要特征,而人生中最为自我中心的阶段是婴儿时期。由此可见,自恋型人格障碍患者的行为实际上退化到了婴儿期。正如朱迪斯·维尔斯特在《必要的丧失》中说的:"一个迷恋于摇篮的人不愿丧失童年,也就不能适应成人的世界",因此,治疗自恋型人格障碍,必须了解那些婴儿化的行为。首先,可以通过罗列自己认为不讨人喜欢的人格特征和别人对自己的批评,来看看有多少婴儿期的成分。例如,渴望持久的关注与赞美,一旦不被注意便采用偏激的行为;喜欢指使别人;对别人的好东西垂涎欲滴,对别人的成功无比嫉妒等。然后,通过回忆自己的童年,会发现以上人格特点在童年便有其原型。例如,总是渴望父母的关注与赞美,每当父母忽视这一点时,便耍无赖、捣蛋或做一些异想天开的动作以吸引父母的注意;童年时衣来伸手,饭来张口,父母是仆人;总想占有一切,别的小朋友有的,自己也想有。当明白了自己的行为是童年幼稚行为的翻版后,以下的内容可能会有益了。

①我将努力工作,以取得成绩来吸引别人的关注与赞美;②我不再是儿童了,许多事都要自己动手去做;③每个人都有属于自己的好东西,我要争取我应得到的,但不嫉妒别人应得的。同时,还可以请一位和自己亲近的人作为监督者,一旦出现自我中心的行为,便给予警和提示,督促自己及时改正。通过这些努力,自我中心观会慢慢消除。

(2) 学会爱别人

对于有自恋型人格障碍的人来说,光抛弃自我中心观念还不够,还必须学会去爱别人。弗洛姆在《爱的艺术》中阐述了这样的观点:幼儿的爱遵循“我爱因为我被爱”的原则;成人的爱遵循“我被爱因为我爱”的原则;不成熟的爱认为“我爱你因为我需要你”;成熟的爱认为“我需要你因为我爱你”。维尔斯特认为,通过爱,个体可以超越人生。自恋型的爱就像是幼儿的爱,是不成熟的爱,因此,要努力加以改正。

生活中最简单的爱的行为便是关心别人,尤其是当别人需要你帮助的时候。当朋友生病后及时送上一份问候,朋友会真诚地感激你;当别人在经济上有困难时,你力所能及地解囊相助,自然会得到别人的尊敬。只要在生活中多一份对他人的爱心,自恋症便会自然减轻。

10. 多重人格障碍的应对方法

(1) 通过宣泄,把主体人格“诱导回来”,让其对原先无法接受的愤怒、不满、冲动等承担责任,并用更为建设性的办法处理它们。由于诱导主体人格的过程也是发泄后继人格的过程,因此置于二者之间的隔墙便会自动解体,二者的交流得以实现。

(2) 人格分裂者最害怕的问题是记忆碎片,也就是遗传基因产生的紊乱会扰乱脑部,使记忆遗失。分裂出的每个人格对原先人格的记忆、性格都有一定了解,如果分离人格遗失前者记忆,患者有可能被另一人格完全占据。

(3) 鼓励各分离的人格之间的内部交流,因为这种内部交流有助于“拆除”置于主体人格和后继人格之间的隔墙。

(4) 分离人格的产生有些是因为未能满足正常的需要,对此应考虑需要的功能,不能轻率处置。

(5) 对于人格分裂者,融情治疗应当可以治愈。融情治疗为善意欺骗与诱导宣泄,并制造物象,如人格分裂者总是把所见所闻默默记忆在潜意识中,治疗这么多的人格,可用象形的物品,如:龙,善意欺骗为龙的组成,而非虫的组成。善意诱导诱发各自优点与适度的缺点,适度的缺点可助其发泄不满。

(6) 饮食疗法,清淡可口为主。

第三节 大学生人格的完善

一、人格健全的标准

大学生人格的完善

人格健全或心理健康的标准众多,以下介绍迄今为止全球较为认同的四种。

1. “成熟者”模型

美国人格心理学家奥尔波特在哈佛大学长期研究高心理健康水平的人,

并把他们称作“成熟者”。从他们身上归纳出七个特点：有自我扩展的能力；与他人热情交往，关系融洽；情绪上有安全感，自我接纳；具有现实性知觉；客观地看待自己；有多种技能，并专注于事业；行为的一致性是其人生哲学。

2. “自我实现者”模型

美国人本主义心理学家，人类潜能运动的先驱者马斯洛，对“自我实现者”进行了深入研究。马斯洛从“自我实现者”身上归纳出 15 种特点：了解并认识客观现实，持有较为实际的人生观；对自己、对他人、对整个自然能够做到最大限度的认同和接纳；在情绪与思想表达上较为自然；有较广的视野，就事论事，较少考虑个人利害；喜欢独处，有超俗的品质；有独立自主的性格；对平凡事不觉厌烦，对日常生活永感新鲜，并有高品位的鉴赏力；对事业与生活富有激情，常有高峰体验；能建立持久的友谊；民主的价值观，尊重别人的意见；有伦理观念，能区别手段与目的，绝不为达到目的而不择手段；带有哲学气质，有幽默感；有创见，不墨守成规；对世俗，和而不同；对生活环境有时时改进的意愿与能力。

3. “五因素人格”模型

国际上经过半个世纪的努力研究，在 20 世纪末对五因素人格模式五个维度的认识逐渐趋向一致，各维度的描述性特质归纳如下：

(1) 外倾性：正面表现为健谈，好表现，面部表情丰富，并喜欢做出各种姿势；果断，好交友，活泼，富有幽默感；容易激动，好刺激，趋向于好动，乐观。负面表现为沉默寡言，呆滞。

(2) 宜人性：正面表现为善于为别人着想，似乎总是在与别人互动；富于同情心，直率，体贴人。负面表现为充满敌对情绪，不友好，给人不信任感，缺乏同情心。

(3) 责任感：正面表现为行为规范，可靠，有能力，有责任心；似乎总是能把事情做好，处处让人感到满意。负面表现为行为不规范，粗心，做事效率低，不可靠。

(4) 情绪性：正面表现为情绪理性化，冷静，脾气温和，满足感，与人相处愉快。负面表现为自我防卫，担忧；情绪容易波动，易产生负面情绪，还易产生非理性的想法，难以控制冲动，在压力状况下比他人效果差。

(5) 开放性：正面表现为对新鲜事物感兴趣，尤其是对知识、各种艺术形式和非传统观念的赞赏；勤于思考，善于想象，知识丰富，富于创造性。负面表现为自我封闭，循规蹈矩，喜欢固定的生活和工作程式，不善于创造性思考。

4. 综合性评价

国内外的研究表明，健全人格是各种人格特征的完备结合，综合起来有以下特点：

(1) 内部心理和谐发展。人格健全者的需要和动机、兴趣和爱好、智慧和才能、人生观和价值观、理想和信念、性格和气质都向健康的方向发展。他们的内心协调一致，言行统一，能正确认识和评价自己的所作所为是否符合客观需求，是否符合社会道德准则，能及时调整个体与外部世界的关系。如果一个人失去他的人格内在统一性，就会出现认知扭曲、情绪失控、行为变态等问题。

(2) 人格健全者能够正确处理人际关系，发展友谊。这样的人在人际交往中显示出自尊和他尊、理解和信任、同情和人道等优良品质。那些嫉妒心很强的人，很难想象他们能在互惠的基础上与人合作；傲慢自大的人也绝不会虚心地倾听别人的意见。人格健全者，在日常交往中既不随波逐流，也不孤芳自赏，能够使自己的行为与朋友、同事、同学协调一致。

(3) 人格健全者能把自己的智慧和能力有效地运用到能获得成功的工作和事业上。他们在学习、工作中被强烈的创造动机和热情所推动，并且与他们的能力有效地结合起来，从而使他们勇于创造，善于创造，经常有所发现，有所发明，有所建树。成功又为他们带来满足和喜悦，并形成新的动机和兴趣，使他们能够得到良性发展。

二、大学生人格魅力的培养

人格是相对稳定的，也是可塑的。大学生既可以积极自觉地培养良好的人格品质，也可以改变不良的人格品质。遗传和成长经历会对个体的人格产生较大的影响，但是马丁·塞利格曼指出“我们并不是自己过去历史的奴隶”。大学生塑造健康人格可以从以下五个方面努力。

1. 树立科学的人生观

人生观是个体对人生的目的、意义和道路的根本看法和态度，包括幸福观、生死观、荣辱观、恋爱观等。在人的一生中，人生观始终是行动的最高指挥者和调节者。有什么样的人生观，就给予人什么样的言行。个体一旦形成了正确的人生观，就会有明确的方向、顽强的斗志，能动地认识和改造世界，其主观世界也会得到改造。当学生明白了做人的道理，就能客观地对人、对事、对己，心理反应适度，人格因素就会健康发展。

2. 学会自我调适

要塑造健康人格，必须掌握一些自我调适的方法，而主要有以下三种：自我分析、自我评价、自我教育。

(1) 自我分析：分析自己的人格结构的优势和不足，分析要做到客观，恰到好处，保持一种比较合乎实际的水平。

(2) 自我评价：客观地评价自己的人格和行为表现，做到有自知之明。

(3) 自我教育：经常反思自己的思想、行为，总结优点，发现缺点，要经常自我提醒，自我警戒，自我约束，有意识地进行自我磨炼，锻炼意志品质。

3. 提高文化素质

培根说："读史使人明智、读诗使人灵秀、数学使人周密、科学使人深刻、伦理使人庄重、逻辑修辞学使人善辩，凡有所学，皆成性格。"荣格也有句名言："文化的最后成果是人格。"学习知识、增长智慧的过程也是塑造和优化人格的过程。事实上，不少人格缺陷源于知识的贫乏。丰富的知识使人自信、坚强、谦恭和理智。科学文化的全面发展是人格健全发展的智力基础。可是，当今许多理工科大学生缺乏人文知识，文科学生缺乏科学技术基本素养，这不利于健全人格的培养，所以大学生需要有意识地弥补和修复这种偏差。

4. 培养良好的习惯

世界著名心理学家威廉·詹姆斯有一句这样的名言："播下一个行动，收获一种习惯；播下一种习惯，收获一种性格；播下一种性格，收获一种命运。"习惯的养成最终会成为个人人格的一部分。习惯的保持并不需要付出很多自制力，但习惯的养成却需要付出许多努力，因为人们极容易退回到原来的习惯中去。那么要如何养成新习惯呢？积极心理学家泰勒·本·沙哈尔认为，最好的做法是一旦确定了新习惯的内容之后，就不要再犹豫，马上开始行动。刚开始可能并不容易，但是在坚持 21～30 天时，一种新的习惯就可以固定下来，就好像早上刷牙那样自然。他还给我们列出了两种养成新习惯的方法：

(1) 找准目标，集中精力去做。最主要的是坚定自己的信念，并不断预见积极的成果。这样才能让自己增加勇气，找到自信，并下定决心、充满动力地坚持到习惯固定下来。

(2) 制订周密的计划，并坚决完成这些计划。这样做，便可以将自己的思想提高到一个新的水平。

5. 加强人际沟通

通过人际沟通，个体可以获得一个深入认知自我的机会。交流应尽可能地扩大范围、层次、领域，为和谐的人格形成构建一个平台。因为拥有健康人格的人能面对现实，适应环境，能保持和谐的人际关系。在人与人的交往中，积极的态度多于消极的态度。在需要的满足中激发进取的力量和信心，发展自我价值感。这样，个体就会在交往中发展富有朝气、团结奋进的乐观品格。

健康人格是人的整体的重要组成部分，又是社会和谐的基础与载体。健全人格的培养和塑造既是大学生成长发展的要求，也是时代的呼唤。但健全人格的培养不是一朝一夕的事情，需要坚持不懈的努力。同时，马丁·塞利格曼指出："有些改变可以受你控制，而有些不能。所以你最好先做好充分的准备，尽可能多地去了解哪些是你能够改变的，以及你该如何去实施这种改变……改变并不是一件容易的事，往往比我们预期的难得多。这里没有捷径可走，也没有绝妙的方法……有勇气改变你能改变的，平静地接受你改变不了的，智者能分辨出这两者的区别。生活是一个长期的改变过程。"著名的

"皮格马利翁效应"故事里少女的雕像最终在皮格马利翁的全部热情和希望中活起来了,如果个体对自己有美好的期许,加上坚持不懈的努力,就一定可以使自己的人格更加完善,从而展现迷人的魅力!

知识链接

性格就是命运

古希腊哲人赫拉克利特说:"一个人的性格就是他的命运。"这句话包含以下两层意思。

(1) 对于每一个人来说,性格是与生俱来、伴随终身的,永远不可摆脱,如同不可摆脱命运一样。

(2) 性格决定了一个人在此生此世的命运。

那么,能否由此得出结论说,一个人命运的好坏是由天赋性格的好坏决定的呢?我认为不能,因为天性无所谓好坏,因此由之决定的命运也无所谓好坏。明确了这一点,可知赫拉克利特名言的真正含义是:一个人应该认清自己的天性,过最适合于他的天性的生活,对他而言这就是最好的生活。

一个灵魂在天外游荡,有一天他投进了一个凡胎。他从懵懂无知开始,似乎完全忘记了自己的本来面目。但是,随着年岁和经历的增加,那天赋的性质渐渐显露,使他不自觉地对生活有了一种基本的态度。在一定意义上,"认识你自己"就是要认识附着在凡胎上的这个灵魂,一旦认识了,过去的一切都有了解释,未来的一切都有了方向。

赫拉克利特的名言常被翻译成"一个人的性格就是他的守护神"。的确,一个人一旦认清了自己的天性,知道自己究竟是什么人,他也就知道自己究竟要什么了,如同有神守护一样,不会在喧闹的人世间迷失方向。

三、大学生人格完善的途径

培养积极人格不是一件容易的事情,要达到人格健全的这些标准,也不可能一蹴而就。关键在于对自己的人格保持信心,相信通过努力,自己能够变得更好,同时能够坚持不懈的切实努力,从日常生活中的点点滴滴做起,进行人格的修炼。那么我们能够从哪些方面去着手培养自己的积极人格呢?

1. 认识自己的人格,接纳自己的人格

要想完善自己的人格,必须先全面的认识自己的人格,否则就会像盲人摸象一样,只知其一,不知其余,收效甚微。人格虽然内含丰富,结构复杂,但是总的来说主要有以下一些要点:

(1) 观念是否正确(是否能够正确看待自己、看待他人、看待社会、看待未来)。

(2) 态度是否积极(是否相信自己会变得更好,相信他人本性善良,相信社会能够进步)。

(3) 是否有恰当的生活目标,并且在为其努力。

(4) 人际关系是否和谐。

(5) 是否有情绪管理能力。

我们可以从这五方面来认识和评价自己的人格。

“人贵有自知之明”,因为人要了解自己比了解别人更难,所以我们不妨多请求别人的帮助,看看别人眼中的自己是怎样的,别人怎么评价自己,这就像给自己多找了几面镜子,能够把自己看得更清楚。当然也可以通过学习心理学来更多地了解人格的奥秘,或者寻求心理援助,让心理学专业人士帮助自己更好的认识自己的人格。

我们不仅要了解自己的人格,也要接纳自己的人格。“人非圣贤,孰能无过”,其实许多圣贤之人在最初的时候也难免犯错,甚至做过很坏的事情。谁能肯定那些圣贤就没有犯过错呢? 关键是他们能够认识到自己的错误,并不断努力去改正,他们的人格才能不断升华,最终成为圣贤。我们每个人都有爱自己的本能,爱自己、接纳自己是对的。我们如果能把这种爱与理智结合,既爱自己,又能看到自己的不足,使自己不断变得更好,这就是人格完善最强劲的动力。

2. 发扬好的方面,改变不足的方面

认识自己的人格之后,我们会发现,自己的人格中,多多少少都会有一些好的方面,也多多少少会有一些不足之处。对于好的方面,我们自然应该坚持,应该发扬光大。对于不足之处,我们也应该承认,并且努力改正。

比如发现自己比较开朗、活泼,在人际关系方面表现不错,那就应该保持开朗的性格,多与人沟通交往,在集体组织中发挥自己的特长,更好的体现自己的价值。如果发现自己比较内向,人际关系不是很好,那也不用焦急,尝试告诉自己:我是值得结交的人。并且向别人表达出愿意结交的意愿,做出友好的行为,总会有人能够理解我,接纳我。

凡事都有两面性,就算是性格中的不足之处,体现在生活中的不同方面,也不一定是坏事。比如有强迫倾向的人,只要不是太过度,不要影响到正常的生活,也是有好处的。又如有的人轻微洁癖,有一点点强迫自己做清洁的习惯,会把周围环境保持得很清洁,一定程度上是有利于健康的。关键在于这种特质体现在生活的哪个方面,如果是强迫自己不断去做一些没有任何实际意义的事情,则无异于浪费时间和精力,严重影响正常生活。

3. 具备心理知识和人文素养

美国未来学家英格尔斯说:“现代人之无愧于自己称号的一个重要标志,乃是他具有传统人无法比拟的广阔视野和丰富知识。”知识是现代人格塑造的必备条件。现代人是具有独立人格的人,而人格的独立离不开知识的支撑。应该说,每一个健全的人都应该有自己的思想,能进行独立思考。一个人要进行独立思考,就需要有广泛的知识,尤其是有关社会与人生方面的知识。高尔基说过，人的知识越广，人的本身的境界也越臻完善。学习知识，增长智慧的过程也是人格优化的过程。现实中，不少人人格的缺陷是源于知识的贫乏，比如，无知容易粗鲁、自卑，而丰富的知识则容易使人自信、坚强、礼貌、谦和等。具备一定的心理知识和人文素养，就等于拥有了心理健康的钥匙，掌握了心理素质完善和人格健全的主动权。这样当自己的情绪出现困扰的时候，就能够应用自己的知识和经验储备，进行自我分析、自我调节，实现自助自救，或者及时求助于心理咨询的职业机构。

4. 从小事做起，贵在坚持

“勿以善小而不为”，完善人格不是让我们一下子去做什么惊天动地的大好事，而是把身边的小事一件一件的做好，把自己应该去做而没有去做的事一点一点地去尝试着做。比如发现自己有偏执的倾向，不能很好地听从他人的意见，有些固执。那我们可以在快要和别人开始争辩的时候争取让自己闭嘴一分钟，多听他人一分钟，只要成功这一分钟我们能够忍住，能够听进别人几句话，就是很大的进步。在此基础上，我们慢慢地学会把自己的意见和想法先放在一边，开始越来越注意别人在说什么，久而久之，就能养成虚心接受他人意见的好习惯、好性格。

完善人格也不是让我们一下子改掉自己人格中那些不好的特质，人格特质的形成往往经历了很长时间，也不太可能一下子就消失。“一屋不扫何以扫天下”，我们应该从最基本、最简单的开始，改正我们那些小小的坏习惯。比如我们有较强的表演倾向，言行举止比较夸张，迫切渴望时时都是人群中的焦点。我们可以先尝试让自己的外表不要那么张扬，减少一点夸张的装饰，在人群中减少一点夸张的语言或动作，逐渐适应不张扬的感觉，这样慢慢就能改掉过强的表演欲。

5. 锻炼意志

意志在人格特征中占有非常重要的地位。坚强或软弱的人格特征主要是以意志的发展水平为标志的，因而，培养坚强的意志是人格塑造的重要内容和途径。不仅仅如此，意志的锻炼还将直接促进其他人格特征的培养。无论是人格的择优还是汰劣，都是一个艰苦、长期的过程，其间意志力的强弱对人格塑造起着促进或阻碍的作用。

6. 融入集体中

人格发展、塑造的过程，是人社会化的过程，是人与他人，集体、社会互动的过程。人格在集体中形成，在集体中展现，正如马克思指出的：“只有在集体中，个人才能获得全面发展其才能的手段，也就是说，只有集体中才可能有个人的自由。”集体是人格塑造的土壤。集体是一个人展现其人格的舞台，也是认识自己人格的一面镜子。通过与集体交往，自己的某些品质或受到赞扬、鼓励或受到指责限制，从而有助于调整自我，而且集体能伸出手来，帮助集体中的个人择优汰劣。因而，集体是锻炼人格品质的熔炉。

7. 把好人格塑造的“度”

人格发展和表现的“度”是十分重要的,否则会“过犹不及”。列宁指出:“一个人的缺点仿佛是他的优点的继续,如果优点的继续过了应有的限度,表现得不是时候,不是地方,那就会变成缺点。”人格塑造的度,具体地说,应该是坚定而不固执;勇敢而不鲁莽;豪放而不粗鲁;好强而不逞强;活泼而不轻浮;机敏而不多疑;果断而不冒失;稳重而不寡断;谨慎而不胆怯;忠厚而不愚蠢;老练而不世故;忍让而不软弱;自信而不自负;自谦而不自卑。人格“度”的把握除了人格品质要健康地发展,避免偏向外,还表现在不同性质的人格品质要协调地发展,即“刚柔兼济”,对于“刚”者应多发展些“柔”,对“柔”者应加强“刚”,这样才能形成合理的、和谐的人格结构;再者要因人因时因事因地表现人格特征,这样所塑造出来的人格才有韧度,有较强的适应能力。

8. 提高自我教育的能力

实践证明,只有自我教育自觉性强和方法正确的人,才能有完善的人格。自我教育的方法很多,如学习理论知识,参加社会实践,进行人格心理咨询,开展批评与自我批评,以及“慎独”“兼听”“日三省吾身”等。

9. 掌握情绪调控的科学方法

情绪伴随心理活动始终,对心理健康的影响很大。心理失衡的主要症状是情绪困扰。个体可以通过合理的方法调控情绪,保持良好的心境。情绪调控的具体措施有:转移;合理宣泄;积极的自我暗示;理性的分析。

10. 乐于交往,建立良好的社会支持体系

个体通过人际交往能够更加客观充分地认识自己,发现学习他人的优点,纠正自己的不足。人际交往有助于个体建立良好的社会支持体系,以达到他们及时的帮助和支持,以免心理冲突的加剧和危机的发生。

11. 养成健康的生活方式

要做到生活有规律;科学用脑;锻炼身体;合理饮食,不嗜烟酒;丰富自己的兴趣爱好和业余生活。

12. 防止“矫枉过正”

矫枉过正,过犹不及。人格就像一架天平,健全的人格往往趋向于平衡。如果说自信是平衡的状态,那么过于自信(即自负)或太不自信(即自卑)都有失偏颇。外向也是如此,不够外向(即内向)不利于人际交往,太过外向也可能给人不可靠、过于随意的感觉,对建立和维持更亲密的人际关系不利。所以,当我们要培养自身积极人格的时候,就要防止矫枉过正,以免出现更多的人格缺陷。

13. 求助于心理咨询

大学生要改变以前的错误认知,充分利用门诊咨询,团体辅导以及心理热线等多种心理咨询渠道,以便更加有效地维护心理健康,优化心理素质,促进人格完善。

通过科学的方法和手段,通过战胜自我、超越自我的毅力,大学生一定能够实现心理素质的改变和人格的健全。

知识链接

马斯洛通向自我实现的健康人格的八条途径

(1) 自我实现意味着充分地、活跃地、无我地体验生活,全身心地献身某一件事而忘怀一切。因此,个体应该经常全身心地专注于某一事情、某一项使命,彻底忘记自己的伪装、拘谨和畏缩,真正进入到"无我"的境界。

(2) 面临前进与倒退、成长与安全的选择时,要做出成长的选择而不是防御的选择,力争使每一次选择都成为成长的选择。

(3) "要倾听自己内在冲动的呼唤"。即让自己的天性、潜能自发地显现出来,而不是倾听权威的、传统的声音。

(4) 当有怀疑时,要诚实地说出来而不是隐瞒,在许多问题上都应反躬自问。因为这意味着承担责任都是一次自我的实现。

(5) 能从小处做起,要培养自己的志趣和爱好,要有勇气不怕这怕那,懂得自己的命运和使命,据此来采取正确的行动。

(6) 自我实现不是一种结局状态,而是在任何时刻在任何程度上实现个人潜能的过程。这意味着实现一个人的可能性往往需要精力勤奋的、付出精力的准备阶段。

(7) 高峰体验是自我实现的短暂时刻,应设置条件让高峰体验更有可能出现,从而更清楚地认识自己、发现自己、实现自己。

(8) 要识别自己的防御心理,并有勇气放弃这种防御。

心理测试

(一) 九型人格测试

九型人格不仅仅是一种精妙的性格分析工具,更主要的是为个人修养与自我提升、历练提供深入的洞察力。与其他性格分类法不同,九型人格揭示了人们内在最深层的价值观和注意力焦点,它不受表面的外在行为变化的影响。它是近年来备受美国斯坦福等国际著名大学 MBA 学员推崇并成为现今最热门的课程之一,近十几年来已风行欧美学术界及工商界。全球 500 强企业的管理阶层均研习九型人格,并以此培训员工,建立团队,提高执行力。

九型人格把人分为完美型、助人型、成就型、自我型、理智型、疑惑型、活跃型、领导型、和平型九个类型，其主要特征如表 3-3 所示。

表 3-3 九型人格特征

代码	性格类型	性格特点
1	完美型	原则性强，对自己和别人要求甚高，追求尽善尽美，感情世界薄弱；希望把每件事都做得完美，希望自己或是这个世界都更进步。时时刻刻反省自我，也会纠正别人的错。理想工作如法官、纪律检查员、质量检查员、安全检查员、医生等
2	助人型	渴望别人的爱或良好关系，甘愿迁就他人，以人为本，要别人觉得需要自己，常忽略自己；很在意别人的感情和需要，十分热心，愿意付出爱给别人，看到别人满足地接受他们的爱，会觉得自己活得有价值。理想工作如社工、辅导员、护士等
3	成就型	好胜心强，喜欢把握局势，常与别人比较，以成就衡量自己的价值高低，着重形象，工作狂，惧怕表达内心感受，希望能够得到大家的肯定。野心家，不断地追求成功，希望与众不同，受到别人的注目、羡慕，成为众人的焦点。理想工作如推销员、保险代理人、演讲者等
4	自我型	情绪化，追求浪漫，惧怕被人拒绝，觉得别人不明白自己，占有欲强，我行我素的生活风格；爱讲不开心的事，易忧郁、妒忌，生活追寻感觉好；很珍惜自己的爱和情感，所以想好好地滋养它们，并用最美、最特殊的方式来表达。想创造出独一无二、与众不同的形象和作品，所以不停地自我察觉、自我反省，以及自我探索。理想工作如美术、音乐、时装、广告、产品设计人员等
5	理智型	抽离情感，理智分析，但缺乏行动，对物质生活要求不高，追求精神生活，不善于表达自我；但喜欢通过知识来了解环境、面对周遭的事物。想找出事情的脉络与原理，作为行动准则。有了知识，才敢行动，也才会有安全感。理想工作如专家、科学家、咨询顾问、决策分析员、研究员等
6	疑惑型	做事小心谨慎，不轻易相信别人，多疑虑，喜欢群体生活，为别人做事尽心尽力，不喜欢受人注视，安于现状，不喜欢转换新环境；相信权威、跟随权威的引导行事，然而另一方面又容易反权威，性格充满矛盾。团体意识很强，需要亲密感，需要被喜爱、被接纳，并得到安全的保障。理想工作如策划人员、规划人员、情报人员、保卫人员等
7	活跃型	乐观，追求新鲜感，喜欢追潮流，不喜欢承受压力，怕负面情绪；想过愉快的生活，想创新、自娱娱人，渴望过比较享受的生活，把人间的不美好化为乌有。喜欢投入快乐及情绪高昂的世界，所以总是不断地寻找快乐、体验快乐。理想工作如公关、社交人员、需要创意的工作人员等
8	领袖型	追求权力，讲求实力，不靠他人，有正义感；寻求话语权，喜欢做大事；是绝对的行动派，一碰到问题便马上采取行动去解决。想要独立自主，一切靠自己，依照自己的能力做事；要建设前不惜先破坏，想带领大家走向公平、正义。理想工作如企业创业者等
9	和平型	犹豫不决，不善于拒绝他人；性情温和，怕事，低调，个性淡薄，不喜欢与人起冲突，不自夸、不爱出风头，想要和人和谐相处，避开所有的冲突与紧张，希望事物能维持美好的现状。忽视会让自己不愉快的事物，并尽可能让自己保持平稳、平静。理想工作如教师、护士、咨询师、治疗师、服务人员岗位等

下面有108个描述，每个称述后面所指向的数字就是“九型”中的一种。如果你认为某项描述符合你，便记住后面所指向的数字。最后统计相加，看你符合的描述指向的数字哪种最多。最多的数字很有可能就是你的类型号。

1. 我很容易迷惑 9
2. 我不想成为一个喜欢批评的人，但很难做到 1
3. 我喜欢研究宇宙的道理、哲理 5
4. 我很注意自己是否年轻，因为那是找乐子的本钱 7
5. 我喜欢独立自主，一切都靠自己 8
6. 当我有困难时，我会试着不让人知道 2
7. 被人误解对我而言是一件十分痛苦的事 4
8. 施比受会给我更大的满足感 2
9. 我常常没想最糟的结果而使自己陷入苦恼中 6
10. 我常常试探或考验朋友、伴侣的忠诚 6
11. 我看不起那些不像我一样坚强的人，有时我会用种种方式羞辱他们 8
12. 身体上的舒适对我非常重要 9
13. 我能触碰生活中的悲伤和不幸 4
14. 别人不能完成他的分内事，会令我失望和愤怒 1
15. 我时常拖延问题，不去解决 9
16. 我喜欢戏剧性、多彩多姿的生活 7
17. 我认为自己非常不完善 4
18. 我对感官的需求特别强烈，喜欢美食、服装、身体的触觉刺激，并纵情享乐 7
19. 当别人请教我一些问题，我会巨细无遗地分析得很清楚 5
20. 我习惯推销自己，从不觉得难为情 3
21. 有时我会放纵和做出越轨的事 7
22. 帮助不到别人会让我觉得痛苦 2
23. 我不喜欢人家问我广泛、笼统的问题 5
24. 在某方面我有放纵的倾向(例如食物、药物等)8
25. 我宁愿适应别人，包括我的伴侣，而不会反抗他们 9
26. 我最不喜欢的一件事就是虚伪 6
27. 我知错能改，但由于执着好强，周围的人还是感觉到压力 8
28. 我常觉得很多事情都很好玩、很有趣，人生真是快乐 7
29. 我有时很欣赏自己充满权威，有时又优柔寡断，依赖别人 6
30. 我习惯付出多于接受 2
31. 面对威胁时，我有时变得焦虑，有时对抗迎面而来的危险 6
32. 我通常是等别人来接近我，而不是我去接近他们 5

33. 我喜欢当主角，希望得到大家的注意 3
34. 别人批评我，我也不会回应和辩解，因为我不想发生任何争执与冲突 9
35. 我有时期待别人的指导，有时却忽略别人的忠告，径直去做我想做的事 6
36. 我经常忘记自己的需要 9
37. 在重大危机中，我通常能克服我对自己的质疑与内心的焦虑 6
38. 我是一个天生的推销员，说服别人对我来说是一件轻易的事 3
39. 我不相信一个我一直都无法了解的人 9
40. 我爱依惯例行事，不大喜欢改变 8
41. 我很在乎家人，在家中表现得忠诚和包容 9
42. 我被动而优柔寡断 5
43. 我很有包容力，彬彬有礼，但跟人的感情互动不深 5
44. 我沉默寡言，好像不会关心别人似的 8
45. 当我沉浸在工作或擅长的领域时，别人会觉得我冷酷无情 6
46. 我常常保持警觉 6
47. 我不喜欢要对人尽义务的感觉 5
48. 如果不能完美地表态，我宁愿不说 5
49. 我的计划比我实际完成的还要多 7
50. 我野心勃勃，喜欢挑战和登上高峰的经验 8
51. 我倾向于独断专行并自己解决问题 5
52. 我很多时候感到被遗弃 4
53. 我常常表现得十分忧郁的样子，充满痛苦而且内向 4
54. 初见陌生人时，我会表现得很冷漠、高傲 4
55. 我的面部表情严肃而生硬 1
56. 我很飘忽，常常不知道自己下一刻想要什么 4
57. 我常对自己挑剔，期望不断改善自己的缺点，以成为一个完美的人 1
58. 我感受特别深刻，并怀疑那些总是很快乐的人 4
59. 我做事有效率，也会找捷径，模仿力特强 3
60. 我讲理，重实用 1
61. 我有很强的创造天分和想象力，喜欢将事情重新整合 4
62. 我不要求得到太多的注意力 9
63. 我喜欢每件事都井然有序，但别人会认为我过分执着 1
64. 我渴望拥有完美的心灵伴侣 4
65. 我常夸耀自己，对自己的能力十分有信心 3
66. 如果周遭的人行为太过分时，我准会让他难堪 8
67. 我外向，精力充沛，喜欢不断追求成就，这使我的自我感觉十分良好 3

68. 我是一位忠实的朋友和伙伴 6

69. 我知道如何让别人喜欢我 2

70. 我很少看到别人的功劳和好处 3

71. 我很容易知道别人的功劳和好处 2

72. 我嫉妒心强，喜欢跟别人比较 3

73. 我对别人做的事总是不放心，批评一番后，自己会动手再做 1

74. 别人会说我常常戴着面具做人 3

75. 有时我会激怒对方，引来莫名其妙的吵架，其实我是想试探对方爱不爱我 6

76. 我会极力保护我所爱的人 8

77. 我常常可以保持兴奋的情绪 3

78. 我只喜欢与有趣的人交友，对一些沉闷的人却懒得交往，即使他们看来很有深度 7

79. 我常往外跑，四处帮助别人 2

80. 有时我会讲求效率而牺牲完美和原则 3

81. 我似乎不太懂得幽默，没有弹性 1

82. 我待人热情而有耐性 2

83. 在人群中我对常感到害羞和不安 5

84. 我做事喜欢效率，讨厌拖泥带水 8

85. 帮助别人达致快乐和成功是我重要的成就 2

86. 付出时，别人若不欣然接纳，我便会有挫折感 2

87. 我的肢体硬邦邦的，不习惯别人热情的付出 1

88. 我对大部分的社交集会不太有兴趣，除非那是我熟识的和喜爱的人 5

89. 很多时候我会有强烈的寂寞感 2

90. 人们很乐意向我表白他们所遭遇的问题 2

91. 我不但不会说甜言蜜语，而且别人会觉得我唠叨不停 1

92. 我常担心自由被剥夺，因此不爱做承诺 7

93. 我喜欢告诉别人我所做的事和所知道的一切 3

94. 我很容易认同别人为我所做的事和所知道的一切 9

95. 我要求光明正大，为此不惜与人发生冲突 8

96. 我很有正义感，有时会支持不利的一方 8

97. 我注重小节而效率不高 1

98. 我容易感到沮丧和麻木更多于愤怒 9

99. 我不喜欢那些侵略性或过度情绪化的人 5

100. 我非常情绪化，一天的喜怒哀乐多变 4

101. 我不想别人知道我的感受与想法，除非我告诉他们 5

102. 我喜欢刺激和紧张的关系,而不是稳定和依赖的关系 1

103. 我很少用心去听别人的心情,只喜欢说说俏皮话和笑话 7

104. 我是循规蹈矩的人,秩序对我十分有意义 1

105. 我很难找到一种我真正感到被爱的关系 4

106. 假如我想要结束一段关系,我不是直接告诉对方就是激怒他来让他离开我 1

107. 我温和平静,不自夸,不爱与人竞争 9

108. 我有时善良可爱,有时又粗野暴躁,很难捉摸 9

统计与解释:

经过测试,你可能属于某种典型性格;也有可能是几个类型的结合体,但其中有一个类型会占主导地位,占主导地位的这个类型通常就是你的基本人格形态。一个人的基本人格类型是相对稳定的,即使因为现实生活的种种原因,基本人格形态中有某部分可能会被隐藏或调整,却不会真正改变。同时某一类型的典型描述也不一定全部符合某一个人。每一个人的成长环境都是独一无二的,所以同类型人之间可能有许多共同点,但也会拥有一些属于自己最特殊的品质。事实上,每一类型都各有其优缺点,没有哪个比较好、哪个比较差的绝对价值观。需要说明的是,这只是一个供参考的结论,更精确的判断还需要在深入了解后获得。

(二) 气质测验

指导语:本测验是有关个人兴趣、爱好、态度等方面的问题。每个人对这些问题都会有自己的看法,回答自然也是不同的,因而答案并没有"对""错"之分,请不要有所顾忌,你完全应该根据自己的真实体验和实际情况来回答,不要花费太多的时间去思考,应顺其自然,根据第一印象作出判断。(15～20 分钟完成)

注意:测验中的每一个问题都要回答,不要遗漏,以避免影响测验结果的准确性。

记分方法:很符合,记 1 分;比较符合,记 2 分;介于符合与不符合之间,记 3 分;比较不符合,记 4 分;完全不符合,记 5 分。

1. 做事力求稳妥,不做无把握的事。
2. 遇到可气的事就怒不可遏,想把心里的话全说出来才痛快。
3. 宁肯一个人干事,不愿很多人在一起。
4. 到一个新环境很快就能适应。
5. 厌恶那些强烈的刺激,如尖叫、噪音、危险镜头等。
6. 和人争吵时,总是先发制人,喜欢挑衅。
7. 喜欢安静的环境。
8. 善于与人交往。
9. 羡慕那种善于克制自己感情的人。
10. 生活有规律,很少违反作息制度。
11. 大多数情况下情绪是乐观的。

12. 碰到陌生人觉得很拘束。
13. 遇到令人气愤的事,能很好地克制。
14. 做事总是有旺盛的精力。
15. 遇到问题常常举棋不定,优柔寡断。
16. 在人群中从不觉得过分拘束。
17. 情绪高昂时,觉得干什么都有趣;情绪低落时,又觉得什么都没有意思。
18. 当注意力集中于一事物时,别的事很难使我分心。
19. 理解问题总比别人快。
20. 碰到危险情景,常有一种极度恐怖感。
21. 对学习、工作、事业怀有很高的热情。
22. 能够长时间做枯燥、单调的工作。
23. 符合兴趣的事情,干起来劲头十足;否则就不想干。
24. 一点小事就能引起情绪波动。
25. 讨厌做那种需要耐心、细致的工作。
26. 与人交往不卑不亢。
27. 喜欢参加热烈的活动。
28. 爱看感情细腻、描写人物内心活动的文学作品。
29. 工作学习时间长了,常感到厌倦。
30. 不喜欢长时间谈论一个问题,愿意实际动手干。
31. 宁愿侃侃而谈,不愿窃窃私语。
32. 别人说我总是闷闷不乐。
33. 理解问题比别人慢些。
34. 疲倦时只要短暂的休息就能精神抖擞,重新投入工作。
35. 心里有话宁愿自己想,不愿说出来。
36. 认准一个目标就希望尽快实现,不达目的,誓不罢休。
37. 学习、工作同样一段时间后,常比别人更疲倦。
38. 做事有些莽撞,常常不考虑后果。
39. 老师或师傅讲授新知识、技术时,总希望他讲慢些,多重复几遍。
40. 能够很快忘记那些不愉快的事情。
41. 做作业或完成一件工作总比别人花的时间多。
42. 喜欢运动量大的剧烈体育活动,或参加各种文艺活动。
43. 不能很快地把注意力从一件事转移到另一件事情上去。
44. 接受一个任务后,就希望把它迅速解决。
45. 认为墨守成规比冒风险强些。
46. 能够同时注意几件事物。

47. 当我烦闷的时候，别人很难使我高兴起来。
48. 爱看情节起伏跌宕、激动人心的小说。
49. 对工作抱认真严谨、始终如一的态度。
50. 和周围人们的关系总是相处不好。
51. 喜欢复习学过的知识，重复做已经掌握的工作。
52. 希望做变化大、花样多的工作。
53. 小时候会背的诗歌，我似乎比别人记得清楚。
54. 别人说我“出语伤人”，可我并不觉得这样。
55. 在体育活动中，常因反应慢而落后。
56. 反应敏捷，头脑清楚。
57. 喜欢有条理而不甚麻烦的工作。
58. 兴奋的事常使我失眠。
59. 老师讲新概念，常常听不懂，但是弄懂以后就很难忘记。
60. 假如工作枯燥无味，马上就会情绪低落。

统计与解释：

1. 计分方法：把每题按下面题号相加，计算各栏总分。

胆汁质：2，6，9，14，17，21，27，31，36，38，42，48，50，54，58

多血质：4，8，11，16，19，23，25，29，34，40，44，46，52，56，60

黏液质：1，7，10，13，18，22，26，30，33，39，43，45，49，55，57

抑郁质：3，5，12，15，20，24，28，32，35，37，41，47，51，53，59

2. 测试结果：

如果某一栏得分超过 20 分，其他三栏得分较低，则为典型的该气质。

如果这一栏在 10～20 分之间，其他三栏得分较低，则为一般气质。

如果有两栏的得分显著超过另两栏的得分，而且分数比较接近，则为两两混合型气质。

如果一栏的得分低，其他三栏都不高，但很接近，则为三种气质的混合型。

(三) 内外向性格类型测定

说明：请回答下列问题，如果问题内容适合于您的情况，答“是”，如果不适合，答“否”，如果介于适合与不适合之间，就答“不定”，回答时不要考虑应该怎样，而回答你平时是怎样的，每个答案无所谓正确与错误，因而没有对你不利的题目，请尽快回答，不要在每道题目上思索太久。

1. 对细小的事情也忧虑不已吗？　是　否　不定
2. 能当机立断吗？　是　否　不定
3. 处理重大的事情啰嗦费时吗？　是　否　不定
4. 能中途改变决心吗？　是　否　不定
5. 比起想，你更喜欢做吗？　是　否　不定

6. 忧郁吗？ 是 否 不定
7. 对失败耿耿于怀吗？ 是 否 不定
8. 从容不迫吗？ 是 否 不定
9. 不爱说话吗？ 是 否 不定
10. 好动感情吗？ 是 否 不定
11. 喜欢热闹吗？ 是 否 不定
12. 情绪容易变化吗？ 是 否 不定
13. 热衷于事情吗？ 是 否 不定
14. 忍耐力强吗？ 是 否 不定
15. 爱讲小道理吗？ 是 否 不定
16. 议论问题容易过激吗？ 是 否 不定
17. 小心谨慎吗？ 是 否 不定
18. 动作敏捷吗？ 是 否 不定
19. 工作细致吗？ 是 否 不定
20. 喜欢干引人注目的事吗？ 是 否 不定
21. 不顾一切地工作吗？（对工作入迷吗？） 是 否 不定
22. 是空想家吗？ 是 否 不定
23. 过于洁癖吗？ 是 否 不定
24. 乱扔物品吗？ 是 否 不定
25. 浪费多吗？ 是 否 不定
26. 说话过多吗？ 是 否 不定
27. 性情不随和吗？ 是 否 不定
28. 喜欢开玩笑吗？ 是 否 不定
29. 容易受怂恿吗？ 是 否 不定
30. 固执吗？ 是 否 不定
31. 经常感到不满吗？ 是 否 不定
32. 担心对自己的评论吗？ 是 否 不定
33. 敢于批评别人吗？ 是 否 不定
34. 自己的事情能放心托别人办吗？ 是 否 不定
35. 不愿接受别人的指导吗？ 是 否 不定
36. 居于人上很好管理吗？ 是 否 不定
37. 老老实实地听取别人的意见吗？ 是 否 不定
38. 机灵吗？ 是 否 不定
39. 好隐瞒吗？ 是 否 不定
40. 同情别人吗？ 是 否 不定

41. 过于信任别人吗？ 是 否 不定
42. 不忘记怨恨吗？ 是 否 不定
43. 腼腆羞怯吗？ 是 否 不定
44. 喜欢孤独吗？ 是 否 不定
45. 交朋友尽心尽力吗？ 是 否 不定
46. 在别人面前能随便地说话吗？ 是 否 不定
47. 在惹人注目的地方退缩不前吗？ 是 否 不定
48. 和意见不同的人也能随便交往吗？ 是 否 不定
49. 好管闲事吗？ 是 否 不定
50. 慷慨地给别人东西吗？ 是 否 不定

统计与解释：

外向性题目为：2、4、5、8、10、11、12、18、20、21、24、25、26、28、29、34、36、37、38、40、41、46、48、49、50

内向性题目为：剩下的题目。

1. 计分方法

外向指数一(外向性反应总数＋1/2 回答“不定”的总数)/25×100

2. 测试结果

外向性指数大于 115，性格属于外向型；外向性指数小于 95，属于内向型；95 ～115 之间，属于中间型。

课堂活动

活动1 我 羡 慕

一、活动目的

正确认识自我，发扬自己的优点；树立自信，不断进步。

二、活动内容

（一）精灵对话

（1）对照个性特征表，总结思考自己的不足。

类型	长处	短处
1	热切、诚恳、抱希望、富感情、优越感、感性强	冲动、浮躁、不坚定、意志弱、易怒、易懊悔
2	意志坚决、坚强、敢冒险、独立敏锐	急躁、激烈、不太会同情人、易谋私利、骄傲自大、报复心重、不太会深思
3	思想深远、透彻、能自制、信实、可靠、有天分、有才华、理想主义、完美主义、忠心	抑郁、沉闷、忧愁、痛苦、多猜疑、情绪化、好自省、过分追求完美、易怒、悲观
4	平静、稳定、随遇而安、温和、自足、实事求是、善分析、有效率	冷淡、缺感情、迟钝、懒惰、无动于衷、不易悔悟、自满

(2) 将同学们分成不同的组，每组选出一位同学来扮演不同特点的“精灵”，为同组内的其他人找出优点和不足，填入下面的对话卡中。

“精灵”对话卡

姓名　　　　　　　　日期

他的优点：

1. 我认为(　　　　　　)
2. 我认为(　　　　　　)
3. 我认为(　　　　　　)
4. 我认为(　　　　　　)
5. 我认为(　　　　　　)

他的缺点：(　　　　　　)

1. 我认为(　　　　　　)
2. 我认为(　　　　　　)
3. 我认为(　　　　　　)
4. 我认为(　　　　　　)
5. 我认为(　　　　　　)

(3) 提问一组做课堂演示，被自己组内“精灵”评议的同学谈谈自己的感受。

(4) 课堂讨论：自评与他评有何不同，如何看待同学的评价。

(二) 闪光卡

(1) 将同学们分成 6 组，每人在闪光卡上写上自己的名字后交给同学，请他们轮流写下所羡慕的自己的优点。

闪　光　卡

姓名　　　　　　　　日期

我羡慕你(　　　　　　)

我羡慕你(　　　　　　)

我羡慕你(　　　　　　)

我羡慕你(　　　　　　)

我羡慕你(　　　　　　)

(2) 组内交流：看到别人为自己写闪光点时的感受。

(3) 课堂交流：同学们为自己填写闪光点，都感觉到了吗，今后怎么做？提问 1～2 个人读闪光卡，并谈感受。

(三) 思考与分享

(1) 聆听别人的看法后，我们要学会拿别人的意见和自我评价对比，找出相同和不同的部分,弄清相同和不同的原因。

(2) 记住:外界对我们的评价和我们对自己的评价总会有偏差,消除偏差的唯一途径是靠我们自己。

(3) 我们每个人都不是完美无缺,也不是一无是处。我们要从同学的评价中发现自己的优点,增强自信。

(4) 我们要相信,我们总可以做得更好,今天比昨天好一点,明天又比今天好一点。一点一点地改进自己的不足,发挥长处,这就是我们在成长。

活动2 戏院门口

一、活动主题:了解四种气质类型的特征。

二、活动目的:促进大学生对气质的学习和了解。

三、活动内容:古希腊的名医希波克拉底提出了四种气质类型,即多血质、胆汁质、黏液质和抑郁质四种类型。

四、活动方法:通过课堂心理情景剧的排练和表演,使参与者和其他同学对气质类型有形象生动的认识和了解。

五、活动步骤

《戏院门口》

地点:戏院门口检票处

时间:晚上7点10分,戏剧已开演十分钟

角色:检票员、孙悟空、张飞、林黛玉、唐僧

检票员:这是戏院,我是检票员,现在表演已经开场10分钟了,有些观众迟到了。为了保证看戏的效果,不让迟到的观众扰乱里面的秩序,我必须拦住他们,让他们等到幕间休息的时候才放他们进去。

孙悟空:【跑到检票员身边,掏出票】我是齐天大圣孙悟空,今天来看戏。

检票员:请您留步,里面表演已经开始了,请在这里等一等,一会儿幕间休息时再进去。

孙悟空:什么?你的意思是我迟到了?不会吧?我翻一个筋斗就是十万八千里,怎么可能迟到?

检票员:表演确实已经开始了,请稍等,不要打扰表演的进行。

孙悟空:【眼睛一转,心生一计】哼哼,好,那我就再外面等一等吧。【转身走几步,忽然回头,抬起一腿,做飞行状】哈哈哈,小小检票员怎么可能拦得住我,想当年我大闹天宫的时候,十万天兵都抓不住我,我抬脚就能进去。【往戏院里飞去】

检票员:大圣!不行啊大圣!等会儿幕间休息再进去!不然老板要扣我工资的!

孙悟空:等什么等!我想怎样就怎样,你来追啊!哈哈哈哈……

检票员:每次都这样,真拿他没办法,算了吧。

张　飞:【怒气冲冲,冲上来】迟到了,迟到了,好戏开始了,我要快点去看!

检票员:【拦住】请您留步,在这里稍等,一会儿幕间休息再进去。

张　飞:【恼怒状】哇呀呀呀呀呀……! 你这厮,敢挡你张爷爷的路,闪开!【欲推开往里冲】

检票员:【拦住】这是戏院的规定,为了不影响演出的效果。

张　飞:什么鸟规定! 当年曹操百万兵马我都不放在眼里,我一生大吼把曹操吓得屁滚尿流。快闪开!【使劲推开检票员,大步走进去,蛮横状】

检票员:哇,好痛! 真倒霉,又要被老板扣工资了。

林黛玉:【用手遮着半边脸,袅袅漫步而来】方才还远远望见许多人排队进去,怎么现在都不见了踪影呢?

检票员:小姐,请留步,表演已经开始,请幕间休息时再进去。

林黛玉:【遗憾伤心状,自言自语】唉……我说呢,终于还是迟到了。早知如此,当初我就走快些了。

检票员:请你在这里先休息一下吧。

林黛玉:【欲问又止,终于还是问了】真的不能进去了吗? 又不知要等多久?

检票员:不能进去的,怕影响里面的表演,要等多久我也不知道,也许半个时辰,也许半天。

林黛玉:【慢慢地踱来踱去,自言自语】这部戏想来一定是极好看的,我向往已久,好不容易买到一张票,心里极是开心的。【看一眼检票员】看那个检票员,大概是不会放我进去的吧。唉……算了,还是稍等一下吧。……【坐下又慢慢站起】我不过迟到了一小会儿,为什么要拦着我呢? 也不知要等多久,想到里面正在表演我心爱的那部戏,而我却在这里百无聊赖地等着,我这心呐……【一手捂胸口,一手捂嘴,咳嗽几下】闯进去呢? 还是不闯进去呢? ……等呢? 还是不等呢? ……纠结啊。【欲晕倒状,扶着椅子慢慢坐下,陷入沉思】

检票员:小姐,可以进去了。里面幕间休息了。

林黛玉:【突然惊醒】哦……【往戏院里慢慢走,即高兴,又遗憾地自言自语】终于还是进去了,唉……也不知戏演到哪里了? 最精彩的地方是不是已经演完了呢?

唐　僧:【双手合十,缓步沉稳走上】阿弥陀佛。

检票员:【双手合十】法师你好! 不好意思,你来迟了一步,刚才正好幕间休息,可以进去,但是现在又开始表演了。你要在这里稍等了。

唐　僧:善哉善哉,诸法因缘生,既然进不去,那我就在这里等吧。施主,你知道"当、当、当、当"吗?

检票员：什么当当当？

唐　僧：当当当当……就是……【唱歌，模仿大话西游，用粤语】only you，can take me 取西经，only you 能杀妖精鬼怪，only you 能保护我……

检票员：原来是《大话西游》里的唐僧啊，久仰久仰。

唐　僧：正是正是。施主有看到我那徒弟孙悟空吗？本来说好了，我们师徒一起来看戏的，可他还是那么顽皮，一转眼又不知道跑哪去了。我刚才看到他往这边飞来了。施主，你有看到吗？

检票员：看到了，他刚才已经进去了。

唐　僧：善哉善哉，那我就放心了。多谢施主。等会能进去的时候请施主告诉我，我先参悟一下佛法吧。【坐下，双手合十，念经状】

检票员：大师，幕间休息，可以进去了。

唐　僧：【双手合十，继续念经状】

检票员：【凑近，大声说】大师！大师！

唐　僧：【从念经中突然反应过来】嗯？这位施主，有什么事吗？

检票员：可以进去啦，大师。

唐　僧：【双手合十】善哉善哉，多谢施主。

检票员：不客气。

唐　僧：施主留步。【转身往戏院走进去，缓步沉稳】悟空！你在哪里？等等为师啊。

活动3　我也很棒

一、活动目的

帮助学生了解消极自我标签的危害，帮助学生改变、撕开自身的消极自我标签；使学生学会日常生活中给自己贴积极自我标签的方法，能够树立积极的自我意识学会积极的自我评价方式。

二、活动要求

(1) 约 5 人一小组。

(2) 每人两张 A4 纸，一支铅笔或水性笔及一个空纸盒。

三、活动步骤

步骤 1：心理实验导入

心理学家曾做过这样一个实验：用一块透明挡板把一个大水箱隔开，两边分别放入一条饥饿的鳄鱼和一群鲜活的小鱼。

鳄鱼立即向小鱼猛冲过去，结果未能如愿。它不甘心，重新发动攻击，仍然撞在挡板上，反复攻击后，鳄鱼撞得头破血流，彻底绝望，于是不再白费力气，躺在水中一动不动。

这时，心理学家将挡板撤掉，小鱼在鳄鱼眼前游来游去，可鳄鱼麻木迟钝到极点，对此无动于衷，最后被活活饿死。这个试验验证了 20 世纪心理学家最重要的发现之一——自我意象。

人们通过不断的心理暗示和潜意识作用，在自我认识过程中给自己贴上了类似“成功”或“失败”的标签。心理学家普遍认为，这些“标签”会直接影响一个人的成败。“心里一旦给自己贴上某种‘标签’，就会按照‘标签’所标定的意象去塑造自己，使自己某方面的情绪和行为不断得到强化。”

步骤2：我的自我标签

请同学们想想自己身上贴得最牢固的自我标签是什么？为自己写下一个标签，来描述你是一个什么样的人。比如，我是一个自卑的人、我是一个很勤奋的人、我是一个爱发火的人等。将同学的卡片收集上来。

步骤3：认识消极自我标签

随机选取同学们的自我标签与全班同学分享（不公布学生姓名），并对标签进行如下分类。

(1) 积极的自我标签：“我自信”“我勇敢”“我积极进取”等。

(2) 消极的自我标签：“我自卑”“我胆小”“我害羞”“我不行”等。

故事一：爱画画的中学生

有一个中学生小A很爱画画，但有一天老师说他画得不好，没有画画的天赋，于是他对自己没有了信心，放弃了画画。别人问他为什么，他说：“我画得不好。”后来，再有人问他，他就说：“我向来就画不好。”

故事二：标签效应

第二次世界大战期间，美国心理学家在招募的一批行为不良、纪律散漫、不听指挥的新士兵中做了如下实验：让他们每人每月向家人写一封信说自己在前线如何遵守纪律、听从指挥、奋勇杀敌、立功受奖等内容的信。

结果，半年后这些士兵发生了很大的变化，他们真的像信上所说的那样去努力了。这种现象在心理学上被称为“标签效应”。

步骤4：全班交流——标签与我的故事

请个别同学发言讲述自己与标签的故事。教师总结消极标签对人的影响。

步骤5：撕开消极自我标签

示范：“我是一个一般的人——其实每个人都是平凡的，平凡的我可以有自己独特的生活，让自己做一个快乐的人！”

以小组为单位开展活动，请同学们撕开消极的自我标签，有需要的话，组员可以帮忙。

步骤6：为你为我贴上积极的自我标签

(1) 小组内互相贴上积极标签（要求实事求是）。

(2) 给自己贴积极标签。

(3) 分享，大声念出自己的积极标签。

步骤7：教师，总结，提供一些贴积极自我标签的方法

思考与练习

（1）人格的含义是什么？

（2）现代人格理论包括哪些？

（3）人格有哪些类型？

（4）大学生人格发展的特点有哪些？

（5）常见的人格障碍有哪些？该如何调适？

（6）你的人格达到健全的标准了吗？

（7）大学生完善人格的途径有哪些？

（8）负面的人格特征是否是不可改变的呢？若能改变，有哪些途径呢？

（9）如何正确看待自己的人格特征，并加以利用和发展？

第四章

大学生学习心理与创造性思维培养

名人名言

学习了一生，现在我还在学习，而将来，只要我还有精力，我还要学习下去。

——别林斯基

学习这件事不在乎有没有人教你，最重要的是在于你自己有没有觉悟和恒心。

——法布尔

学习对于一个人来说是一个终身课题。人是在不断吸取新的知识中提升自己的。学习可以增长见识、聪慧头脑，一个人要适应社会发展的要求，不被时代所淘汰，就要融入时代、加入团队，加强学习，更新知识，提高自己的思维层次和能力素质。

1978年，75位诺贝尔奖获得者在巴黎聚会。有人问其中一位："你在哪所大学、哪所实验室里学到了你认为最重要的东西呢?"出人意料，这位白发苍苍的学者回答说："是在幼儿园。"又问："在幼儿园里学到了什么呢?"学者答："把自己的东西分一半给小伙伴们；不是自己的东西不要拿；东西要放整齐，饭前要洗手，午饭后要休息；做了错事要表示歉意；学习要多思考，要仔细观察大自然。从根本上说，我学到的全部东西就是这些。"这位学者的回答，代表了与会科学家的普遍看法。把科学家们的普遍看法概括起来，就是他们认为终生所学到的最主要的东西，是幼儿园老师给他们培养的良好习惯。

第一节 大学生学习特点

大学生学习特点

踏进理想的校园之门，刚刚释放了多年的超负荷学习压力的同学们对大学的课堂和学习满怀着各式各样的理想与憧憬。如何认清现实,实现理想,首先应从了解你自己和大学开始。

一、大学学习与中学的不同

大学学习与中学时期的学习相比,存在着许多不同之处,其中最主要的区别是学习内容、教学模式、学习方式和考试方式上发生了较大变化。

1. 课程和知识的不同

从课程来讲,大学课程门数相对比较多,每学期的科目可多达 7～10 门,经常涉及边缘学科和高新技术;其次是内容多,概括性强,知识的量比中学要多得多;第三是知识内容深,理解较为困难。中学多是描述性的知识,而大学主要是半定量甚至是定量的公式(理科)或是诸多问题的内在联系(文科),揭示问题更本质甚至还有不少是尚无明确结论的东西,要求从不同角度去分析;第四是大学都设有多门选修和第二学位课,学生可以根据自己的兴趣和学习能力做出选择。上述四点决定了大学学习的困难程度要比中学高得多。

2. 教学模式的不同

中学教学讲究 45 分钟堂堂清,小班上课当面提问,或许还有板书,每章有小结课,期中有复习,期末还有总复习,一步一步都有教师领着走,几乎是天天见老师,有了问题找老师很方便,甚至还有老师找学生问问题检查学习,晚自习有老师巡视或在办公室答疑,这些由中学生的年龄特征和学科知识水平所决定。然而进入大学课堂,多是老师滔滔不绝,两节课讲下来,可以有数十页的教案,中间没有提问,没有答疑,学生既要听讲,还要抽空做笔记,上课时的紧张程度与中学不可同日而语。同时还不存在什么晚自习教师巡视或办公室答疑,这是因为大学教师除教学外,还有科研任务。大学的学习更多的是要求学生自己去探究,学习任务主要靠学生自己来完成。

3. 学习方式的不同

中学每节课和自习都是小班上课,而大学则可能是大班上课,中学较少要求同学看参考书,即使学生手头有几本,也主要是对教材的剖析或提供练习题,而在大学由于涉及的知识广且深,教师往往在课本之外介绍一些参考书甚至期刊,购买这些参考书或期刊是不现实的,主要是到学校图书馆借阅,因此学习还应包括到图书馆去查阅资料。中学生的课后学习,是统一上自习。而大学生是个人选择自己认为合适的地点,或是图书馆,或是教室,还可以是宿舍。至于课后的学习时间和具体安排,大学生也有充分的自由支配权。

4. 考试方式和要求的不同

中学由于有平时练习、单元检测,所以期末考试学生较易适应,其次是期末考试成绩不及格仍可继续跟班学，可以在学习新课的同时补上所落下的旧课。大学则不同，平时练习作业是否自己独立完成全靠自觉，教师很难干预；不存在单元检测和章节复习。考前的复习主要由学生自己完成，考试不及格必须进行重修或补考；既要额外交费，又耗时。而且不及格科目达到几门，毕业时则不能获取学位。因此，大学的学期考试比中学的要严峻得多。

二、大学学习的特点

大学教育的基本特点，可以简单概括为两点：第一，大学教育是建立在普通教育基础上的专业教育，它所培养的是各种专业人才，将直接进入社会各个职业领域从事专门工作；第二，大学教育的培养对象，一般是十八岁以上青年，他们的身心发展已趋于成熟，他们已受过普通教育的基本训练，并有一定的社会经验，喜欢对一些理论或实际问题进行独立思考和争论。因此大学学习的特点则有不同于其他学习阶段的特点。

1. 学习内容的专业性

大学生是按国家需要培养的高级专门人才，从一入学就有一个专业定向的问题。因此，专业性是大学学习的一个显著特点。大学生对自己的专业是否有兴趣会直接影响学习热情，并进而影响整个学习面貌。就现实而言，每个人都必须学习自己的专业，但又不能满足于本专业这一狭窄的范围，总想扩大自己的视野，这就产生了一个矛盾：人的精力有限，时间也有限，如何处理好专业与非专业学习的关系。一些学生处理这个问题轻松自如，另外一些学生则捡起了这头又丢了那头，结果是忙碌终日换来的却是“捡了芝麻，丢了西瓜”。因此，如何正确处理好基础课和专业课之间的关系，是大学学习的一个中心问题。对于一个大学生来说，要防止出现两种倾向：第一种倾向是忽视基础知识的学习、基本技能的培养。基础知识，属于基本的、系统的、规律性的知识，具有稳定性，而专业知识是以基础知识为基础的，由基础知识再生的。科学技术发展越快，基础知识就显得越重要，科学分支越细，综合性、渗透性越强，基础知识的智力价值就越高。因此，在基础课的学习中，大学生应注意掌握“三基”（基本概念、基本定律、基本方法），并以此为主干形成一个合理的基础知识结构系统，这是非常重要的。第二种倾向是忽视大学学习的专业性。学习目标不集中，精力分散，四面出击，结果是处处出击，处处不得手。或者是在大学阶段出击过晚，专业知识技术没有真正学到手，毕业后很可能造成头三脚踢不开，不适应工作的需要。

2. 学习过程的自主性

大学生学习活动的自主性，主要表现在自觉性和能动性两个方面。大学生的学习虽然也有老师讲课，但是在老师授课之后的理解、消化、巩固等各个环节主要靠学生独立去完成，这就需要有较强的学习自觉性，而不能像中学生那样由老师布置、检查和督促。另外，大学生对学习的内容有较大的选择性。中学强调升学，学习围绕高考的指挥棒转，学生学习活动主要是由老师和校方安排，学生没有多少选择余地。到了大学，虽然仍有专业的限制，但学生选择的余地很大，老师对大学生的学习内容也不加限制，很多老师还鼓励学生广泛涉及各类知识。除必修课外，学校还开设了许多选修课，大学生可以根据自己的需要和兴趣有选择地听课、学习。

3. 学习方式的多样性

进入大学后，大学生普遍感到知识浩如烟海，各类活动繁多，为个人的发展提供了广阔的天地。以什么样的学习方式才可以处理好课本知识与课外知识、专业学习与能力培养等诸方面的关系，是许多大学生深感矛盾、困惑的问题。大学生的学习途径除了听课这一主要途径外，还有自学途径、学术交流途径、多媒体教学途径、社会实践途径等。当然，这些学习途径在中小学时一定程度上也存在，但在大学里，这些途径更被大学生广泛采用。有的同学能充分利用各种途径学习，而有的同学只会听老师讲课。大学生中有这样极少数人，读了四年(或更长时间)的大学，却不知道如何从图书馆里查阅自己所需的资料。因此，以多样的学习方式进行学习是大学生必须掌握的一项基本功。

4. 学习目的的探索性

探索性是指大学生在学习过程中对书本结论之外新观点的寻求和钻研。大学教育的根本任务之一就是要重视培养学生具备思考、探索问题的本领。这就要求大学生不但要掌握所学的知识，而且要掌握知识的形成过程、了解学科发展状况、存在的问题以及解决这些问题的可能性，掌握科学的研究方法和培养独立思考、探索创新的精神，而死记硬背，墨守成规，缺乏灵活性、创造性的大学生将会较多地感到压抑和不适应。

大学学习的以上特点，决定了大学生学习必须完成以下三个转变，即由老师指导下的学习向自主学习的转变；由接受型学习为主向接受型、创造型相结合的学习的转变；由运用模仿性思维为主向运用创造性思维为主的学习的转变。只有在大学期间尽快实现这三个转变，才算真正掌握了大学学习的特点和规律，为以后的成功奠定较好的基础。

第二节 影响学习的非智力因素

心理学研究表明：影响大学生学业成绩的主要因素是学业中的非智力因素。学习中的非智力因素主要是指兴趣、情感、意志、性格等。

一、兴趣与学习

学习兴趣历来为教育工作者所重视。古人说“兴趣是最好的老师”，充分说明了兴趣与学习的关系。浓厚的兴趣能推动个体进行探索性的学习，对某一学科有着强烈而稳定兴趣的大学生，会将此学科作为自己的主攻方向，学习中主动克服困难，排除干扰。

1. 大学生学习兴趣的发展规律

兴趣一般要经过有趣、乐趣、志趣三个阶段。有趣是兴趣发展的低级水平，它往往是被某些外在的新异现象所吸引而产生的直接兴趣。其特点是：随生随灭，为时短暂。乐趣是兴趣发展的中级水平，它是在有趣的基础上逐步定向而形成起来的。其特点是：基本定向，持续时间较长。志趣则是兴趣发展的高级水平，它与崇高的理想和远大的奋斗目标相结合，是在乐趣的基础上发展起来的。其特点是：积极自学，持续时间长，且在学习活动中作用有限。兴趣只有上升到了志趣阶段，才会使学生全身心地投入到学习活动中去。

经历了中学阶段的学习后，大学生进入了专业学习领域阶段，面临着学习兴趣的再确认任务，因为大学生对学习的理解已脱离了有趣，而向着乐趣与志趣发展，从对专业的不了解到了解专业性质，再拓展到喜爱专业，需要培养专业兴趣。

2. 中心兴趣与广阔兴趣相互促进

从兴趣的广度可分为中心兴趣和广阔兴趣。中心兴趣是对某一方面的事物或活动有着极浓厚而又稳定的兴趣；广阔兴趣是对多方面的事物或活动具有的兴趣。信息时代要求大学生具有广阔的兴趣，知识广博，并在此基础上，对某一专业进行深入钻研，培养中心兴趣。现代社会需要的 T 型人才就是指在广博基础之上的专业型人才，而目前倡导的复合型人才需要坚实深厚的计算机、外语、写作等基础与精深的专业知识。这二者的结合，实际上也就是学习中的博与专的结合。正如掘井，如果井口太小，不可能挖出一口深井；如果井口太大，井口消耗过大，难以挖成一口深井。

3. 兴趣与努力不可分割

兴趣与努力是相辅相成的，兴趣可以通过后天的培养，而努力是通往成功的必经之路，而兴趣能使这条路走得更顺利。

兴趣与努力是大学生成才的两个重要方面。大学生可能对自己所学的专业不感兴趣，经过刻苦学习，如果在专业学习上取得了一定的成绩，也会激发起专业兴趣。大学生有学习兴趣后，可以促使他们刻苦钻研，向着更高目标迈进。因此，学生的学习活动既离不开学习兴趣，又离不开勤奋努力，兴趣与努力不断互相促进，才能获得预期的学业成就。

二、情感与学习

我国古代著名的教育家孔子将学习分为三个不同层次，知之者不如好之者，好之者不如乐之者。三个层次呈递进状态，乐学是最高层次的学习热情。现代的教育实践也表明，与学习相联系的情感活动主要有以下特点：

1. 情绪逐步向情操发展

人的情感并非与生俱来,而是随着年龄的增长、交往的扩大、经验的增加,在教育与社会的影响下逐渐发展起来的。情绪与情操这两种形式的情感又往往交织在一起,在同一个人的身上表现出来。

情绪是比较低级的情感形式。它一般与人的生理需要相联系,但与社会需要也有联系;它持续的时间比较短暂,但也有比较持久的;它的外部表现比较显著,但也有不太明显的。其主要表现形式有激情、心境和热情,统称为情绪状态。而情操则是习得的、比较高级、比较复杂的情感。它与人的社会需要相联系。其主要表现形式有理智感、道德感和审美感,统称为高级社会情感。在学习活动中,适当的激情、良好的心境、饱满的热情是学习的重要心理品质;而情操则是推动学习的强大动力,是一个人取得学业成就的先决条件。人是自己情感的主人,在学习过程中,学生既要通过学习活动形成和发展自己的情操,又要保持和激发积极的情绪状态,满腔热情地投入到学习中去。

2. 情感与认识相互促进,相互干扰

情感是认识的基础上产生和发展起来的,它既可能推动和加深人们的认识,也可能妨碍对事物的进一步认识,甚至产生不正确的认识。

心理学的研究表明,情感的产生虽然与生理上的激活状态紧密联系,但它并非单纯地由生理激活状态所决定,而必须通过人的认识活动的"折射"才能产生。美国心理学家沙赫特(S. Schachter)提出了"情绪三因素理论",认为情绪的产生归于三个因素的整合作用,即刺激因素、生理因素和认知因素,而认知因素在情绪的形成中起着重要的作用。事实证明:对客观事物没有一定的认识,就不可能产生什么情感。人的情感越丰富、越深刻,则认识也同样丰富与深刻。同时,人的情感又可以反作用于人的认识活动。心理学的有关研究表明,人们回忆那些愉快的经历较之回忆那些痛苦的经历要容易得多,也深刻得多。一般地说,一个在学业上取得较大成就的学生,是与他对学习活动的满腔热情分不开的。但是,情感与认识又是互相干扰的。对某一事物的认识不当,也会使人对该事物产生不适当的情感;对某一事物产生了不适当的情感,也会妨碍对该事物进行深入的认识,甚至产生不正确的认识。学生的学习热情是在学习过程中培养起来的,丰富的知识可以使之产生丰富的情感。我们要学会用理智支配情感,做情感的主人,以克服消极的情感,防止它们对学习活动产生阻抑作用。

3. 情感与需要相互制约

一方面,情感是在需要的基础上产生与发展起来的,另一方面,情感又可以调节一个人的需要。只有当客观事物与人的主观需要处在一定的关系之中时,才能使情感产生。一般而言,凡是与主观需要相符合,并能使之得到满足的事物,就会产生肯定的、积极的情感,反之就会产生否定的、消极的情感。学生将学习活动、求知欲望当作自己的优势需要,就会产生热爱学习、立志成才的需要;反之,一个厌恶学习的学生则将学习当作负担。在学习活动中，大学生必须明确学习目的，培养合理正当的需要，以利于形成自己的高尚情操；同时，又必须使自己的较为低级的情绪服从较为高级的情操，从而使自己的需要受到这种高尚情操的支配和调节。

三、意志与学习

对于意志在学习中的作用，古今中外的学者都有深刻认识。荀子提出“骐骥一跃，不能十步；驽马十驾，功在不舍；锲而舍之，朽木不折，锲而不舍，金石可镂”；苏轼也说“古之成大事者，不唯有超世之才，亦必有坚忍不拔之志”。陶行知先生将育才学校的创业宗旨总结为十句话：“一个大脑，二只壮手，三圈连环，四把钥匙，五路探讨，六组学习，七(集)体创造，八位顾问，九九难关，十(誓)必克服。”有人对大学生的学习曾做了这样的描述，大学生差别最小的是智力，差别最大的是毅力，因此，意志在大学生的学习中起着重要作用。

1. 意志由简单意志发展到复杂意志，由软弱意志发展到坚强意志

人的意志不是与生俱来的，而是随着年龄的增长、体质的增强、知识的丰富、交往的扩大而逐步发展起来的。意志的发展逐步由简单到复杂、由软弱到坚强。简单与软弱性意志体现的是：其一，愿望不稳定，此所谓有志者，立长志，无志者，常立志；其二，容易冲动，不能克制自己；其三，易受暗示，容易模仿别人。学习是一项艰苦的脑力劳动。要使学习活动坚持下去并取得较好的效果，就必须有复杂而又坚强的意志参与。人是自己意志的创造者，大学生应有意识地培养和锻炼自己的意志。当然，意志的培养不是一蹴而就的，我们必须从最简单的事情入手，逐步学会不怕劳苦、持之以恒、勇于攀登，才能成为一个意志坚强的人。

2. 意志过程的三个阶段，即决心、信心、恒心，密切联系、互相促进

决心是意志过程的第一阶段。这个阶段中往往有一系列复杂的心理活动：认清客观条件，积极进行思维。下定决心主要表现在两个方面：一是确定行动的目的，二是选择达到目的的行动方法和方式。信心是意志过程的第二阶段，包括树立确信感，建立坚定信念，形成远大理想。信心的树立主要取决于三个因素，即活动的结果，他人的态度和自我评价。恒心是意志过程的第三阶段，具有更为本质的意思。恒心的确立主要在于两点：一是要善予抵制不符合目的的主观因素的干扰，二是要善于持久地维持已经开始符合目的的行动。意志过程的三个阶段密切联系，缺一不可，形成一个整体，又互相交织，彼此促进。在学习活动中，学生第一要下定决心，明确学习目的；第二要树立信心，相信自己的力量；第三要持之以恒，百折不挠，才能取得学习的成功。

3. 意志和行动不可分割

人的意志总是在一定的行动中表现出来的，它的发生、发展和形成都离不开行动。人的行动按其目的性、意识性的程度，可分为无意行动和有意行动两种。同时，按是否有意志参与为标准，又可将有意行动分为一般行动和意志行动两种。所谓意志行动，就是有意志参与的一种有意行动。意志只是意志行动中的主观方面，它是在意志行动中体现出来的。没有意志，也就没有意志行动。意志行动必须包含意志因素，它是人的意志的一种外部表现。正因为如此，我们也可以把意志过程称为意行过程。在学习过程中，必须通过具体的学习、工作来培养自己的意志，必须通过攻克难关、迎战困难来锻炼自己的意志。总之，要利用一切机会和环境培养自己良好的意志品质。只有那些在学习上克服重重困难、勇于攀登高峰者才能称为意志坚强的人。

四、性格与学习

陶行知先生从教育实践中得出良好的性格特征主要包括以下四个方面：一是努力奋斗，“奋斗是成功之父”；二是实事求是，“知之为知之，不知为不知”；三是独立意识，“独立的意志，独立的思想，独立的生计与耐劳的筋骨”；四是创造精神。一个具有优良性格特征的学生，可以保证其具有正确的学习动机、稳定的学习情绪、持久的学习兴趣和顽强的学习意志，提高心智活动的水平，获得学习成功。

1. 性格的稳定性与可塑性相互制约

一般而言，性格既具有稳定性也具有可塑性，作用于性格的诸多因素是在不断发展变化的。在学习活动中，我们一方面要看到性格的稳定性，看到它在学习中的作用，进一步认识到培养良好性格的重要性，以使它们在学习中发挥更大的积极作用；另一方面又要看到性格的可变性，看到它是可以通过各种途径培养的。因此，应当重视大学生良好的性格的塑造，改变那些不良的性格。

2. 性格的先天性与后天性相互结合

人的性格的形成，既以先天因素为基础，亦有后天因素起作用，是先天因素与后天因素的“合金”。性格是在一个人先天因素的基础上，在后天诸多因素的共同作用下，通过主体的实践活动逐步形成的。一般认为，先天因素是性格形成的自然前提，而后天因素（主要是环境）则对性格的形成起决定作用，其中尤以社会环境的影响为大。许多研究表明，对性格形成起重要作用的最初是家庭，它在儿童的性格形成上有着深远的影响，尤其对性格的影响最为全面、深刻；学校教育对学龄儿童性格的形成具有重要意义，它可全面影响学生的意志特征和理智特征；宏观的社会背景也影响着儿童性格的形成，且在情绪特征中表现尤为突出。在学习活动中，我们既要看到先天因素对性格形成的影响，不排斥这种因素的作用；又要特别重视后天因素在性格形成中的作用，充分利用家庭、学校教育、宏观的社会因素等方面的一切有利因素，培养自己的良好性格，以期使学习取得成功。

3. 性格与气质相辅相成

心理学的研究表明，性格与气质既有区别又有联系。一般来说，气质主要是先天的。有关研究认为，许多人很难找到自己原始气质特点的外在原因，大约有30%左右的被调查者叙述了自己的气质特点和亲生母亲是相同的或相似的；而性格则主要是后天的，更多是体现其社会性特征。气质是性格的基础，每个人的性格必然会打上自己的烙印；其次，具有不同气质类型的人可以形成同样的性格特征，而具有同一气质类型的人又可以形成不同的性格特征；第三，气质影响着性格特征的形成和发展的速度。另一方面，性格可以掩盖甚至改变气质的某些特性，特别在经历了大的变革后更是如此。因此可以这样说，性格的发展和气质的变化始终是渗透在一起的。大学生在学习中，各种气质类型的人都可以培养积极的性格特征。因此，大学生不必为自己的气质类型而烦恼，而应在各自气质的基础上，培养诚实、勤奋、独立、创新、勇敢、果断等良好的性格特征。

五、态度与学习

态度是指一个人对人、事、物和某种活动所持有的一种接近或背离、拥护或反对的稳定的心理倾向性。它包括认识、情感与意向三种成分。学生的学习态度是指学生在学习情境中表现出来的比较稳定的心理倾向。大学生的学习态度直接影响其学习行为和学习成绩。影响大学生学习态度的因素主要有：①教师的讲课，教师的人格魅力与教学水平直接影响学生的学习乐趣与学习态度。学生会有意或无意地吸取或模仿教师的某些行为，把教师作为自己心目中的楷模，学习会产生积极的态度，否则会产生消极态度。②教学过程，教学过程中所涉及的学科内容、组织方式、授课艺术和讲课策略都会影响到学生的学习态度，如有的学生对专业不感兴趣，会直接影响其课程学习。许多研究表明：在不同教学形式与各种课堂活动情境下呈现出严谨而不失趣味的教学内容，易使学生产生积极的学习体验，从而形成或改变其学习态度；而消极的学习态度，往往伴随着枯燥的学习内容、呆板的教学形式和沉闷的课堂情境。

心理故事

二子学弈

弈秋，通国之善弈者也。使弈秋诲二人弈，其一人专心致志，唯弈秋之为听。一人虽听之，一心以为有鸿鹄将至，思援弓缴而射之，虽与之俱学，弗若之矣。为是其智弗若与？曰：非然也。

语释 弈秋是闻名全国的围棋高手，让他教两名学生下棋。其中一个学生专心致志听从弈秋的教诲。另一个学生，虽然也在听讲，却总在想着有天鹅即将飞来，想着如何牵引弓箭把它射下。他虽然跟专心的学生一起学习，成绩却相差很远。这是因为他的智力不及人家吗？我说："不是这样的。"

第三节 大学生学习能力的培养

孟子曰："君子深造之以道，欲其自得之也。自得之，则居之安；居之安，则资之深；资之深，则取之左右逢其原。故君子欲其自得之也。"在他看来，一个人获得高深的造诣，要靠自己积极主动地学习；经过积极主动的学习，所学的知识就能牢固地掌握，就能积累起丰富的知识，在应用知识的时候就能得心应手，左右皆宜。现代社会是科学技术迅猛发展的信息化社会，要求个体能主动地摄取最有用的信息。现代社会是文化多元、环境复杂的社会，要求人们有独立的思维能力。人们在当今知识总量以成倍速度递增的前提下，要赶上信息时代的步伐，学习能力的培养是关键。大学生学习能力的培养可以从以下四个方面着手。

一、学会设定合理目标

中学时代，学生们都有一个明确的目标，就是"考大学"。几乎所有的学习都围绕这个目标而展开。而当这一目标实现以后，学生们就纷纷进入"梦想间歇期"。没有梦想和目标的学生们恰似"无头苍蝇"一般到处乱撞。撞入各大社团的学生们用各种各样的社团活动填满自己的时间；没撞入的或逛街看碟，或沉迷于网络游戏中虚拟的升级和通关。现实生活中有太多方式让自己轻而易举地忙碌起来。然而，忙碌了一天的你，在夜深人静时是否会觉得这一天的忙碌充实而有意义呢？

正如苏格拉底的箴言"未经思考的人生是不值得活的"。作为一名大学生，给自己设定一个合理的目标，可以更好地规划自己的学习生活，同时也是大学生提高学习、生活的效率，实现自身的人生价值，成就未来事业的根本保证。

1. 分阶段确定自己的目标

按目标适用的时间范围，可把目标分为短期目标、中期目标、长期目标。大学学习生活时间虽然只有短短的几年，但是，结合学习的进度和具体学习内容，制订分阶段的目标也非常必要。短期目标的实现是为中期、长期目标的实现服务的。

具体而言，进入大学后，我们最先应该设定一个长期目标，比如"毕业时我想成为什么样的人"，也可以是"找到一份好工作"，或者是"考上好大学里的研究生"等。接下来，我们就应该去了解：要成为这样的人，要找到一份这样的工作或者要考上研究生，我们应该要具备什么样的条件。这些条件就成为我们要努力达到的中期目标了。比如，同学甲毕业后想成为某著名外企的员工。他了解到，这家外企对英语能力、专业技术能力、组织能力、沟通协调能力要求比较高。那么，在大学四年中，他就应当通过学习英语，学习专业知识，参加和组织团体活动来培养这些能力。而这位同学的中期目标可以设定为:①通过大学英语六级考试;②每学期专业考试成绩为优秀;③成为优秀的学生干部。更具体的目标——短期目标可以是:①本学期末英语考试达到 85 分;②所有专业考试成绩为 85 分以上;③竞选成为学生干部,并组织两次集体活动。

2. 分领域确定自己的目标

对不清楚自己长期目标的同学,还可以采用这种方法来设定自己的目标。通常可以把大学学习划分为以下四个领域。

(1) 专业学习。专业学习是一个人成为专业人才的关键,是所有学生的目标都应该包括的领域。这一类的目标可以是"每学期专业考试为优秀","获得本学期的奖学金"等。

(2) 技能学习。主要是计算机、英语和写作这三种通用技能的学习和掌握。这类目标可以是"通过国家英语四、六级考试""通过国家计算机二级考试"等。

(3) 兴趣学习。大学里,可以充分地培养自己的兴趣爱好和特长,而不局限于自己所学的专业。有许多有成就的人士,他们所从事的领域并非是他们最初的专业。他们正是在逐渐的接触和学习中发现了自己浓厚的兴趣和天赋。因此,也可以设定一些兴趣学习的目标,发展自己的爱好和特长,有利于自身全面的发展,兴许也能在其中找到自己挚爱一生的职业方向呢。比如,"精通摄影""成为业余围棋高手"等。

(4) 一般能力培养。这一类的目标主要是对语言表达能力、沟通协调能力、组织能力、逻辑思维能力等体现大学生素质的一般能力的提升。比如"获得辩论赛最佳辩手"就是一个为了提升语言表达能力而制定的目标。

心理故事

瓦工与建筑师

有人问三个砌砖工人:"你们在做什么?"第一个工人回答:"我在砌砖。"第二个工人回答:"我在赚钱。"第三个工人回答:"我在建造世界上最有特色的房子。"

同样一份工作,三种截然不同的回答,结果自然也不同,据说前两个人一直都是普通的砌砖工人,生活状况也一直未曾有大的改变,他们的收入也只能刚够养家糊口,而第三个工人后来成为了一名杰出的建筑大师。

二、提高学习的专注程度

凡是在事业上有建树的人,不论在学习还是在工作中,注意力都高度集中。陈景润、居里夫人、牛顿等科学家们专注工作的故事比比皆是。在智力水平相当的条件下,注意状态就决定了学习效率。

为什么注意状态对学习效率有决定性的影响呢?原来,人在清醒的时候,每一瞬间都在注意着一种或几种外界事物,在大脑皮层中形成一个优势兴奋中心,大脑皮层的其他部位处于抑制状态。这样,被注意的事物就能够及时、清晰地被反映,在大脑中留下深刻的印象。兴奋中心的强度越大，其他部位的抑制就越深。所以，只有当我们的注意力集中于学习的时候，我们的大脑皮层才会为学习发生兴奋，才能深刻理解学习内容，牢固记住所学知识。反之，学习时心不在焉，学习内容就不能在大脑中得到清晰的反映，对知识的理解就不深透，记忆也不牢固。

注意力的集中作为一种特殊的素质和能力，可以通过训练来获得。下面介绍一些简单实用的方法，让同学们训练自己的注意力，提高自己专心致志的素质。

1. 明确的学习任务和计划

有明确的学习任务和计划，要求自己在规定的时间内完成学习任务，就会树立起学习的紧迫感，就会自觉地集中注意力，使自己保持良好的状态进行学习。学习任务和计划越具体，效果越好。明确在多长的时间完成什么学习任务。比如，上午要学习英语，时间是几点到几点；其中几点到几点是背单词，多少个；几点到几点是做阅读理解题，几篇。开始学习前明确你的任务和计划会给你带来时间的紧迫感，会让你忘记琐碎的小事，快速投入到学习当中去。

另外，在安排学习任务时，应注意各科课程的交替和轮换。在一个学习内容上集中的精力久了，人就会感到疲劳，注意力逐渐涣散。但如果换一个学习内容，人又会振作起来，注意状态又得到恢复。各种学习活动应结合起来。学习的时候，看、读、写、思、记结合起来，交替进行，有利于注意状态的保持。单纯的看或者写，都容易使人感到枯燥和乏力。

在课外，也要制订明确的学习计划。晚上要完成哪些作业？复习哪些知识？预习哪些课程？先做什么后做什么？各项学习任务安排多少时间？对这些任务都要胸有成竹，并且要按计划完成预定的学习任务。

2. 排除外界干扰

在学习中，外界有许多事情都会刺激我们，干扰我们的注意。例如，你在听课，而邻位的同学要和你讲话；你在做作业，而同学叫你去打球；你在看书，而电视里播放着精彩的节目。一般进入专注状态需要 15 分钟时间，如果每 5 分钟就要被打断一次，你又如何能够聚精会神？

克服外界干扰有两种方法：一是选择安静的学习环境，图书馆或者自习室，这样可以减少外界的不良刺激。如果是在家或者宿舍学习，不要一边学习一边和家人或同学交谈。关掉收音机和音乐。有些同学说他们可以一边听摇滚乐一边温习功课，这当然不是好的学习方法。二是锻炼自己的意志品质，学会闹中求静的本领。即不管外界有什么干扰，都要努力控制自己，不动摇自己的信念，不影响自己学习的决心和学习计划。毛泽东在青年时代，为了培养和锻炼自己的注意力，故意到人群来往嘈杂的城门口读书。由此可见，提高自己的意志品质是克服外界干扰的根本方法。

3. 排除内心的干扰

在这里要排除的不是环境的干扰，而是内心的干扰。环境可能很安静，但是，自己内心可能有一种骚动，有一种与学习不相关的干扰自己的情绪活动。

对各种各样的情绪活动，要善于将它们放下来，予以排除。比如你担心一位生病的朋友，你可以在开始学习前打电话去问候他，或者抽出时间去看望他。但是，等你坐下来开始学习的时候，就要百分百地投入。或者，你因为向往晚上的一场舞会而做起白日梦来。你可以在学习前安排 10 分钟给自己尽情地畅想。时间到了，默念一遍你的学习目标和任务，马上开始投入学习。

4. 张弛有道，劳逸结合

你准备花一个上午学习英语。早晨 8 点你就急匆匆地赶到图书馆，连早饭都来不及吃。一上午你都没离开过座位，看起来你好像很认真地在复习功课，书一直在手边。但是，只有你自己知道，平均每 10 分钟你就看看表，算算还有多久能休息。一上午就这样过去了，虽然你没有休息，但是学习也没有什么成效。你有过这样的经历吗？还是你从来都是这样？

学习应当张弛有道，劳逸结合。学习时，要高度地集中注意力。学习一段时间后，要好好休息。学习的时候不想着休息，休息的时候不惦记着学习。这就是张弛有道。科学安排学习和休息，可以保持良好的精神状态。在安排学习时要注意以下三点。

(1) 要劳逸结合。在学习感到疲劳的时候，要适当休息，或去做一项其他活动，待恢复了良好的精神状态时再进行学习。

(2) 要适当参加体育锻炼，提高身体素质。身体状况决定了专注程度。没人会指望一个醉醺醺的家伙能百分百地投入工作。长期睡眠不足，过度使用兴奋药物(比如咖啡因)，酽饮浓食，摄入过多能量，这些都会影响你集中注意力的能力。体质差的人，学习容易疲劳，注意力不能长时间保持集中。

(3) 要保证学习过程精力充沛，不会饥饿。同学们普遍反映，上午第四节课精神状态不好，注意力容易分散。其原因是疲劳和饥饿。因此，大家要吃好早餐，为上午四节课的学习准备充足的物质基础。

三、提高记忆的效率

记忆是智慧的仓库，人的一切知识都是依靠记忆保持着。一个人如果没有记忆，那就不可能进行学习，学习也没有意义。记忆力强的同学，学习效率高，能牢固掌握所学知识；而记忆力差的同学，学习效率低，学过的知识容易遗忘。

尽可能动员多种感官参加学习活动。心理学研究表明，人在学习时，只听能记住 60%，只看能记住 70%，而看、听、说能记住 86%。由此可见，学习时，光听的记忆效果最差，正所谓“耳闻不如眼见，更不如闻、看、说、写”。多种感官的调动，能动员脑的各部位协同合作，来接收和处理信息。这种方法在掌握各种语言文字的过程中效果显著。提高记忆的效率的方法有：

1. 及时复习

德国心理学家艾滨浩斯对遗忘现象作了系统研究，发现了一条规律：遗忘进程是不均衡的，在识记后的短期内的遗忘速度比较快，而以后遗忘的速度逐渐缓慢。

及时复习是战胜遗忘，提高记忆效率的根本方法。根据遗忘规律可知，刚学的知识头几天的遗忘速度很快，这几天应经常复习，以后遗忘的速度慢了，复习的次数就可以减少，时间间隔可以拉长。有一个日本人，在 20 分钟后就复习学过的知识，3 小时后再复习一次，第 2 天进行第 3 次复习，1 周后作第 4 次复习，1 个月后作第 5 次复习，此后隔更长一些时间再复习一次，一直复习到第 13 次为止。应用这种方法，他轻轻松松地牢记了 15 000 个英语单词。

2. 联想

人脑如同一架联想的机器，通过联想将内容相近、相似、相反或有因果关系的材料联系起来记，能够大大提高记忆效率。

3. 适当的超额学习

超额学习是指记忆一种材料的学习次数超过那种刚好能回忆起来材料的次数。众所周知，学习分量越多，记忆越困难。因此，在选择学习分量时提倡适当的过度即超额。那么怎样的超额效果最佳呢？心理学研究证明，如果将刚能复述的学习材料的时间作为 100%，那么最好的超额时间是 50%，其学习总时间为 150%。时间过短或过长都达不到较高的记忆效率。

4. 分散学习优于集中学习

根据大脑生理活动和遗忘规律，人们如果长时间单一地学习一门课或一种材料，会产生催眠作用，引起人的睡眠。因此，提倡分散学习可以提高记忆效率。

知识链接

提高记忆效率的 15 个要点

1. 平心静气。在日常生活学习中都保持一种让自己平心静气的心态。更多的时候是让自己的大脑安静。

2. 调整自己大脑的工作和休息时间，让大脑得到充分的休息，疲劳会降低大脑的工作效率。

3. 树立起自己记忆优良的信心，并时时提醒自己要记住必须记住的东西，必须坚信自己“一定能记住！”

4. 要学习和找到一套提高自己记忆力的方法。加之必要而又经常的训练再训练，提高再提高。

5. 要保持对世界充满强烈的爱好与兴趣，兴趣是记忆的第一推动力。对被记忆的对象要像对待自己的爱人一样有足够的兴趣。

6. 强烈的愿望和刺激可以促进自己的记忆。

7. 要在自己的工作与生活中建立与愉快事情相联系的记忆。

8. 让自己的心态永远年轻,保持年轻人的刺激可以促使自己脑细胞交得敏锐和年轻。

9. 学会一种或多种观察能力,敏锐的观察力能帮助我们记忆。

10. 要站在对方的立场上考虑问题,在记忆中尤其如此。要在充分理解的基础上记忆对象。

11. 开发自己的右脑,把记忆对象形象化有助于记忆。

12. 掌握歌诀或口诀记忆知识,把互不关联的记忆对象编成歌诀有利于记忆。

13. 学会特征记忆技巧,找到记忆对象的特点,辨别出其特征有助于记忆。

14. 学会整理和分类,适当的分散记忆(化整为零)有时比集中记忆效果好。

15. 充分运用人自身的五官功能,调动身体各器官协同记忆。

四、学习的类型

教育专家发现有三种主要的学习类型:视觉学习型、听觉学习型和动觉触觉学习型。比如,在学习一个新的数学概念时,视觉学习型学得最快的方法是观察老师在黑板上解题或看自己写下解题过程;听觉学习型通过听老师讲解,并回答问题能更快学会;而动觉触觉学习型则可能需要利用积木、算盘或其他计数工具来练习。

学习者的学习类型

这些学习类型可不仅仅是理论上的概念。好几项研究表明,根据学生的学习类型因材施教能显著提高学习成绩。如果你知道自己属于哪种学习型的话,充分发挥自己的长处,并通过更多刺激加强其他类型的学习,就会使你的学习更加高效。

1. 视觉学习型

什么是视觉学习型?如果仔细观察周围,就会很容易找出属于这一类型的人。这类人会静静坐在图书馆里看书或爱玩拼图游戏。他具有敏锐的观察力:当你说话的时候,他可能会看你的嘴唇;当你给他示范什么的时候,他也会注意观察你的动作。这是因为视觉学习型的人主要依靠视觉来获取、理解和记忆信息,他们如果不能"看到",就无法完全理解。

视觉学习型分为两类:图像学习型和文字学习型。很多视觉学习型的人既是图像学习型,又是文字学习型,但有些却是二者之一。图像学习型的人依靠图像思维,如果你问一个图像学习型的人"大象是不是灰色的",他很可能会在脑海里回想在动物园或图片里见过的大象的样子。文字学习型则以文字的形式来思考,他们能很快学会阅读,并且能轻松记住字词的正确写法,他们也喜欢练习写字和组词。如果你问一个文字学习型的人"大象是不是灰色的",他脑海里首先反映出来的是"大象"这个词然后会努力回忆从书里看过的关于大象的内容。

如果你属于视觉学习者，那你应该尽可能地去“看到”所学的内容：非常认真地看着你的老师，抄下他们写在黑板上的所有内容；使用图表做清晰简洁的笔记；或者使用小卡片、图片或 VCR，记下全部内容，以便经常快速浏览。尽量将材料制成图表，这对探寻材料间的关系，并将其牢记下来很有帮助。

2. 听觉学习型

什么是听觉学习型？听觉学习型的人通过听来学习新知识和新概念的效果最好。听觉学习型的学生只要听老师唱过一遍，就能记住旋律跟着唱；一个指令老师讲过一两遍之后，他们就能一字不差地照做。还有些听觉学习型的人在有音乐或噪声作为背景音时，更能集中注意力，或者把新知识朗读出来时记得更好。

如果你属于听觉学习型，这就意味着你应该尽可能地去“听到”你要学习的内容：坐在教室的前排，以便容易听清老师的授课内容。如果可以，录下课堂的内容以便以后复习。尽量将学习笔记或材料总结后录下来。选择一个你可以大声朗读课文或笔记的地方学习。使用复读机不断地重复学到的信息对你会有很大帮助。

3. 动觉触觉学习型

什么是动觉触觉学习型？动觉触觉学习型的人利用双手或身体的感觉来了解探索世界的效果最好。从某种意义来说，所有的人都是天生的动觉触觉学习型。在婴儿时期，他们都依赖动觉触觉来领会新概念和新想法。你见过很幼小的婴儿把自己的脚趾和各式各样的东西往嘴里送去认识事物的吗？到上幼儿园或学前班的时候，很多孩子开始采用其他学习类型，但也有一些孩子仍然主要靠动觉触觉来学习。

虽然很多动觉触觉学习型的人既依赖动觉又依赖触觉，但也有一些只采用其中的方法之一。如果有人喜欢用双手触摸感觉东西，那么他就主要依赖触觉。这类人喜欢动手的活动，例如剪纸做拼贴画或通过摆弄珠子和其他东西来学习数数等。

如果有人通过亲身参与活动来学习的效果最好，那么他就属于动觉型。这类人喜欢运动，喜欢全身参与的活动；表现力非常强，喜欢用肢体动作表演故事，手舞足蹈，甚至在听你说话的时候也跳来跳去。

如果你属于动觉触觉学习型的话，那你要尽可能地通过实际操作来学习，尤其是有关的定理，准备好材料实际演练一遍会帮助你理解和记忆；把你喜欢的文章表演出来，尽量发挥你的艺术天分。

第四节 大学生常见的学习心理障碍及自我调节

随着社会不断向前发展和教育改革的深入，大学生的心理健康状况越来越受到人们的广泛关注，在大学生的学习生活中产生的学习心理障碍是影响大学生心理健康水平的重要因素，更是影响大学生学业成就的最重要的原因之一。大学生在学习中，有许多与学业有关的心理问题，如：学习方式、学习动机、考试焦虑等问题。

一、学习方式问题

从旧的学习方法向新的学习方法过渡，由应试教育的中学学习方法，过渡到大学教育的学习方法，大学生的学习方式不能及时转型几乎是不可避免的，事实也正是如此。

以下是一位同学给老师写的一封求助信的主要内容：

老师，我从大一开学到现在，仍然感到自己未进入良好的学习状态，完全没有了高三时的学习激情。进了大学以后，学习情况发生了很多的变化，老师不再手把手地教了，作业也少了，考试也少了。开始我还感到一种自由和放松，可是，自己很担心，这样下去，能学到什么，自己想好好地学，却又发现不知道该怎么学了……

1. 学习方式问题的原因

习惯于填鸭式教学、死记硬背，等待老师划重点，以书本知识为中心的中学学习方式，难以适应大学学习中理论与实践并重，知识与能力同步发展，强调主动探索、参与的学习模式，这种冲突、矛盾造成学生学习中的困惑、不适、混乱，还会进一步造成学生与教师相互不理解，甚至相互责怪、批评，进入一个恶性循环。许多大学生在学习方式上面临着一个大的转型，需要从多方面加以适应。

2. 学习方式问题的解决方法

大学老师的角色定位是“引路人”，一些同学会抱怨大学老师讲课太快，内容不够详尽，这其实是对大学的教学方式认识不足所致。大学课堂学的是“知识的精要”，真正的功夫是下在课堂之外，要做自己学习的监督者。

(1) 寻找新的学习动力，克服学习没有目标的状态。

(2) 摆脱应试学习方式的束缚，做自己学习的主人。

(3) 适应大学的师生关系，变“老师找”为“找老师”。

(4) 学会时间运筹，合理安排学习活动。

(5) 找到适合自己的学习方法。

二、学习动机问题

学习动机是推动学生进行学习活动的内在原因，是激励、指引学生学习的强大动力。学习动机指的是学习活动的推动力，又称“学习的动力”。它并不是某种单一的结构。学生的学习活动是由各种不同的动力因素组成的整个系统所引起的。其心理因素包括：学习的需要，对学习的必要性的认识及信念；学习兴趣、爱好或习惯等。从事学习活动，除要有学习的需要外，还要有满足这种需要的学习目标。学习目标同学生的需要一起，成为学习动机的重要构成因素。

我们来看两位大学生的来信：

信件一：我是一位来自山区，家庭经济困难的大学生，学业成绩一直非常优异。上大学后，忽然感到心中茫然，学习没有动力，生活没有目标，有时候想到辍学在家的妹妹和年迈的父母，我也恨自己不争气，可我的确找不到奋斗的目标与学习的动力，学习上得过且过，生活上马马虎虎，毫无目的，上课打不起精神，我不是因为喜欢上网而荒废了学业，而是因为觉得实在没劲才去上网聊天打游戏，我如何才能摆脱这种状态？

信件二：我今年已经大三了，一直优秀的我对自己要求很高。在大学，我进行了认真细致的生涯设计，一步一个脚印向前走，成绩要拔尖，英语方面，二年级通过国家英语六级和托福考试，为将来出国留学做好准备；三年级入党，使自己的政治生命有所皈依；与此同时还要锻炼自己在各方面的能力。于是，在大学我像一只陀螺飞速地运转着，珍惜大学的分分秒秒，因为我相信：付出总有回报。后来我却发现离自己的目标越来越远，我忽然怀疑起自己的学习能力，我感到自己在学习上的优势在减少，甚至多年积累的自信也受到挑战，对未来，我忽然担心起来，我该怎么办？

从上面两封学生来信可以看出：他们两人都因为学习动机不当产生了心理上的困惑，不同的是前者是因为学习动机不足，后者是由成就动机过强造成的。是什么原因造成大学生的学习动机不当呢？

1. 学习动机不当的原因

(1) 学习动机不足的原因

学习动机不足主要是学习动机不正确，学习态度不端正，学习毅力不强，对专业不感兴趣，对自我的学业期望不足，对学习没有信心等。

(2) 学习动机过强的原因

个体学业期望过高，自尊心强，对自己的学习能力缺乏恰当的估计，就会造成学业自我效能感下降，因而心理压力大；渴望学业成功而又担心学业失败，渴望外在的奖励与肯定，特别是由于学业优秀带来的心理满足使学生更看重自己的学习成绩，造成学习强度太大，从而引起心理的疲劳。

2. 学习动机不当的自我调节

(1) 学习动机不足的自我调整

① 正确认识学习的价值与大学的目标，要规划好自己的学业；

② 调整心态，以积极的心态对待学习，用自身的意志战胜学习的惰性；

③ 改进学习方法，提高学习的效率。

(2) 学习动机过强的自我调节

① 正确认识自己的潜质，制订恰当的学业目标，同时要脚踏实地，循序渐进，不好高骛远；

② 要培养自己对于学习的兴趣,主动地能动地去学习;

③ 端正学习态度,树立远大理想,保持旺盛的学习热情,坚持不懈,便会取得预期效果。

三、考试焦虑问题

考试焦虑是一种负面的感情状态,会给人带来痛苦的反应,它既可能是一种暂时性情绪状态,又可以持续发展成为焦虑性神经症,因此,考试焦虑对学生的心理健康影响是很大的。

心理案例

小王,男,19岁,某大学二年级学生。可是在大学里面,很多次考试成绩都不理想。他告诉我们,在中学时期他是一名优秀生,考试之前他也好好复习了,考试前几天晚上总是睡不好。一走进考场就会心跳加速,呼吸急促,脑子里不知在想什么。心里越急脑子越不听使唤,以至思维无法正常进行。走出考场时,一切就恢复正常了,可是为时已晚。

1. 大学生考试焦虑的原因

(1) 考试本身。越是重要的考试,题目越难,越容易产生考试焦虑;竞争程度越激烈,越容易引发考试焦虑。

(2) 学生的学业期望。一般而言,学业期望越高的学生,对学习投入的精力越多,越看重学业成绩,因而对考试失败的恐惧越高,越容易产生考试焦虑;而那些学业期望较低的学生,满足于60分,一般不会产生考试焦虑;但是学业期望较低的学生面临可能不及格的情形时,也会触发其考试焦虑。

(3) 知识掌握程度。现在有一些学生平时学习不努力,临阵磨枪,匆忙上阵,面对考题,感到题目太难,便产生考试焦虑。

(4) 考试压力的传递。学生间的相互影响也会造成考试焦虑。

(5) 学生对考试外在价值的过分重视,考试成绩与大学生学业荣誉如奖学金,政治前途如入党,学业前途如研究生保送等密切相关。他们看得越重,越可能产生焦虑。

2. 考试焦虑的调节

(1) 缓解考试焦虑最重要的是要对考试有正确、理性的态度。要把它作为检验自己学习效果和培养独立解决问题能力的演练。同时,要正确评价自己,一要相信自己的能力,二是对自己不要期望过高,要根据自己的原有基础和现有潜力制订适合自己的努力目标。

(2) 平时努力学习,考前对学过的知识进行全面、系统的复习。80%的人考试焦虑是由复习准备不充分引起的,因此牢固掌握知识是克服考试焦虑的根本途径。可在重要的考试之前进行一些模拟考试,可有效降低考试之前的考试焦虑,增强考试的自信心。

(3) 学会放松,可学习一些腹式呼吸、放松训练等方法来放松神经。例如:①以舒服的姿势坐好,保持身体两边的平衡;②用鼻子深深地、慢慢地吸气,再用嘴巴慢慢地吐出来;③想象身体各部位的放松,放松的顺序为脚、双腿、背部、颈、手心。

(4) 开展考前心理辅导。敏感、焦虑、抗挫折能力差的学生在考试前有针对性地去寻求心理辅导以缓解心理压力;高度考试焦虑的学生可参加一些集体辅导,客观地认识自己,提高心理素质,增强自我心理调节能力,提高考试技巧,有效地化解外来的压力,发挥出应有的水平。

学习动机测试

指导语:同学们,下面是一份学习心理状况调查问卷,可以让大家对自己的学习心理状况有个大概的了解,从而对自己的不良学习状态做出恰当的调整。请对下面的题目做出“是”或“否”的回答。

1. 如果别人不监督我,我极少主动学习。
2. 当我读书时,需要很长时间才能提起精神来。
3. 我一读书就觉得疲劳与厌倦,只想睡觉。
4. 除了老师指定的作业外,我不想多看书。
5. 如果有不懂的地方,我根本不想弄懂它。
6. 我常想自己不用花太多的时间,成绩也会超过别人。
7. 我迫切希望自己在短时间内就大幅度提高自己的学习成绩。
8. 我常为短时间内成绩没有提高而烦恼不已。
9. 为了及时完成某项作业,我宁愿废寝忘食,通宵达旦。
10. 为了学好功课,我放弃了许多感兴趣的活动,如体育锻炼、看电影与郊游等。
11. 我觉得读书没有意思,想去找个工作做。
12. 我常认为书本上的基础知识没啥好学的,只有高深的理论,读大部头作品才带劲。
13. 只在我喜欢的科目上狠下功夫,而对不喜欢的科目放任自流。
14. 我花在课外读物上的时间比花在教科书上的时间要多得多。
15. 我把自己的时间平均分配在各科上。
16. 我给自己订下的学习目标,多数因做不到而不得不放弃。
17. 我几乎毫不费力就能实现自己的学习目标。
18. 我总是同时为实现几个学习目标忙得焦头烂额。
19. 为了对付每天的学习任务,我已经感到力不从心了。
20. 为了实现一个大目标,我不再给自己制订循序渐进的小目标。

评分与解释

选“是”记 1 分,选“否”记 0 分,将各题得分相加,算出总分。

总分在 14～20 分:说明在学习动机上有严重问题和困扰,需调整。

总分在 6～13 分:说明在学习动机上有一定问题和困扰,可调整。

总分在 0～5 分:说明在学习动机上有少许问题,必要时可调整。

第五章

大学生生命教育与心理危机应对

名人名言

人生犹如一本书，愚蠢者草草翻过，聪明人则细细阅读，为何如此？因为聪明人知道，他们只能读它一次。

——保　罗

人的生命如同一条小溪，起初很是细小，被两岸夹住，快速地向前流去，越过峭壁，淌过急流，汇成一条大江，这时两岸逐渐宽阔，水流也慢慢平静下来，最后她与远处的大海互相融合，毫无痛苦地结束了她的存在。

——罗　素

当一个小生命呱呱坠地、哇哇大哭时，当一粒种子被埋在土里再浇上水时，他们的生命历程就开始了。生命对于人类、动物、植物来说都只有一次，不可复制，不能重来，逝去了，人生就终结了。正所谓生命诚可贵，我们不仅要珍爱自己的生命，还要善待别的生命。近年来，青少年自杀和伤害他人事件频发，反映出青少年学生对生命的漠视和生命意识的淡薄，更呼唤着对大学生的生命教育。弗洛姆曾经说过：尊重生命，尊重他人，也尊重自己的生命，是生命进程中的伴随物，也是心理健康的一个条件。

第一节　生命的意义

提到生命，我们很多人会觉得很熟悉，人有生命，身边的小猫小狗有生命，门前的花草有生命，甚至细菌和病毒也有生命……

当要问什么是生命时，可能很多人马上会说：活着的有生命。但要继续问，什么是活着的，活着的东西有什么本质特征时，我们马上就会觉得很困难，更不要说下一个准确的定义了,正因为如此,我们在讨论生命的意义之前,详细界定一下生命的含义就变得十分迫切了。

一、生命含义

生命泛指有机物和水构成的,一个或多个细胞组成的一类具有稳定的物质和能量代谢现象,能回应刺激、能进行自我复制(繁殖)的半开放物质系统。从这个定义来看,生命首先是由有机物和水构成的细胞组成的,非细胞物质无法构成生命;其次由细胞构成的生命具有稳定的物质和能量代谢特性。所谓物质和能量代谢,主要是指能够稳定地从外界获取物质和能量并将体内产生的废物和多余的热量排放到外界,这也就是我们所说的新陈代谢,只要生命的新陈代谢还在,我们就认为生命还存在,比如植物人,虽然意识和认知活动减弱甚至消失,但机体依然能够进行新陈代谢,所以依然活着;其三,生命具有自我复制的本性追求。不论是什么生命,从病毒和细菌的简单复制到人类的结婚生子,都是为了生命的复制和繁衍,这是生命的本质属性之一。

从这个定义来看,作为生命的这个特殊的半开放物质系统和其他物质系统相比较,它具有以下两大属性:其一,任何一个生命系统存在之后,都会尽量维持新陈代谢活动的延续,换一句话说,就是任何生命都要想办法让自己活着,让自己活着是生命的本质属性,活着是生命的重大追求之一。其次,任何生命都会进行自我复制,也就是把自己的生命用另外一种方式延续下去,也就是说,延续自己生命是任何生命体的第二大属性。

二、生命的本质

生命是条件的产物,从出生到成长,再到衰老、死亡,整个过程的完成都时时伴随着各种条件,有些条件具备延续生命则为福,有些条件具备结束生命则为祸。生命于自然、社会中就处于自我选择,自然选择,社会选择中。

生物是具有生命、生存意识、生存性能的自然物体。生命和生物既相互对立又相互统一,生命、生存发展性能、生存发展意识是生物具有的本质、属性、规定和规律,是生物的组成部分和组成元素。生物是非生物长期运动变化产生的结果。自然事物普遍具有相互作用相互影响的性质和能力,当一个非生物经过长期复杂的相互作用、相互影响的过程,逐步形成了自主的生存发展性质和能力,形成了自主的生存发展意识的时候,一个具有生命的生物就产生了。生物的生长、发育、繁殖、代谢、应激、运动、行为是生命、生存发展性能、生存意识的表现形式。我们通过观察一个自然物体的存在和表现形式,就可以判断出这个物体是否具有生命,是否具有自主的生存发展性质和能力,是否具有自主的生存发展意识,是生物还是非生物。

生命首先是人通过认识实践活动从各种生物中的发现、界定、彰显、抽取出来的共性规定，其次是人通过认识实践活动从个别生物中的发现、界定、彰显、抽取出来的个性规定。经验告诉我们，虽然不同的生物个体都具有共同的自主生存性质和生存意识，但是不同生物个体所具有的自主生存能力是不同的，不同生物所具有的生命活力、不同生物个体所具有的生命都具有特殊性。世界上既不存在两个完全相同或完全不同的事物、两片完全相同或完全不同的雪花，也不存在两个完全相同或完全不同的生命。

生命是一个事物，是一个对立统一体或矛盾体。生命是生物的组成部分和组成元素，是世界大家庭里的一员。

三、生命的性质

1. 生命的存在性

存在性作为生命的特征包含两方面的含义：第一，“这个存在者的存在总是我的存在”，即生命具有个体性。任何生命都是独一无二，不可替代的。而且，正是生命独特的个性，赋予人的存在以独一无二的价值，使任何人的存在都具有其合法性，在世界上具有不可替代的地位和作用。第二，存在的本质在于“它的实在”，即生命在其存在过程中获得的规定和本质。生命的实在性是其个体性决定的。因为，没有个性的生命只能是理性的抽象，不存在于现实世界，因而不具有实在性，且没有任何意义和价值。

2. 生命的有限性

生命的有限性表现为以下三个方面：

第一，我们在现世的人生无论是什么样子，也无论它会延续多长时间，我们总是要背负着在时间中存在的重任。即生命具有时间性。而时间是不可逆转、不可重复的，它融会了过去、现在和未来，死是未来的一种方式。自我的存在从自我的存在那一刻起，就把这个方式接过来，因而生命有它自己的开始，也有自己的终结；而终结—死亡就是生命的限制，是生命“最本原的可能性”。

第二，生命处于变化的时间之流，因而，生命是不确定的。正是由于生命的不确定，决定了生命具有未完成性。人的历史没有一个完成的期限，人永远是可能性的存在。不论人的现在怎样，可能性永远高于现实性，人永远处于完成的过程之中。而且，无论人怎样去完成，愿望的实现一般来说都会留下一部分的不满足，且由于生命具有时间性，因此每个满足都有其暂时性，必定仍有可能性需要完成。可以说，生命是永远“未完成的”，而“随着死亡，生命不仅没有穷尽它特有的种种可能性，反倒是被取走了这些可能性，因为‘未完成的生命’也因此而结束了”。

第三，生命的未完成性决定了生命是不完整的。不完整的生命要想在世界上立存，必然对周围的环境具有依赖性。因为“生命在现实中绝不可能仅只能服从于我们的支配能力。如果丧失周围世界对我们施加限制的无数要素；如果离开一切他人和他物，那我们也就丧失了活动空间”。首先生命依赖于自然环境。虽然面对自然，人可以毫无愧色地说，只有人才真正称得上“万物之灵”，但是，自然界是人存在的基础，如果其他生物离开了我们，人类将因难耐的孤独而死去。人是自然存在物，同时，人也是社会存在物，人的本质在其现实性上是一切社会关系的总和。只有在社会中，只有在集体中，个人才能获得其全面发展的手段。总之，生命是互相依赖、互相依存的。任何生命都有其固有的局限性，只有借助于他物、他人才能达到个体生命的“完美”。

3. 生命的更新性

生命的更新性不是指人体不断进行的新陈代谢，也不是简单地指生命在变化的时间之流中的川流不息的更换过程，而是指人类生命所独具的创新性。生命的本质处于不断的生成和不断的建构中，生命有永远向着未来开放的可能性，生命的这种未完成性决定了生命具有更新性。

四、人的生命的独特性

通过前面的分析我们知道，任何一个生命体，都是物质世界亿万年变化的结果，都是大自然神奇力量的杰作，任何一个生命体都会尽最大的努力维持自己的新陈代谢活动的继续活着，作为生命中一员的人类当然也不能例外。不过在观察人类个体时，我们会发现，人类的绝大多数个体都会尽量维持机体新陈代谢，克服万难让自己活着，但是也有少部分个体会因为这样或者那样的事情想不开，主动结束自己的生命——自杀。为什么只有拥有最高级生命的人类会出现主动结束自己生命的现象呢？

为什么更高级生命的人类个体，会出现违背追求——活着这一基本特征的行为呢？原因可能是人比其他生命个体高级，只有人类才会有意识地把个体成员当成改造的对象进行系统地雕琢(社会化过程)以求达到适应环境的目的。其他生物对环境的适应是通过基因选择在一代又一代之间进行的，而人类不一样，人类一生下来就会受教育，到了一定的年龄开始自己学习和自我改造。这个改造的过程让人学会语言、各种生存技能以及各种信念价值观等。这个过程使长得不是最好，跑得不是最快，力气不是最大等很多方面都要远远不如其他生物的人类最终成了地球的主人，体现出了人相对于其他生命的高级性。从整体上来说，社会化的过程让我们人类和绝大多数的个体获得了巨大优势。但是从每一个个体来说，社会化的过程又是各不相同的。对于绝大多数个体来说，社会化的过程没有伤害，但对一少部分人来说，社会化的过程对他们的生命力产生了扭曲，导致他们在遇到困难的时候就会产生放弃生命的念头并可能最终自杀。本来人活着就是为了活着，结果有父母老师告诉孩子，人活着就是为了成功，就是为了出人头地，要成功，要出人头地，就必须要好好学习考上好大学。于是这些孩子就拼命学习，以求成功出人头地并实现生命的意义，但经过多次高考失败后发现自己根本考不上大学，考不上大学就无法成功，就不能出人头地。回头再看看走过的那些年，自己因为一心上学，学得很累不说，什么技术也没有学到，人际交往也不会，而曾和自己一起上学的同学们却通过打工学会了技术赚了钱。对于这样的个体，从他被教育的价值观来看，活着就没有丝毫意义了，死去还能减轻父母的负担。于是对于他们来说，自杀就成了顺理成章的选择。

由此可见，正是人类比其他生命高级的社会化过程，让人成为地球的主人，但也正是社会化过程中的失误导致部分人类个体对生命意义的误解和生命力的扭曲，最终导致自杀这一只有人才有的行为出现。

心理故事

爱因斯坦的回信

生命的意义是什么？这个问题本身就暗示着一种宗教。你也许会问，这样说是不是有失公允？我的回答是，任何认为他自己以及周围人的生命毫无意义的人，都是不幸的，甚至是愧对生命的。

你对生命个体以及整个人类的生存目的的认真追求，给我留下了深刻印象。在我看来，如果这个问题用这种方式来提出的话，将没有任何合理的答案。

当我们谈论某个行为的用途和目的时，我们的问题很简单：我们通过这项活动及其结果能够满足哪种愿望，或者哪种不想要的结果可以被避免。当然，我们能够从个体所属的社区的立场，来清晰地表述一个行为的目标。在这种情况下，这个行为的目标同时也直接与社区内个体的需求是否能被满足相关……问问自己，我们应该如何过好生活是非常合理且有用的。在我看来，这个回答就是：需求和愿望的尽可能满足，以及人类关系和谐和美好的追求。当然，这必须以较好的自我教育和自我意识为前提。

上述这篇选段是爱因斯坦给一名19岁的大学生的回信，这名学生曾经给爱因斯坦写信诉说他的绝望，他看不到生命存在的价值，并且从宗教中得不到任何帮助。作为对这封强烈求助信的回音，爱因斯坦并没有简单地给予安慰。但这篇回信一定曾经平复了这名学生的情绪，并且照亮了他的解惑之路。

专家点评：爱因斯坦面对这位打算放弃生命的学生坚定指出："任何认为他自己以及周围人的生命毫无意义的人，都是不幸的，甚至是愧对生命的。"并且启发人们，要更好地追求需求和愿望的满足，以及更好地追求人类关系的和谐与美好，"必须以较好的自我教育和自我意识为前提"。也就是说，要追求个人的满足与需求以及人类的和谐与美好，重要的是能有个良好的自我意识，懂得自身存在的价值。

（选自《爱因斯坦：科学和宗教》）

五、大学生的生命观

大学生的生命观

一个国家适龄人口的高等教育入学率在15%以上，就进入了高等教育大众化时代。伴随我国高等教育大众化时代的到来，面临的问题也日趋复杂多样，其中大学生自杀、他杀等非正常死亡人数逐年增加。在校大学生的思想政治教育、生活教育、心理健康教育越发显得重要。高等学校教育工作者，越发认识到关注大学弱势群体的重要性。对其进行健康生命观教育，是十分必要的。要使生命教育正常开展，必须区分生命与自我、生命与自然、生命与社会、生命与自由的关系。必须弄清大学生生命观的四大特征：

1. 生命与自我

"生命"作为一个研究对象，其含义有广义和狭义之分。广义的生命是指：生物体所具有活动能力。生命是蛋白质存在的一种形式，它最基本的特征就是蛋白质能通过新陈代谢作用不断地跟周围的环境进行物质交换。狭义的生命主要指人的生命。人的生命有别于其他生物体在于人不仅仅是一个自然存在物，而且还是寻求意义的存在物。所以人的生命不仅仅是一个自然的物质生命过程，而且还是一个探寻生命意义的过程。

人是一种有意识的动物。这是人的生命与动物的生命的本质区别，动物的生命仅仅是一种本能的活动，而人类的生命活动是在人类有意识地支配下进行的，不是简单本能的活动。人类的生命活动是有计划、有目的的。每个人都有自己的生存价值、意义与追求，并为之不懈努力奋斗，这是动物所没有的。人类通过自己的生命活动创造与动物不同的、人类所特有的"生命"，人是双重生命的存在。既有与动物所共有的自然生命、本能生命，也有人类所特有的价值生命、精神生命。人的生命包括自然属性与社会属性。

所谓"生命"是人的生与死的过程。过去人们把生命仅仅理解为"生"，这过于狭隘。实际上生命不仅是指人的有机体所具有的活动能力，还包括对生命有机体的死亡的理解。死和生一样，不仅是人的"一个"规定性，并且是本质的规定性。成了人生性质的重要因素，生与死构成了生命的不可分离的一体两面，死亡是人固有的可能性。本真存在是"向死而生"。生命的意义必须借死亡的意义才能彰显出它的终极深意来。人的"生"与"死"是生命过程的起点与终点。

"自我"包括"生理自我"和"社会自我"。"生理自我"主要从生物生理学上讲，指人们对生命体本身，包括生理结构，生老病死等自然现象和情绪的认识；"社会自我"主要从社会层面讲，指人们对作为社会人的自我与周围人际关系的认识。只有形成科学的"自我认识"，才能客观地分析自己面临的境遇，并做出理性的选择。

大学时期是大学生生命成长的一个黄金阶段，犹如人生的春天，但这一阶段也是人生重要的转折时期，因而显得极为脆弱而易于凋零。那么怎样才能保证大学生在大学阶段绽放美丽、健康成长、走向成熟，顺利实现人生转折呢？引导大学生探索生命历程以珍爱生命，认识生命之本以尊重生命，破解生命之谜以成全生命。

大学生只有知道自己从哪里来，将到哪里去，对生命过程有一个科学的认识，才能去理解和思考生命所衍生、所蕴涵，才能从自然的生理的以及社会的层面去认识、把握和接纳自我。才能感受到自然客观的"我"以及与人们建立了相互关系的社会的"我"的统一，真正地成长与成熟起来。如果缺少这些层面的认识，其自我认识就是有缺陷的，对大学生的成长也是不利的。比如有的人只知道学习与生活，却不知生命。而有的人只关注生命，却不知学习与处世，即是如此。

面对当前人与人关系的危机以及人与自身的分离，很多人陷入了迷失和困惑。难怪在尼采喊出了“上帝死了”之后，一方面突出了人的地位和作用，另一方面却造成了人的物欲的过度膨胀，人的物化和异化逐渐吞噬了人性，人性的沦落使人完全迷失了自我。大学教育对于人性的修复与唤醒无疑具有最直接的功能。大学生生命教育更是从人的灵魂深处使人认识到生命的本真与真谛，启发大学生对生命的感悟与认识，从而达到与生命的和谐相处与共生。

2. 生命与自然

在东方哲学中，流传较广、比较受推崇的观点是天人合一的观点。即人与自然的统一关系，认为人是自然的产物，是自然的一部分，是自然界最高级的物类；又肯定人与自然是有区别的，但不是敌对的关系，而是相互依存的关系。

(1) 人是自然的产物

自然，人生于斯，长于斯，消失于斯，人本不可离其生存的物质独处于精神之中。人远离了真实的自然，就像树离开了土地，找不到生命的源泉，找不到灵魂的根系，怎能不枯萎，怎能不无聊空虚。

人的自然肉体本身就是自然界的一部分。一个人要活着，就必须到自身以外的自然界去寻找吃、穿、住等方面的生活必需品。马克思说：“人作为自然存在物，而且作为有生命的自然存在物，一方面具有自然力、生命力，是能动的自然存在物：这些力量作为天赋和才能，作为欲望存在于人身上；另一方面人作为自然的、肉体的、感性的、对象性的存在物，和动植物一样，是受动的、受制约的和受限制的存在物。也就是说，他的欲望的对象是作为不依赖于他的对象而存在于主观之外的。”我们不应当只想到怎样去征服自然、利用自然，这样最终的结果只能是破坏自然，人类生存的大环境受到破坏。当前，人对物的依赖性取代了人对人的依赖性。这种破坏，肯定会遭到大自然的“报复”，人应该与大自然和谐相处。

(2) 人的生命是一个自然过程

我们应该热爱自然，只有这样我们才能得到良好的生存环境。

一个人从出生到死亡是一个完整的人生历程。生死是自然规律，既然生命是一个过程，其既有生便必有死，这是自然生命不可抗拒的规律。因此，个体生命必须关注人生历程，体悟生命的有限性，从而珍惜生命。古人曾说：“莫等闲，白了少年头。”

从单个生命来说，生命是有限的，随着时间的流逝，一个人的生命也逐渐缩短。死亡是一个人生命的最终归宿。因此，生命中的每分每秒都非常珍贵，我们应当珍惜。大学生自伤、伤人事件的发生，其直接的原因之一就是他们不珍惜生命的珍贵，视自己的生命如儿戏。一个人从呱呱坠地到步入大学校园，他的父母付出了太多的心血，而社会、国家也投入了很多的物力财力，对于每一个人来说最宝贵的就是生命。

生命是有限的、珍贵的、脆弱的。人的自然生命在人类历史长河中只是短暂一瞬，生命存在的时间有限。因而，须更加珍惜它的存在。对于任何生物体来说，生命具有唯一性、不可逆转性，失去了就无法挽回，失去了就无法再有。生命的得与失往往只在一瞬间，无论对自己和他人。生命其实是非常容易受伤害、非常脆弱的。

大学生应该充满青春的生机、朝气蓬勃地投入到学习生活中去，每个人都有各自的人生轨迹，人生需要自己书写，生命的过程具有不可替代性；同时，生命是自然生命和精神生命的有机结合，自然生命是人生命存在的物质载体，是最基本的生命尺度，是人生最宝贵的东西，只有生命存在才会有人的其他价值的创造、实现和评估。生命是人类创造和实现一切价值的前提和先决条件。没有生命的存在，就没有社会历史的生产、发展及所有的人类活动。

3. 生命与社会

马克思曾说："人的本质并不是单个人所具有的抽象物，在其现实性上，它是一切社会关系的总和。"人是社会中的人，人与社会分不开，没有社会就没有人，一个人如果离开了社会就不成其为人。至今发现的狼孩、狗孩都充分表明：虽有人的遗传特征，但脱离了人类社会，就不可能成为人。人只有生活在人类社会中，参与社会生活，其才能天赋才会得到应有发展，才能成长为人。因此，人与社会是一个统一的整体，人是社会的人，社会是人的社会。

人是具有社会性的动物。在人类社会高度发达的今天，人与人通过社会关系构成一个整体。任何人都是社会的一员，不存在孤立的个人，人从出生开始就处在特定的人群、团体和社会关系中，是不以人的意志为转移的。同时，人通过在社会中传递各种信息、发现自己的才能，寻找实现自我价值的途径。

人总是处于"社会关系"之中，并承担一定的社会角色。人的社会属性主要包含：其一，人是社会的产物；其二，人的生产活动具有社会性，人的生活具有社会性。

4. 生命与自由

当个体生命逐渐成熟之时，自由便成为人们向往和追逐的目标。人人都想最大限度地按照自己的主观决断，不受任何约束地生存与发展自己。自由，可以说是生命的实质所在，人类努力地发展和完善一切，也无非是希望在强大的自然的必然王国中，赢得更多更广阔的自由空间。相应的，个体生命努力的结果，终其一生也无非是想尽可能地拓展在自然、在社会中的生存领域，使自己的生命自由度更宽泛、更广大一些。因此，没有人不在人生中思考自由。实际上，人类也正是在不断地思考自由、争取自由的生命实践中发展和日渐完善起来的。换言之，人类的每一次进步都是趋向自由的，个体生命的实践活动便是导向自由的有效途径。

(1) 对生命的绝对追求

自从有了人类以来，人们就在自觉不自觉地追求一种自由的生命。可以这样说，人类以追求自由作为自己生命的起点，又以实现自由作为自己生命的终点。

追逐自由是每一个人的生命本能属性之一。无论人以什么样的生命形式存在，人总想无忧无虑地生存和发展自己的生命，自由确实是人所固有的愿望，没有一个人反对自由，人总想按照自己的意愿自行其是。

从纯粹抽象的层面来看，作为整体的人类，总想摆脱自然界的限制，而无限地发展和延伸人类的生命领域，期望着自由自在地驾驭自然界，使人类的生命在自然界中没有任何威胁、恐吓与灾难。人想做什么，就能做什么，就能做到什么。同时，作为个体的人，不仅期望着不受自然界的制约，而且还企图不受社会和他人的束缚。并希望在肉体与精神上享有极大的自由度，也总想毫无顾忌地发展自己的生命。

追求自由作为人的本能之一是应该予以确定的。自由应该是人类的生存权利，无论是理论还是实践，人都不可能抛弃自由。一个人抛弃了自由，便贬低了自己的存在。正如卢梭所说："放弃自己的自由，就是放弃自己做人的资格，就是放弃人类的权利，甚至就是放弃自己的义务。对于一个放弃自由的人，是无法加以任何补偿的。这样一种弃权是不合人性的，而且取消了自己意志的一切自由，也就是取消了自己行为的一切道德性。"

（2）自由是相对的

人总想在其生命的实践中实现自己的自由本能。在理论上，自由具有绝对的肯定性。一方面我们不能否认自由的客观存在性；另一方面，我们同样不能否认人追逐自由的权利。但是，在生命的发展过程中，即在人生的实践领域，人身自由的实际体现却是有条件的、相对的。也就是说，从实践上看，人的自由只是一个相对的范畴，世界上从来没有、也不会有超然的个人自由。在这一点上，卢梭是明智的，他说："人是生而自由的，但却无处不在枷锁之中。自认是其他一切的主人的人，反而比其他一切更是奴隶。"

自由，没有绝对的实践形式。自由只是相对的存在状态。在人类历史发展的任何一个时期，在生命实践的任何活动中，人总是处在一定的社会关系中的现实的人。这样的人不是抽象的，而是具体的，不是超然的，而是实在的；不是超越于一切事物之上的，而是融汇在一定的国家、民族、阶级之中的。因此，这样的人不可能不受到某种特定的社会经济、政治、法律、道德、宗教、哲学、文化、习俗等关系的制约。所以，人的思想、信念、观念中，乃至于在其生命存在的实践形式和实践途径、方法、手段，以及预期目的上，都不同程度地带有特定社会关系的烙印，这是无法否认的生命事实。

人生就是这样充满着矛盾，一方面生命总希望无拘无束地发展，另一方面生命又只能在限制中去寻找自由。马克思曾说过："个人是社会的存在物。"因此，人作为对象性的，感性的存在物，是个受动的存在物。人类发展史证明个人一开始便是他人的产物、受社会的制约。一个人的发展总是取决于直接和间接地同自己发生交往关系的其他一切人的发展。并且，彼此发生关系的个人的世世代代是相互联系的。后代的肉体的存在是由他们前代决定的，后代继承着前代积累起来的生产力和交往形式。作为个体的人，无论怎样总是与他人、社会相联系，并受他人、社会所制约。因此，一个人在自己特定的生命发展阶段中，无论怎样，自由自在地发展都不能脱离他所沿着的那条历史轨迹，以及他所赖以生存的社会现实状况。应该说，人生的自由一开始就是受限定和受制约的。

心灵港湾

生命的意义

某人问哲学家亚里士多德："你和平庸的人有何不同？"这位先哲回答："他们活着是为了吃饭，而我吃饭是为了活着。"由此，让人想到一个严肃的命题：什么是真正的人生？

生命是一种进攻，生存是一种拼搏，生活是一种进取，因为这个世界有太多的困难、太多的竞争、太多的诱惑。毋庸讳言，必然会有太多的考验。有的考验似阵阵雷鸣，让人难以冷静；有的考验似纤纤细雨，让人难以抵挡；有的考验如风花雪月，让人陶醉；有的考验似良药苦口，让人警醒。有的考验是朋友真诚的规劝；有的考验是对手欺骗的谎言；有的考验是良心的敲打，道德的洗礼；有的考验是美丽的陷阱，人格的蜕变。

人有层次之分，自然也有素质之别。努力工作和耕耘以求喂饱全家人的工人和农民，他们并不认为人生没有意义；追寻真理和知识，努力推动社会进步的学者，他们并不认为人生没有意义；"心中为念农桑苦，耳里如闻饥冻声"的心怀苍生的领导者，他们并不认为人生没有意义……支配着他们有意义生活的动力是三种单纯的激情，那就是对于亲情的渴望，对于知识的追求，对于苦弱的怜悯。

按说，好的学生应该有好的成绩，高层次的人应该有高层次的境界。王侯将相与蓬门荆钗总不该一般见识，富商巨贾也总不能像引车卖浆者那样，为一个铜板和人家斤斤计较。然而，事实并非如此。职务高并不等于层次高，名气大也不等于胸襟大。如果以对自己有何意义作为前提去问爱因斯坦为何要进行科研，去问鲁迅为何要写作，去问毕加索为何要画画，他们肯定难以找到任何答案。然而，像成克杰、胡长清、王怀忠、慕绥新这样的高级干部，应该说"层次"也够高了，可是他们这样的"精英"，原来却是"鼠辈"，不仅贪赃枉法，谋取私利，而且好色贪淫。这些人的行为，已经背叛了自己的理想信念，为祖国人民交了一份可耻的答卷。

如果我们以这样的角度去看万物，就会发现生命的意义无处不在：在无垠的宇宙中燃烧的太阳虽然只不过是一粒一闪即灭的星火，但是相对于人类，却是生存的根本，因为它给了我们这个世界生生不息的动力；在贪官们眼里勤廉的从政者虽然只不过是一头又倔又傻的老黄牛，但是对于所辖民众来说，却是梦寐的福祉，因为他可以使他们远离饥饿和寒冷，并平安快乐地生活；在其他家庭看来一位贫困的母亲虽然只不过是无关紧要的女人，但是相对于她的孩子，却是伟大的天使，因为她赐予了孩子生命、力量和勇气……

第二节 大学生心理危机的表现

一、心理危机的含义

什么是心理危机

心理危机，简称危机(crisis)，就像其他心理学概念一样，不同的学者从不同的角度提出了很多关于危机的定义，下面列举了学术界关于危机的几种常见定义：

危机是当人们面对重要生活目标的阻碍时产生的一种混乱状态。这里的阻碍，是指在一定时间内，使用常规的解决方法不能解决的问题。

危机是一些个人的困难和境遇，它使得人无能为力，不能有意识地主宰自己的生活。

危机是一种认识，当事人认为某一事件或境遇是个人资源和应付机制所无法解决的困难。除非及时缓解，否则危机会导致情感、认知和行为方面的功能失调。

危机是一个人面临突然或重大生活事件(如亲人亡故、突发威胁生命的疾病、灾难等)，个体既不能回避，又无法用通常的方法来解决问题时所出现的心理失衡状态。

危机是个体运用通常应对应激的方法或机制仍不能处理当前所遇的外部或内部应激时所出现的一种反应。

参考上述定义，我们认为，危机是指人的一种心理状态，是指人类个体或群体无法利用现有资源和惯常应对机制加以处理的事件和遭遇。危机往往是突发的，出乎人们的预期。如果不能很快得到控制和及时缓解，危机就会导致人们在认知、情感和行为上出现功能失调以及社会的混乱。

一般而言，危机由负面生活事件引起。但是，并不是由负面生活事件所引起的所有心理改变都是危机，只有人们感觉到心理压力超过了其可应对的范围而导致的心理失衡状态，才称之为危机。

因为人类个体的自由度是随着个体的成长逐步增加的，所以我们遇到现有资源无法解决自己面临的困境的状况是经常发生的，比如一个婴儿刚来到这个世界的时候靠自己是无法满足自己的进食需要的，如果没有其他人类个体在身边，他们就面临困难，他们解决这个困难的办法就是通过哭泣来引起其他个体的注意进而让困难得到解决，如果在特殊情况下周边没有人，哭泣无法解决食物的需要，那么对这个生命来说就面临巨大的危机，如果最终都没有人来，这个生命可能就此消失，这可以说是典型的生命危机。如果我们把情况变化一下，这个需要食物的不是一个自由度极低的婴儿，而是一个成年人在沙漠上需要水，他会不断去寻找水源，当他走了很久还没有找到水源的时候，他认定自己在沙漠中是无法找到水源的，于是坐下来等死。而事实上，按他原来走的方向，再往前走上一公里，其实就有水源。这种因为他认定自己找不到水源而放弃寻找并最终危及生命的情况，就是典型的心理危机。所以人类个体的成长，其实就是在解决一个又一个危机的过程中得到发展的。所以我们不要害怕危机，更不要逃避危机，我们能做到的是能提前预见到危机，积极寻找办法解决问题。

二、心理危机的性质

1. 危机的双重性

一方面，危机可能会造成危险。如果危机过分严重，威胁到一个人的生活或家庭，个体可能采用不恰当的方法应对或解决问题，从而导致心理社会功能的下降，出现精神疾病或出现自杀、攻击他人等不良行为，这就是危险。另一方面，危机也是一种机遇。如果在危机状况下，个体能够成功地把握危机情景或及时得到适当有效地治疗干预或帮助，个体可能学会新的应对技能，不但可以重新得到心理平衡，还可以促进心理的进一步成熟和发展，帮助个体成长和自我实现，这就是机遇。

2. 危机的非医学性

危机是人的一种正常的生活经历，并非疾病和病理过程。危机并不可怕，危机的发生表明个体正在努力抗争，力求保持内心的安宁和自身与环境间的平衡。固然，危机会引起个体情感的不平衡和紊乱、认知能力下降、防御机制削弱，但是这些改变均不符合任何精神疾病的诊断标准，只能看成是疾病的可能诱因。心理咨询与治疗性干预能帮助他们渡过危机，并有望达到事半功倍的效果。

3. 危机的个体性

危机的程度与诱发事件的强度不一定成正比，主要取决于个体对事件的认知，以及个体的应对能力、既往经历和个性等。

4. 危机的复杂性

危机是复杂的、难以把握的，它不严格遵守一般的因果关系规律。危机的症状就像一张网，个体环境的所有方面都相互交织在一起。一旦危机出现，就会有很多复杂的问题需要危机干预者进行全面的干预，而个体的环境决定着处理危机的难度。

5. 危机的时间性

危机是有时间限度的，通常最多持续 8 周，在危机时段的后期，主观不适的感觉会减轻。如果危机未得到及时解决，可能导致精神疾病或出现自杀、攻击他人等不良行为；也有可能会转化为慢性状态，在相当长的时间内反复出现一系列的转危点。危机缺乏万能的或快速的解决方法。虽然有些可进行“短期治疗”，但对于长期存在的问题需要持续的心理成长才能得到比较好的解决。

危机干预是指对处于困难状态的个体给予各种帮助和支持，使其度过困难时期的过程，基本上不存在快速解决的方法。许多遭受严重生理和心理应激影响的求助者的问题，都在于他们开始总是企图找到迅速解决问题的方法，通常是使用药物，虽然可以暂时延缓极端反应的出现，但治标不治本，对造成危机的原因毫无改变，搞不好反而会导致危机的加深。

6. 危机的普遍性

危机是普遍的，在一定条件下，没有人能够幸免，不管一个人受了多少针对心理创伤的训练，当他面对严重的危机时，解体、失衡、迷惑以及应对机制的破坏都是不可避免的。应给予处于不利环境或遭受挫折即处于危机状态下的个体关怀、支持及使用一定的心理咨询与治疗方法予以援助，使其情绪、认知、行为重新回到危机前的水平或高于危机前的水平。

三、大学生心理危机的来源

对于每个大学生个体来说，具体的生活情况是不同的，遇到的困难也是各种各样的，把大学生遇到的各种危机归结起来，一般有以下七种。

1. 生理和心理矛盾带来的危机

青年大学生正处在生理和心理发展的特殊时期，生理发育的基本成熟和部分心理因素的发展使他们处于人生观和世界观形成的关键时期，对人生和社会的问题认识的飘忽不定，有时正确深刻，有时错误肤浅；有时客观全面，有时主观偏激。在他们的意识中，也常有自相矛盾的状况：独立性与依赖性交织，情绪与理智并存，强烈的求知欲和相对较差的识别力的矛盾，理想与现实的脱节等。他们这种不稳定的心理状态，受到外界的干扰和影响，很容易产生心理危机。比如，他们身上常有自豪感和自卑感，从原来学校佼佼者迈进高等学府，感受和体验到的是一片赞扬和羡慕，自豪感优越感应时而生。但进入大学后“天外有天，人外有人”，一段时间的学习和相互比较，自己显得不仅平常，而且可能位居下游。长期的紧张状态，一旦努力失败，会带来严重的心理挫折和失败感。

2. 人际关系紧张带来的危机

大学里，五湖四海的同学汇聚在一起，各自生活习惯、兴趣、性格的不同，不可避免地带来摩擦冲突和情感损伤。性格孤僻内向，不愿与他人交流的学生很容易产生孤独和抑郁情绪。久而久之这样自卑抑郁的性格经不起生活中的挫折，因为一点不愉快，可能会产生严重的心理危机。

3. 性生理的成熟和性心理的不完善产生的危机

大学生已经进入青年期，性生理已经基本成熟，性意识增强，这时的青年有了性冲动和性要求，他们渴望与异性交朋友，渴望得到异性的友谊和爱情。但由于性心理的不完全成熟，生活经验欠缺，对青春期的性冲动和性要求理解不当，常会产生紧张、恐惧、羞涩，甚至不正当的行为，还有的因陷入感情漩涡、失恋、单相思等问题的困扰，产生苦闷、惆怅、失望、悔恨与愤怒，给身心带来严重影响，有的甚至发展成为精神病。

4. 环境适应问题

从中学到大学是人生的一个重要转折，在这样一个转变的过程中，受教育环境、家庭因素、成长经历、学习基础等影响很大。而学生一跨入大学的校门，生活方式、学习方式、交往方式、心理方式等都会发生相应的变化，使得很多学生感觉不适应。由于目前大学生的自理能力、适应能力和调整能力相对较弱，所以在大学生中环境适应问题广泛存在，使得某些大学新生感觉到一种难以消解的苦闷和忧愁。

5. 学习方式问题

中学时代学习常依靠教师的安排与督促，进入大学后教师的直接管理减少，而自己独立安排学习进度与支配学习时间的要求大大提高了。那些能力欠佳的学生就会感到明显的不适应，许多困难不能独立克服，因而挫折感增强，不良情绪随之而生，长期下去便会产生某种心理危机。

6. 竞争与所选专业失望带来的心理压力

多数学生上大学之前，都是同学中的佼佼者，是在一片赞扬声中和一片羡慕的目光下跨入大学校门的。然而进入大学后，人才云集，群英荟萃，强手如林，以前那种优越的地位和感觉都不复存在，因而在心理上产生失落感，情绪低落，遇到学习上的挫折就会产生强烈的心理冲突，感到自卑和失望。另外，一些大学生在高考时填报的志愿，受多种因素的影响，并不能符合个人的兴趣与爱好，甚至某些学生所学专业与本人的志向大相径庭。还有的学生刚进校时对自己的专业津津乐道，但经过一段时间的学习，发现所学内容并不理想，与将来日趋激烈的就业竞争有很大偏离，从而导致对所学专业毫无兴趣，缺乏学习动力，情绪低落，常处于矛盾心理状态。最后可能导致成绩落伍或学业荒废，其结果给学生带来心理上的危机。

7. 性格与情绪问题

性格障碍是较为严重的心理障碍，其形成与成长经历有关，原因也较复杂，主要表现为自卑、怯懦、依赖、猜疑、神经质、偏激、敌对、孤僻、抑郁等。对有情绪障碍的学生来说，主要表现为焦虑、恐惧、喜怒无常，该高兴时反而悲哀，该伤心时却高兴，让人难以理解。

另外，还有许多复杂因素(如家庭经济困难等)、一些突发性因素可引起心理危机，长期困扰可造成心理障碍和心理疾病。总之，不管什么原因造成的心理危机，都给大学生的心理健康和成才带来很大的影响，也常常给学校和家庭带来很大的负担。因此应及时了解他们的心理动态，加大心理健康教育的力度，解除他们的心理危机，提高大学生的心理健康水平。

知识链接

大学生自杀预兆

大学生自杀都有一定预兆。自杀者的预兆可以理解为是自杀者表达的一种求救信号。这种预兆对于危机干预是一种十分重要的线索。预兆包括一定的言语、行为、状态和综合症状。

言语预兆是指当事人把想死的念头对周围的人用语言表白或诉说，或者在日记、信件、绘画和乱涂乱画的片言只语中表现出来。如有的自杀者在死前给父母写信，有的在纸上写下“长痛不如短痛”“南山已见，我意已决”“乐趣何在，意义何在，牵挂年迈体弱父母的心”等是言语预兆。

行为预兆如行为的明显改变或无故给同学送礼物、送东西等。如有自杀者在生日的前两天，特意买了一个生日蛋糕款待同学，并说：“以前我曾说要请同学们为我过生日，吃蛋糕，今天就算是过生日。”又说：“我今天实现了一个愿望，这就是以前答应了别人而没有做到的事。”这就是典型的行为预兆。

状态预兆如情绪、性格的明显反常或学业成绩的明显骤降。综合症状如严重的抑郁、孤独、绝望、依赖和对自己生活的不满等。有位自杀者前一天不吃不喝，在床上躺了一天，这是典型的状态和综合症状预兆。

了解自杀的一般性问题，可以有效防止大学生自杀。在周围的同学出现自杀预兆时，要及时向老师、家长反映，并对有自杀倾向者进行跟踪看护。

四、大学生心理危机的特征

大学生中常见的心理危机主要表现出以下五个特征。

1. 普遍存在

危机没有人能够幸免，对于成长中的大学生也不例外。想稳定、冷静地处理任何危机并不太容易，但是把握机会、设定目标、制订计划、处理好问题，通过努力都是能够做到的。

2. 症状复杂

危机是个体的生活环境、家庭教养、朋友交往等关系相互交织的综合反映，有一种使个体无法控制的感觉，因此，危机是复杂的，无迅速的解决方法。对于处于危机中的人，基本上不存在什么迅速的解决方法。任何企图寻找迅速解决问题的想法，最终都可能会导致危机的加深。

3. 成长和改变的动力

危机中常常包含着个体成长的种子和改变的动力。个体在成长和追求的同时，也意味着带动一个可能受挫的机制，个体如能及时调整，适应变化，则能形成动力，促进其心理健康，得到成长和改变。

4. 危险与机遇并存

对于正处在危机中的人来说，危机意味着危险，又蕴藏着机会。其危险在于，如果危机得不到处理，遇到危机的个体会走上歧途甚至自我毁灭的道路，但是，如果个体在遇到危机的时候能够积极求助，在寻求帮助的过程中，能够使个体获得成长和自我实现，最终走向成熟。

5. 具有时代特征

当代大学生的心理危机，反映了时代、社会对大学生的要求和期望，个人对理想的追求；表现为成为通才型的人才、身体健康、心理承受能力强、完成学业、胜任职业、继续深造、实现理想等压力下的冲突和矛盾。

知识链接

心理疾病预防与危机干预需要关注的十二类学生

查阅相关资料并结合长期心理危机干预的经验我们发现，心理危机预防与干预的主要对象是心理素质教育工作与心理测评中发现以及筛查出来的有心理障碍、心理疾病或自杀倾向的学生。这些学生包括以下十二类：

1. 遭遇突发事件而出现心理或行为异常的学生，如家庭发生重大变故、遭遇性危机、受到自然或社会意外刺激的学生。

2. 患有严重心理疾病，如患有抑郁症、恐惧症、强迫症、焦虑症、分裂症、情感性精神病等疾病的学生。

3. 既往有自杀未遂史或家族中有自杀者的学生。

4. 身体患有严重疾病，个人很痛苦、治疗周期长的学生。

5. 学习压力过大、学习困难而出现心理异常的学生。

6. 个人感情受挫后出现心理或行为异常的学生。

7. 人际关系失调后出现心理或行为异常的学生。

8. 性格过于内向、孤僻，缺乏社会支持的学生。

9. 严重环境适应不良导致心理或行为异常的学生。

10. 家境贫困、经济负担重、深感自卑的学生。

11. 由于身边的同学出现个体危机状况而受到影响，产生恐慌、担心、焦虑、困扰的学生。

12. 其他有情绪困扰、行为异常的学生。尤其要关注上述多种特征并存的学生，其危险程度更大，应成为重点干预的对象。

心理案例

“大学毕业生饿死”事件杂谈

湖北42岁男子王小林大学毕业后17年不工作，最后被活活饿死在家中的事件被媒体报道后引起了全社会的高度关注与讨论，一时间关于教育体制、就业观、个人性格、心理疾患、精神异常、社会保障、“啃老族”等各种词汇被用来解释人们心中为什么一个大学毕业生会被活生生饿死的困惑。

依据媒体曾经的采访材料和村民对王小林的描述来看，王小林绝对不是精神异常，并且也没有明显的身体疾病，一个身体和精神都正常，在“精英教育”体制下培养出来，并且是包分配工作的大学生，最终却落得活活饿死的下场，这确实有些令人费解。

从媒体报道的王小林的成长经历和毕业后的种种表现来看，是“扭曲的社会教育观念”导致的不良心态杀死了王小林。王小林兄弟姐妹三人，弟弟学习成绩不好早早放弃了读书，姐姐本来成绩不错也想读书，但因为家庭经济窘迫放弃读书来供王小林读书，于是王小林成了全家的希望，当他考上大学时成了全村的骄傲，王家人对王小林的要求是“两耳不闻窗外事，一心只读圣贤书”，甚至父亲在去世的时候都还以不要影响王小林读书为由要求不要通知王小林，家人也照办了。从父亲的角度看，他的这个行为我们可以解释为“爱子心切”，但我们也可以说“爱子无情”，读书是做什么的，读书是为了让自己和家人能过上更好的生活，如果为了读书可以连父亲去世都不能送上一程，为了读书连基本的亲情都可以不要，那读书还有什么用呢？当然父亲这样做并不是不希望在自己去世前看到自己“得意”的儿子，而是用行动传达出一个信号——学习是最重要的，学习比父亲去世都重要，只要学习好了，你就可以想要什么样的生活就过什么样的生活，上学的时候是这样，毕业后也会这样。王小林按父亲的期望做了，在读书期间从家人、老师和同村人那里确实得到了这样的待遇，于是他就更加坚信“只要学习好了，大学毕业后想要什么就可以得到什么的想法”。

大学毕业的分配机制却让他挨了当头一棒，他想去的地区和学校，分配部门不让去，不得已去了组织分配的学校，因为住不惯集体寝室被领导安排到楼梯间，但又觉得楼梯间影响休息，不满意就直接回家了，组织上再次安排他到偏僻中学工作的时候，因为觉得那些老师都是本地人会排挤自己，不好好干，结果干了不到三个月所带班级考了年级倒数第一，就自动回家了。王小林的经历看似是毕业后工作中的种种不顺导致的，但是仔细想想他遇到的这些情况何尝不是当年的大学毕业生毕业的时候都会遇到的情况呢，为什么别人都好好的，就他只能回家不工作了呢，原因只能是“从小不是告诉我学习好了，读大学了就能得到我想要的一切吗，怎么毕业后我想要的都要不到呢？！”巨大的反差让他无法接受，一下子从人上人的“天之骄子”变成了处处不受人待见的人，与此同时，他猛然回首发现自己除了会读书外其他的什么也不会，这从同学让他到广东打工他怕自己无法适应而拒绝一事上得到了证明。大学生身份的骄傲和无能感的自卑交织在他脑海中，让他只能退守在自己的家中暂得安宁，直到最后被活活饿死，他也没有向别人求救，也没有自救。

上学是为了活着，活着不是为了上学，不上学可以活着，但不活着了上学又有什么用？上学是获得成功和幸福的必要条件，但不是获得成功和幸福的充分条件。希望广大望子成龙的家长和坚信成绩好就一定会获得成功与幸福的学子警醒。

第三节 大学生心理危机与危机干预

一、危机与心理危机

1. 危机的概念与危机反应的阶段

危机这一概念被广泛应用在经济、政治、社会等很多领域，人们常说的经济危机、金融危机、政治危机、能源危机等。美国著名的《韦氏大词典》将“危机”定义为“决定性或至关紧要的时间阶段或事件”。我国《辞海》则认为“危机是一种紧急状态”。《现代汉语词典》的解释是，危机是指“危险的根由”，“严重困难的关头”。

危机是一个动态发展的过程，每个发展阶段各有不同特点，当事人会有不同的心理和行为表现。人们对危机的反应通常经历四个不同的阶段：

冲击期，发生在危机事件发生后不久或当时，感到震惊、恐慌、不知所措。

防御期，表现为想恢复心理上的平衡，控制焦虑和情绪紊乱，恢复受到损害的认识功能。

解决期，积极采取各种方法接受现实，寻求各种资源努力设法解决问题。焦虑减轻，自信增加，社会功能恢复。

成长期，经历了危机变得更成熟，获得应对危机的技巧。但也有人消极应对而出现种种心理不健康的行为。

2. 心理危机

心理危机，可以指心理状态的严重失调，心理矛盾激烈冲突难以解决，也可以指精神面临崩溃或精神失常，还可以指发生心理障碍。当一个人出现心理危机时，当事人可能及时察觉，也有可能“不知不觉”。一个自以为遵守某种习惯了的行为模式的人，也有可能潜藏着心理危机。染有严重不良瘾癖的人，常常潜伏着心理危机，当去戒除瘾癖时，心理危机便会暴露无遗。

心理危机标志着一个人正在经历生命中的剧变和动荡，它会暂时地干扰或破坏一个人习以为常的生活模式。

心理危机的产生包含两个要素，一是诱发危机的某个生活事件；二是个体对自己应对该事件的能力的评估。一个人会不会产生心理危机，不仅取决于他正在经历或即将经历的基本供给的改变，重要的是取决于他对自己应对困难情境能力的评估。如果个体认为有足够的能力去应对，心理危机就不会出现，反之，个体自己意识到自己所遇到的困难情境已经远远超过了自己的应对能力，即认为自己的应对能力不足以应对所遇到的困难情境时，平衡就会被打破，正常的生活受到干扰，内心的紧张、恐惧、害怕和悲伤等情绪不断积蓄，甚至出现思维和行为紊乱，心理危机就可能出现。

二、大学生心理危机

1. 大学生危机的种类

心理学上对大学生心理危机的分类有很多，一般将大学生心理危机归类为以下四个方面：

(1) 发展性危机是个人在正常的成长和发展过程中，急剧的变化或转变所产生的异常反应。

(2) 境遇性危机是个人无法控制或预测的突发或超常事件，例如交通事故、自然灾害等。

(3) 存在性危机是一些人生重要而根本问题(人生目的、意义、价值、责任等)的出现导致的个人内心的冲突和焦虑。

(4) 内心危机是指潜意识中固有的某种心理问题的爆发。

2. 大学生心理危机的表现

缺乏自信，自卑，有的甚至悲观、绝望，这主要是生理和心理矛盾带来的危机；或极度的抑郁、孤僻和焦虑，怕与人交往，这主要是人际关系紧张带来的危机；或对社会、对他人、对一切的冷漠、消极、逆反、攻击，严重者一遇到某些想不开的事情，便会采取自杀等逃避手段。如市场经济激烈竞争下的就业压力带来的心理危机，性生理的成熟和性心理的不完善产生的危机等。

我们把大学生心理危机的表现归纳为认知、情感、行为、躯体四个方面。

(1) 认知方面。身心沉浸于悲痛中，导致记忆和知觉改变，难以区分事物的异同，体验到的事物间的关系含糊不清，作决定和解决问题的能力受影响，有时害怕自己发狂。一旦危机解决可迅速恢复知觉。

(2) 情感方面。当事人表现为高度的焦虑、紧张、丧失感、空虚感，且可伴随恐惧、愤怒、罪恶、烦恼、羞惭等。

(3) 行为方面。不能专心学习或工作；回避他人或以特殊方式来孤立自己；令人生厌；与社会联系破坏，可能发生对自己或周围的破坏性行为；拒绝别人的帮助，认为接受帮助是软弱无力的表现；行为和思维情感不一致；出现过去没有的非典型行为。

(4) 躯体方面。有失眠、头晕、食欲不振、胃部不适等症状。

当大学生出现两个或两个以上方面的表现,我们认为该学生出现了心理危机。

3. 大学生心理危机的几种主要诱因

大学生心理危机的形成是很复杂的,它不是某一种原因和某一个心理问题一一对应的结果,其影响的因素是多样的。

(1) 家庭问题造成的心理创伤。家庭问题是学生心理问题的主要根源之一。父母不和或离异,容易导致学生性格的畸形发展和心理创伤。

(2) 就业竞争引发的心理危机。自从我国高校扩招后,大学生的就业竞争和压力空前增大,虽然大学毕业生数量大幅增长,但社会整体就业岗位没有明显增加。

(3) 学业压力引发的心理危机。由于就业竞争的压力,导致大学生中的学业压力普遍比较严重,他们既要学习好专业知识,又要学习好英语,还要参加各种证书考试。

(4) 由情感引起的心理危机。由于国家对在校大学生恋爱、结婚限制的解禁,当前大学生谈恋爱的现象越来越普遍,但大学生的身心发展还不成熟,由于缺乏经验,无法处理好复杂的情感纠葛和情感与学业的关系,一旦失恋往往引发心理危机。

(5) 经济因素引起的心理危机。学费成为来自贫困地区学生的一个沉重的经济负担和心理负担,由此出现了贫困生的心理危机问题。学生的自卑和闭锁心理、嫉妒心理,学生间不良的人际关系,都将引发他们对社会的极度不满情绪,仇视同学、仇视社会。

(6) 环境适应。在校大学生年龄在18—22岁之间,他们在生理上多已发育成熟,但其心理发展远没有成熟。

三、大学生心理危机干预

心理危机干预是指在心理学指导下对有心理危机的个体或群体的一种短期的帮助行为,其目的是及时对经历个人危机、处于困境或遭受挫折和将发生危险的对象提供支持和帮助,使之恢复心理平衡。它不同于一般的心理咨询和治疗,最突出的特点是及时性、迅速性,其有效的行动是成功的关键。高校应该建立全面的心理危机干预机制,尤其是预防性的危机干预机制,以便把问题消除在萌芽状态。

1. 大学生心理危机干预应遵循的原则

(1) 预防与教育原则

有心理危机倾向的学生是有征兆和有规律可循的。高校首先应抓住新生入校时期,对学生进行心理健康教育,筛选出问题学生,早预防早干预。同时,在发挥预防功能中提高大学生的心理健康水平和应付能力以及帮助别人的能力，增加解决危机的资源和力量。

(2) 及时性原则

心理危机的发生本身就是突发性的，所以在心理危机干预中时间最为关键。要做到及时发现、及时上报、及时干预与及时转介，要及时跟踪了解学生的各种思想动态和变化，根据需要，有针对性地提供辅导与帮助。

(3) 价值中立原则

当大学生因学业受挫、恋爱失败、人际冲突等原因导致心理危机时，其原因与个人的人生观、价值观有非常密切的关系。在对大学生进行心理危机干预时，应遵循“价值中立”原则。

(4) 宣泄原则

释放是指个体把可能引起心理危机的情绪或其他负向的心理能量及时排遣的过程。对当代大学生而言，尤其要有释放意识，通过心理健康教育，引导学生当出现心理危机时，当事人应及时向其所信任的人倾诉。

(5) 持续性原则

心理危机干预的长期性与反复性。心理危机干预体系一定要避免“一次性”干预，有些心理危机具有一定的潜伏性，再加上如今大学生的心理复杂性与多样性，使得心理危机干预不可能一步到位。要将心理危机转变为帮助其迅速成长的教育契机，适时建立信息跟踪、定期回访制度，从根本上对学生的心理危机进行引导和干预。

2. 大学生心理危机干预的对象

并不是所有的心理问题都构成心理危机，心理危机的干预对象主要是存在心理危机倾向与处于心理危机状态的学生。这些学生一般表现为情绪剧烈波动或认知、躯体、行为等方面有较大改变，且用平常解决问题的方法无法应对。

存在下列情况之一的学生，往往是容易出现危机的高危人群，同学们需要高度关注，并及时采取相应措施：

(1) 在心理健康测评中筛查出来的有严重心理问题或有自杀倾向的同学；

(2) 环境适应困难的同学；

(3) 遭遇重大生活挫折的同学，如失恋或亲人的突然丧失等；

(4) 有明显人格缺陷的同学，比如严重自卑；

(5) 学习压力大，且自身难于排解的同学；

(6) 认为前途渺茫及对就业压力无法积极应对的同学；

(7) 有自杀或伤害他人意念、行为的同学；

(8) 家庭经济困难且性格内向，不主动寻求社会支持系统帮助的同学；

(9) 有严重心理疾病的同学，如患有网瘾、抑郁症、躁狂症、恐惧症、强迫症、癔症等心理疾病的学生和精神分裂症治愈出院处于康复期的同学；

(10) 重大危机的知情同学，比如自杀人员的室友。

3. 大学生心理危机干预的模式

从心理学角度看，危机干预有三种基本模式：

第一，平衡模式。危机中的个体通常在情绪或心理方面失去了平衡，这导致原有的应付机制和解决问题的方法不能有效地处理危机。危机干预的目的就是帮助危机中的个体重新获得危机前的平衡状态。在危机的早期，个体通常感到无法控制事态，不能清楚地分析问题，做出适当的选择。此时可采用平衡模式，将主要精力集中在稳定个体的心理和情绪方面，重新达到某种程度的稳定。

第二，认知模式。认知模式认为危机产生于对事件及其有关方面的错误思维，而不是事件本身。认知模式认为通过改变思维方式，特别是对认知中的非理性和自我否定部分进行重新认识，从而获得理性并强化思维中的理性和自强的成分，个体就能够获得对自己生活中危机的控制感。

第三，心理社会转变模式。这种模式认为人是遗传天赋和社会化的产物。人们总是在不断地变化、发展和成长，而他们生活的社会环境和社会影响也在不断地变化，危机可能与内部和外部(心理的、社会的或环境的)困难有关。心理社会转变模式强调的危机不单是由个体的内部状态引起的，危机的产生还涉及个体以外的各种环境因素，如同伴、家庭、职业、社区等。

4. 大学生心理危机干预的步骤

(1) 确定问题

危机干预的第一步是确定问题。危机干预工作者应注意必须从求助者的角度，确定和理解求助者本人所认识的问题，这对于以后的整个危机干预工作的成败很关键。为了确定危机问题，主要采取倾听询问等技术，并注意向求助者表现出同情、理解、真诚、接纳和尊重的态度，和求助者建立良好的关系。

(2) 保证求助者安全

在危机干预过程中，干预者应该将保证求助者的安全作为首要目标，这是至关重要的。无论是在检查评估过程中，还是在倾听询问阶段，或者是在制订行动策略阶段，安全问题都必须给以足够的关注，一时一刻都不能放松。

(3) 提供支持

第三步要求危机干预工作者给予求助者足够的支持，与求助者沟通与交流，让求助者知道干预者是能够给予其关心帮助的人。

(4) 提供应对方式

由于在危机中的求助者多数情况下处于思维不灵活甚至混乱的状态，在这一步的工作中，干预者要帮助求助者认识到，有许多可变通的应对方式可供选择，可以从中找出最适当的选择，寻求最好的应对方式。

(5) 制订具体计划

这一步是从第四步自然、有逻辑地发展而来的，危机干预工作者与求助者共同制订具体的行动计划来矫正其情绪的失衡状态。

(6) 获得承诺

如果制订计划这一步完成得较好，得到求助者的承诺就比较容易。一般情况下，这一步操作起来比较简单，干预者可让求助者复述一遍计划。

四、大学生面对危机时的自我调整

1. 珍爱生命

人是宇宙之生灵，是经历物质世界无数次偶然的巧合进化而来的最高级物质形态。人类之所以产生，一个生命能够诞生其实都是一个奇迹，所以作为这些奇迹的每一个大学生，我们需要认识到人的生命是可贵的，它是一切情感、智慧、美好事物的载体。生命的可贵，在于生命溯源的源远流长；生命的可贵，体现在生命的遗传特征；生命的可贵，表现在生命探秘的永无止境。生命是人的一种生存、活着的状态。人不同于动物就在于人活着是有意义的。动物为活着而活着，无理想，无追求，只有本能的满足。但人是有意识的动物，为意义而存在。这就是人的生命的两重性。前者是后者的前提基础，没有生命的存在，谈不上生命的意义，所以世间最宝贵的是什么，是生命，且只有生命。我们反对脱离生命空谈“意义”，反对以生命的牺牲为代价追求所谓的“意义”。大学生珍惜生命，不仅要珍惜自己的生命，而且要珍爱他人的生命。

大学生珍爱自己的生命应做到：

其一，了解自己的身体构造及生命的基本特征。

其二，熟知有关保持身体健康和心理健康的知识，有强健的体魄，并懂得如何维护好自己的心理健康，有基本的生存技能。如懂得在地震、火灾、溺水时如何自救和他救，如何在救援没有到来的时候保存生命维持体力，为救援赢得时间等。

其三，在人生遇到挫折和痛苦的时候，能够调节不良情绪，知道人可以输掉全部，但不能输掉生存的意志，明白“留得青山在，不怕没柴烧”的道理，懂得只要生命还在，一切可以重来的道理。

大学生在珍爱他人的生命方面表现在：像珍爱自己的生命一样珍爱他人的生命。不怨天尤人，不伤害他人。能与他人和谐共处，遵守与人为善的原则，坚持以人为本的理念。懂得大自然的一切事物都有生命。明白践踏草坪、摘折花木、捕捉动物都是一种“伤害生命”的行为。

2. 积极创造生命价值

生命是珍贵的，作为大学生我们需要珍惜生命，但同时，动物活着是为了吃饭，但人活着却不仅仅是为了吃饭，人的生命还有其他的追求。人的生命是一切实践活动的前提和基础，生命还在，发展的可能性就存在，生命与发展的可能性同在。大学生不仅要珍爱生命，并且要在拥有并珍惜生命的基础上积极主动地创造生命价值。

生命价值是自我价值和社会价值的辩证统一。具体说来：生命价值是个体生命对于个体自我及社会需要的满足。它包含两个方面的内容：一方面指个体通过实践活动满足自我发展自我实现的需要，这也符合马斯洛关于需要层次的基本理论。生命个体通过努力能不断地去追求生命、热爱生命。自我感到活得舒展，活得满意，有较高的生存质量；另一方面，指个体通过社会实践活动来满足社会和他人的需要，通过对社会对他人的责任和贡献来实现人生价值的追求。大学生处于求学时期，是社会化的前期阶段，其生命价值主要体现为内在价值，即内在的体能、知识、技能、品德的积累。能积极主动创造生命价值这一目标要求大学生做到：

其一，大学生应该明白有理想、有追求，"志当存高远"的重要性，认识到成功是在不懈的追求与奋斗中实现的。切勿得过且过，做一天和尚撞一天钟。

其二，充满青春与活力，朝气蓬勃。大学生是人的一生当中精力最旺盛的时期，也是充满无数可能的时期，作为大学生的我们，一定要运用我们充足的精力去实现生命的无限可能性。

其三，无论是身处顺境还是逆境，都能积极乐观地面对。大学生要明白，逆境是生命中必不可少的一个部分，同时也是生命成长的磨刀石，只有那些在逆境中坚持下来的人，才是真正的强者，大学生要创造生命的价值，前提就是要能够在遇到挫折时毫不退缩，更不要轻易伤害或放弃自己的生命。

3. 自觉提升生命价值

生命本身就有着崇高的价值，生命的价值不仅在于肉体的存在，生命的延长和外表的美丽，更重要的是一种精神的存在，在于心灵的善良，灵魂的美丽和人格的健全。作为 21 世纪的大学生，在保持自己身心健康的基础上，服务于他人，服务于社会，通过自己的努力为和谐社会作一份贡献，这将是更有意义更有价值的事情。

根据一项对大学生的调查发现：大多数的学生认为，人应该为社会做出贡献，但也有些学生认为人活着首先是为自己而活，其次才是为他人而活。他们一方面认为把自己的快乐建立在他人快乐之上，人生会无限美好；另一方面，认为只要没有违反法律和道德，自己想干什么就可以干什么。这部分学生的认识有失偏颇，因为法律和道德只是人的行为的最基本规范，是底线，违背它会受到惩罚或者谴责，但作为新时期的大学生，我们不能仅仅靠底线生活，应该有更高的追求，有道德的自律，用高尚的道德情操来要求我们的言行，通过践行"我为人人，人人为我"的信条，为创造和谐美好社会做出贡献。

知识链接

有关危机干预的政府工作机构

中国心理学会分支机构“心理危机干预工作委员会”

中国心理学会分支机构“临床与咨询心理学分会”

团中央权益部与中国心理学会临床与咨询心理学专业委员会签署合作的“12355青少年服务台”

中国心理卫生协会咨询与心理咨询专业委员会

中国医师协会精神科医师分会

第六章

大学生情绪管理

名人名言

能控制好自己情绪的人，比能拿下一座城池的将军更伟大。

——拿破仑

成功的秘诀就在于懂得怎样控制痛苦与快乐这股力量，而不为这股力量所反制。如果你能做到这点，就能掌握住自己的人生，反之，你的人生就无法掌握。

——安东尼·罗宾斯

有部电影叫《诺曼底登陆》，说的是第二次世界大战时，盟军要从法国的诺曼底登陆去突破德国的封锁线，那次的战役对二次大战非常重要。当盟军乘船向海岸靠近时，船长晚上起来巡逻，看到一个站岗的小兵拿着枪在发抖，船长就问小兵说："你很害怕是不是?"小兵说他第一次参战，非常害怕！船长对小兵说："我跟你一样害怕!"小兵说："你怎么会怕呢？我看不出您在怕。"船长就说："你看不出我怕，所以我当船长！"一个懂得去管理自己的害怕，一个不会，因为那个小兵还没有学会管理情绪的技巧。这就是将军与士兵的区别。

古语云，人有悲欢离合，月有阴晴圆缺。人类的悲欢离合就体现着人类的情绪状态。在现实生活中，可以说情绪与我们是形影不离的，它是人心理状态的晴雨表，反映每个人内在的心理状态。如果情绪这种心理状态的外在的表现是短暂的，这属于正常情况；但如果某种情绪长期占上风，那么这必定是出现了某种心理问题。大学时期是青年人心理成熟的重要时期，也是情绪相对不稳定、丰富多变的时期，如果能管理好自己的情绪，则有助于我们心理的健康发展，否则，我们的心理健康将会受到消极情绪的影响，甚至产生心理疾病。

情绪是流动的，易变的心路历程。我们的生活充满了情绪，有时孤独寂寞，有时欣喜若狂，有时悲痛忧伤，有时怒火满腔……这一切使我们的生活时而阳光灿烂，时而阴云密布，形成了一个五彩斑斓的心理世界。

第一节 情绪概述

一、情绪的定义

心理学家们对情绪进行了长期而深入的研究，对情绪的实质提出了各种不同的看法，但由于情绪的复杂性，至今仍没有得出一致的结论。当前比较流行的一种看法是，情绪是人对客观事物是否符合主观需要而产生的心理体验，是伴随着特定生理反应与外部表现的一种心理过程。一般来说，情绪由以下三种成分组成。

1. 情绪的主观感受

情绪的主观感受是指情绪反映了个体的需要是否获得满足以及满足的情况如何。当客观事物或情境符合主体的需要和愿望时，就能引起积极的、肯定的情绪和情感，如生活中遇到知己会感到欣慰，找到志同道合的情侣会感到幸福等；当客观事物或情境不符合主体的需要和愿望时，就会产生消极、否定的情绪和情感，如失去亲人感到伤心、悲痛等。由此可见，情绪是人们对环境中的某种客观事物和对象所持态度的身心体验。

2. 情绪的外在表现

情绪的外在表现是指个体在产生某种情绪体验时，一般会伴随着身体各个部位动作、姿势的变化，也就是身体语言，主要包括面部表情、体态表情和言语表情。当我们快乐时便会双眉舒展，眉开眼笑，甚至手舞足蹈；当我们愤怒时可能会满脸通红，紧握双拳，甚至怒发冲冠。喜悦时音调稍高，言语速度快，语音高低差别大；愤怒时声音高而尖且带颤抖；悲哀时音调低沉，言语缓慢无力等。通过这种外显行为，可以帮助我们认识和判断他人的情绪状态，这种判断能力在人际交往中很有用。

根据心理学家研究，认为人的面部表情基本上反映在嘴唇、眉毛以及眼睛光泽的变化上。人的面部表情是最丰富的，也是最重要的无声交际手段。人的脸部大约可以做出 25 万种不同的表情。同时，国外学者 A. Mehrabian 的一项研究表明，在人际交往的各种信息中，通过言语传递的仅占 7%，而通过面部表情传递的则占 55%。

3. 情绪的神经生理基础

情绪的神经生理基础是指和情绪有着密切关系的许多内部器官的活动。情绪必须有上述三方面同时存在，并且有一一对应的关系。当我们产生某种情绪体验时，身体内部也会发生相应的变化，任何一种情绪都伴随着一定程度的生理反应。例如，当我们恐惧时，会心跳加快、呼吸急促、血压升高、肌肉紧张等。

我国史书上曾记载:春秋时吴国大夫伍子胥过昭关陷入进退两难之境时,因极度焦虑而一夜之间须发全白。相传三国时期的周瑜机智过人,并且才艺超群,但是他气量比较小而妒忌心很强。诸葛亮就利用他这个弱点,施计得逞,气得周瑜狂呼"既生瑜,何生亮"。

知识链接

压力与情绪

古代阿拉伯学者阿维森纳,曾把一胎所生的两只羊羔置于外界环境中生活:一只小羊羔随羊群在水草地快乐地生活;而另一只羊羔旁栓了一只狼,它总是看到自己面前那只野兽的威胁,在极度惊恐的状态下,根本吃不下东西,不久就因恐慌而死去。

医学心理学家还用狗做嫉妒情绪实验:把一只饥饿的狗关在一个铁笼子里,让笼子外面另一只狗当着它的面吃肉骨头,笼内的狗在急躁、气氛和嫉妒的负性情绪状态下,产生了神经症性的病态反应。实验告诉我们:恐惧、焦虑、抑郁、嫉妒、敌意、冲动等负性情绪,是一种破坏性的情感,长期被这些情绪困扰就会导致身心疾病的发生。

一个人在生活中对自己的认识与评价和本人的实际情况越符合,他的社会适应能力就越强,越能把压力变成动力。

二、情绪的功能

人们对情绪的作用有些误解,很多时候认为情绪是不好的。其实,通过情绪我们可以了解自己的需要和处境,真实自然地应对各种情况。情绪是我们生活中的魔术棒,它扮演着很重要的角色,如果没有情绪,生活将没有色彩,没有生气和活力,一个人若缺失了某种或多种情绪,会对个体生活造成很大的负面影响。所以,不同的情绪使我们的生活丰富多彩,无论哪种情绪对我们的学习、工作和生活都起着应有的作用。

1. 生存的功能

假如一个人没有了害怕情绪,当生命安全受到威胁时就不知道要保护自己。假如一个人没有了快乐、悲伤或痛苦,与人交往时带给别人的感受就总是很淡漠。假如一个人没有了愤怒,就总是随遇而安、没有原则,让人不敢把任务交给他们去完成。因为情绪和个体的生理反应有相当密切的关系,当个体处于危险状况时,马上会有紧张害怕的感觉,伴随的是心跳加快、呼吸急促、分泌肾上腺素,由此产生"对抗"或"逃跑"的反应,以保护自己,回避危险。可见,情绪可以让我们正确知觉情境的危险,帮助我们适应环境。

2. 动机性的功能

情绪的动机作用不仅体现为对生理需要的放大,而且它在人类高级的目的行为和意志行为中也有着重要影响。情绪可以促进我们对某种情况采取行动,产生的行动可能有建设性，也可能有破坏性。比如，下个星期就要考试了，因为担心考试不过关，小丽有些紧张，赶紧来到教室看书学习。而小美非常渴望考出优秀的成绩，因她过度焦虑，看书时总是无法静下心来，总是担心考得不好。

3. 人际沟通的功能

如果你的朋友告诉你，当他看到你闷闷不乐时心里为你担心，你感到了什么呢？当你的好友因失恋而痛苦不堪时，你会告诉他什么呢？当你们班在学校足球比赛中失败了，你会对那些队员怎样表达你的感受呢？人际沟通中最重要的是情感交流，表达情感可以增进人们相互之间的了解和理解。当我们有各种情绪时，才能够体会在交往中的真实情感；当我们向他人表达自己真实的情感时，可以让他人对我们有所了解，以增加彼此的友情。

三、情绪的分类

1. 根据情绪对人产生的不同作用，可以将情绪划分为积极情绪和消极情绪

凡是对人的行动起促进、增力作用的情绪叫积极情绪；凡是对人的行动起削弱、减力作用的情绪，我们就称之为消极情绪。在一般情况下，高兴、喜悦等情绪对人是有积极作用的，而紧张、恐惧、愤怒等情绪对人的消极作用更多一些，尤其表现在对身体健康的影响方面。但是，一种情绪对人是否有积极意义，与其强度及持续时间有着密切的关系。狂喜、异常兴奋这样的情绪，虽然与一般的高兴、喜悦只有强度上的不同，但其作用往往是消极的。而像紧张、恐惧、愤怒等情绪，只要能控制在一定的范围之内，使其不过于强烈，持续时间短暂，也会发挥积极的作用。例如，在考试时，如果适度紧张，就能有效提高大脑的活跃程度，使人思维敏捷，记忆清晰，从而考出好成绩。所以，认为高兴、喜悦绝对就是积极情绪，紧张、恐惧、愤怒绝对就是消极情绪是片面的。

2. 根据情绪的社会功能将情绪分为核心情绪、防御性情绪和工具性情绪

核心情绪(即原生情绪)是此时此地的真实感受，例如失去重要的人、事、物后感到悲伤；受到不公正对待后感到愤怒。防御性情绪是难以面对核心情绪时，下意识采用的保护色，比如尾随挫败感而来的愤怒。“恼羞成怒”一词就把核心情绪与防御性情绪的关系描述得非常清楚。懊恼、羞愧更接近核心情绪，但那太让人难受了，于是表现出防御性的愤怒来保护自己。工具性情绪是为了从他人那儿有所得，或要求别人做自己期望的事时表现出来的情绪，例如推销人员的过分热情友好或为博取关注同情而一再夸大或展现自己的痛苦。工具性情绪用久了，可能不假思索便表现出来，甚至本人都没有意识到。

在现实生活中情绪的表现很复杂，“百感交集”就是对这一现象的很好的描述。所谓百感交集就是好几种情绪纠缠在一起：愤怒之下可能有委屈；委屈之下可能有伤心；伤心背后可能存在着一份重视和关爱。因此，要我们理清自己的情绪往往很难。不仅因为情绪本身的复杂性,有时更多的是出于我们下意识的自我防御,也就是说我们往往不愿意去面对真实的情绪。这也就是“当局者迷,旁观者清”的道理所在。但是只有触及核心情绪,才能破解出情绪的密码,才容易进行有效的情绪管理。

第二节 大学生情绪特点及其影响

一、大学生情绪的特点

大学生正处在青春期,处在人生成长过程中波动性最大的阶段,是人生的多事之秋。他们虽然在生理上趋向成熟,但在心理发展方面还比较幼稚;由于社会经验不足,独立生活能力不强,对自己缺乏正确而全面的认识,他们容易受到社会上各种各样思潮的影响,而产生种种矛盾心理和冲突,使得大学生的情绪情感生活具有自己的特点。具体表现在以下四个方面:

1. 丰富性与波动性

大学时期的重要心理变化是自我意识的不断发展,各种社会的高层次需要不断出现且强度逐渐加强,这一发展在情绪上表现为情绪活动的对象、内容增多,大学生出现较多的自我体验,自我尊重需要强烈,自卑、自负情绪活动明显。大学阶段突出的感情活动之一是恋爱,恋爱活动及其伴随的深刻情绪体验是许多大学生在校期间印象最深的。道德观、集体感、爱国感、利他主义等高级情感活动在大学时期开始对其生活产生明显的影响,左右其情绪反应。如部分大学生确立了道德、正义观念,当出现与之不符的观念与行为时,他们通常会感到自己有过错,感到痛苦,出现严厉的自我谴责情绪。情绪的波动性是指与成年人相比,大学生在学习、生活、交往中的一些小事件,较易引起情绪的波动,情绪时好时坏,不够稳定。

2. 强烈性与冲动性

强烈性与冲动性是大学生情绪活动的又一特点。主要表现在对某一种情绪体验特别强烈,富于激情。许多人对符合自己信念、观点和理想的事件迅速产生热烈的肯定的情绪;对不符合自己信念、观点和理想的事件,则迅速表现出否定的、反对的情绪。个别人甚至会表现出盲目的狂热与冲动,以致做出一些违反校规校纪的蠢事或坏事。而一旦遇到挫折或失败,又会灰心丧气,消沉厌世。他们的情绪来得快平息得也快,带有明显的两极性。若是冲动爆发的情绪活动一旦失控,往往造成可怕的后果。如集体斗殴、离校出走、因感情挫折而自杀等都与大学生情绪的强烈性和冲动性相关。

3. 延续性和心境化

大学生情绪活动一旦被刺激引发,即使刺激消失,情绪状态会有所缓和,但其持续影响时间较长，会转化为心境，对其后的活动产生持续的影响。大学生的许多不良情绪，如焦虑、抑郁、自卑等都具有这种心境化的特点。个别大学生的自杀行为也与这种情绪状态有关。大学生情绪心境化还与大学生想象丰富的思维特点有关。大学生富于理想，遇事爱幻想，由刺激引发的情绪反应易受当事人想象的影响，想象对情绪反应的程度、持续时间都起着催化剂的作用。大学生常会陷入某种想象性的情绪状态，而难以被另外一种情绪所取代。比如有个学生，一门功课不及格后，陷入了极度难过的情绪中难以自拔，他将这种情绪也带到了课堂上和生活中，从而导致学这门功课时更加吃力，渐渐的甚至影响到自我评价，并阻碍了采取有效行动的步伐。

4. 情感的压抑性和文饰性

随着年龄的增长，大学生自我控制能力和调节能力的提高，在情绪表现上带有压抑和文饰的特点，同时大学阶段是情感最丰富最强烈的时期，也是一个充满压力和冲突的时期，而这往往会导致大学生情绪的压抑性。大学生会根据不同的因素表现出不同的情感，有时会把自己真实的情感世界伪装起来，用一种与内心世界不一致的方式来表达。例如，明明对某个人的某种行为极不满，但为了不与人结怨，便努力压抑自己的情绪。

二、情绪的影响

大学生正处于青春期发育后期，情感丰富且极易波动，由于受生理发育、心理发展和客观环境影响，大学生的情绪变化较为明显。这种频繁情绪波动对大学生的学习、生活、人际关系、身体健康等无不产生影响。

1. 不良情绪影响大学生的学习

情绪好时，学习效率会倍增；而情绪低落时，消沉、忧郁、悲观等消极的情绪会使大学生出现思路阻碍，操作迟缓，心不在焉，注意力不能集中，学习效率会一落千丈。一个经常处于抑郁状态的学生，尽管非常聪明，大多也不会在学业上取得非常优异的成绩。

2. 不良情绪影响大学生的人际交往

一个情绪稳定，笑对他人，积极向上的人，周围一定有很多好朋友；一个喜怒无常，不时莫名其妙发脾气的人，只会使周围的人对他敬而远之。而人际交往在整个大学阶段都是非常重要的必修课。没有好的人际关系，又会直接影响个体的情绪感受，最终导致恶性循环。

3. 不良情绪影响大学生的身体健康

俗话说，“笑一笑，十年少；愁一愁，白了头。”中医学中也有一种说法：喜伤心、怒伤肝、思伤脾、忧伤肺、恐伤肾。由此可见，情绪与身心健康的关系十分密切。愉快的精神状态，可使人心情开朗，满面春光，福寿俱增；不良的精神刺激，会使人心情抑郁，疾病缠身，夭亡短寿。我们在生活当中经常见到这样的例子：有的人患了病，医生和家属一般不愿意告诉他真相，原因是他知道后病情会发展得更快，这其实就是情绪影响的作用。大学生中的常见病，如神经衰弱、心律不齐、神经性皮炎、胃溃疡、月经不调等均与学生的情绪有关。

4. 不良情绪会造成个体的自卑、抑郁，会使个体对社会产生不正确的认识，会引起心理上的疾病和心理变态

如马加爵事件，据心理学专家分析，真正决定马加爵犯罪的心理问题，是他强烈、压抑的情绪特点，是他扭曲的人生观，还有“自我中心”的性格缺陷。

知识链接

马加爵事件

马加爵事件是指发生于2004年，云南大学学生马加爵杀害4名同学的一起刑事案件。此案件由于作案者身为大学生，出身贫寒，作案手段残忍而吸引了社会各界的关注。马加爵事件发生后，各大网络论坛对其人其事展开了一场持久的讨论，有人对此事件表示谴责，认为马加爵手段残忍，应当受到惩罚，但是也有人对其表示同情与遗憾，同时在网上详细说明马加爵的生平、生活艰辛、经济拮据。指出其由于家境贫困，导致其在大学生活中自卑心理油然而生，因得不到及时矫正，以致最终走向绝路。

第三节 培养良好的情绪

喜怒哀乐是人之常情，人有情绪变化是自然的事情；但是过分的情绪变化对人是十分有害的。大喜、大悲都会对人的心理健康造成损害。所谓“笑一笑，十年少；愁一愁，白了头”。其中的真味不言自明。所以，调节情绪，保证情绪的稳定对保证健康是十分必要的。

一、IQ与EQ

情绪激烈如火山，压力沉重如泰山，面对着这些问题，我们是否就束手无策了呢？事实上，我们已经具备了处理这些问题的能力，并将这种处理情绪的能力称为情商(EQ)，下面将简单地介绍这些相关的概念。

1. 智力商数IQ

不管是EQ还是AQ，都是依据IQ而提出的。IQ是英文Intelligence Quotient的缩写，意为智力商数，简称智商。它是测量个体智力发展水平的一种指标，可以通俗地理解为智力，具体是指数字、空间、逻辑、词汇、记忆等能力。我们在校学习期间，除了学习知识外，会花大量时间在智商训练方面。学数学来锻炼数字计算、空间想象、逻辑推理能力,学语文、英语、历史、地理等锻炼词汇、记忆能力。高考,可以说就是对人们在这些方面能力的大检阅。由于考试是限时进行的,对人们短时间记忆、处理复杂信息的能力要求比较高。所以对于考生来说,如果有了好的记性,好的运算能力,好的语言能力,那么你再用功一些的话,考试取得好成绩就不在话下。

2. 情绪商数 EQ

EQ (Emotional Quotient)是“情绪商数”的英文简称,它代表的是一个人的情绪智力(Emotional Intelligence)之能力。简单来说,EQ 是一个人自我情绪管理以及管理他人情绪的能力指数。美国心理学家认为,情商包括五个方面的内容:一是认识自身的情绪,因为只有认识自己,才能成为自己生活的主宰;二是能妥善管理自己的情绪,即能调控自己;三是自我激励,它能够使人走出生命中的低潮,重新出发;四是认知他人的情绪,这是与他人正常交往,实现顺利沟通的基础;五是人际关系的管理,即领导和管理能力。

以前我们一直强调“人是理性的动物”,以为智力是决定人生成败的关键。比如,一个孩子 IQ 不高,求学时在记忆能力、理解能力、表达能力上都受到限制,成绩自然就落后。但是,这时可能存在着两种状况:一是由于功课不好而自卑,形成情绪失衡与失控,影响往后各方面的发展;二是由于功课不好而转向身心的其他潜能的培养,学会了面对失败与挫折,脚踏实地走在人生的道路上。前者是 IQ 支配了 EQ,造成了双重损失;后者则让 EQ 得到施展的空间,取得了更大的胜算。

根据专家研究,IQ 作为决定成功的因素,所占的比例是 20%,其余的 80%由什么因素决定呢?虽然不全是由 EQ 决定,但是 EQ 所占的比重绝对不在 IQ 之下。于是我们看到许多学习成绩很好的青年未能走上成功之路,而后来有杰出表现的人在学校时的成绩并不十分理想。更有趣的是,许多 IQ280 的人却要被 IQ100 的人所雇佣。情商是一种能力,情商是一种创造,情商又是一种技巧。既然是技巧就有规律可循,就能掌握,就能熟能生巧。只要我们多点勇气,多点机智,多点磨炼,多点感情投资,我们也会像“情商高手”一样,营造一个有利于自己生存的宽松环境,建立一个属于自己的交际圈,创造一个能更好发挥自己才能的空间。

二、察觉情绪,并且接纳情绪

你是否认为一个成功的人不应该轻易流露情绪,或者怕被人说你太情绪化而宁愿不要有情绪。其实,真正的问题并不在情绪的本身,而在于情绪的自我觉察和表达方式,如果能以适当的方式、在适当的情境表达适度的情绪,便是健康的情绪管理之道。

对自我情绪的察觉,相信你有过这样的体验;你心中的那个“自己”说“我不应该有此感觉”“我要努力使自己高兴起来”。还有,在你极为烦躁时,脑子里会闪过“别去想了”的念头。这些都属于自我觉知对自己情绪的看法和控制。人生成功与否,很大程度取决于对自己的基本情绪的控制和管理。人类的情绪可以分成快乐、愤怒、恐惧和悲哀四种。这些情绪都和心态有关，是个人心态的反映。而心态是人们可以组织、引导和完全掌控的对象。许多人都懂得要做情绪的主人这个道理，但是遇到具体问题就可能放任自己，认为"控制情绪是很难的"；还有的人习惯于抱怨生活，"没有人比我更倒霉了，生活对我太不公平了"。这两种态度实际上都是被情绪所控制的。所以，重要的是对自己说"我要做情绪的主人，现在就让我来试一试"。建立自我控制的意识是开始驾驭自己情绪的关键一步，一旦自主性启动，沿着它走下去，就能走出情绪的低谷。表达情绪是为了让内心的感受找到出口，为了让别人可以更多的了解自己。必须对自己的各种情绪保持警觉性，并且视其对心态的影响是好是坏而选择接受或拒绝。如果无法控制情绪，生活就可能会因为消极情绪的冲动而受到伤害。

情绪没有好坏之分，只要是我们真实的感受，就要正视它、接受它。我们只有认清自己的情绪，知道自己现在的感受，才会有机会掌握情绪，也才能为自己的情绪负责，而不会被情绪所左右。不要压抑我们的感觉，不要忽略我们真实的感受。

心理实训

觉察你的情绪

指导语：完成下面的句子，哪些事件引起了您生气、难过、焦虑、害怕、丢脸、无助的感觉呢？

1. 我最生气的一件事：(　　　　　　　　　　)
2. 我最难过的一件事：(　　　　　　　　　　)
3. 我最焦虑的一件事：(　　　　　　　　　　)
4. 我最害怕的一件事：(　　　　　　　　　　)
5. 我最丢脸的一件事：(　　　　　　　　　　)
6. 我最无助的一件事：(　　　　　　　　　　)

讨论：

(1) 你在填写过程中有何感受？

(2) 你认为自己的情绪的觉知能力如何？负性情绪出现时你是置之不理还是平和接纳？

(3) 别人的情绪经历对你有何启示？

三、拥有积极的思维就拥有积极的情绪

我们会有什么样的情绪，往往也跟我们自身有什么样的看法有关。同样的半杯水，有的人看到的是缺少的那一半，有的人看到的是拥有的那一半。这就充分说明了面对同样一个情境，有人欢喜有人愁。通过调整认知，给予积极心理暗示的方式，就更容易

使自己获得良好的心态和健康的情绪。

1. ABCDE 情绪理论

心理学中有一个理论，即 ABCDE 情绪理论，强调了对情绪产生原因的分析。通常人们会认为，人的情绪的行为反应 C 是直接由诱发性事件 A 引起的，即 A 引起了 C。ABC 情绪理论则指出，诱发性事件 A 只是引起情绪及行为反应的间接原因，而人们对诱发性事件所持的信念、看法、解释 B 才是引起人的情绪及行为反应的更直接的原因。例如，同样是报考英语六级，结果两个人都没过。一个人无所谓，而另一个人却伤心欲绝。为什么？就是诱发事件 A 与情绪、行为结果 C 之间还有个对诱发事件 A 的看法、解释的 B 在作怪。一个人可能认为：这次考试只是试一试，考不过也没关系，下次可以再来。另一个人可能会想：我精心准备了那么长时间，竟然没过，是不是我太笨了，我还有什么用啊，人家会怎么评价我。于是不同的 B 带来的 C 大相径庭。D 即是一个用合理的信念驳斥、对抗不合理的信念的过程，借以改变原有信念。E 即来访者经过 D 而产生的认知、情绪和行动上的改善。

情绪 ABC 理论

常见的一些不合理的信念主要有：①我必须被每一个认识的人喜欢；②我必须有能力胜任工作，在所有有价值的领域成功；③任何事物都应按自己的意愿发展，否则会很糟糕；④一个人应该担心随时可能发生灾祸；⑤情绪由外界控制，自己无能为力；⑥已经定下的事是无法改变的；⑦一个人碰到的种种问题，总应该都有一个正确、完满的答案，如果一个人无法找到它，便是不能容忍的事；⑧有些人很坏，必须为他们的所作所为受到严厉的责罚；⑨逃避可能、挑战与责任要比正视它们容易得多；⑩要有一个比自己强的人做后盾才行。

不合理信念的五个特征：①绝对化要求。这是指人们以自己的意愿为出发点，对某一事物怀有认为其必定会发生或不会发生的信念，它通常与“必须”“应该”这类字眼连在一起。比如：“我必须获得成功”“别人必须很好地对待我”“生活应该是很容易的”等。怀有这样信念的人极易陷入情绪困扰中，因为客观事物的发生、发展都有其规律，是不以人的意志为转移的。就某个具体的人来说，他不可能在每一件事情上都获得成功；而对于某个个体来说，他周围的人和事物的表现和发展也不可能以他的意志为转移。因此，当某些事物的发生与其对事物的绝对化要求相悖时，他就会受不了，感到难以接受、难以适应并陷入情绪困扰。②过分概括化。这是一种以偏概全、以一概十的不合理思维方式的表现。艾利斯曾说过，过分概括化是不合逻辑的，就好像以一本书的封面来判定其内容的好坏一样。过分概括化的一个方面是人们对其自身的不合理的评价。如当面对失败或是极坏的结果时，往往会认为自己“一无是处”“一钱不值”，是“废物”等。以自己做的某一件事或某几件事的结果来评价自己整个人、评价自己作为人的价值，其结果常常会导致自责自罪、自卑自弃的心理及焦虑和抑郁情绪的产生。过分概括化的另一个方面是对他人的不合理评价，即别人稍有差错就认为他很坏、一无是处等，这会导致一味地责备他人，以致产生敌意和愤怒等情绪。③糟糕至极。这是一种认为如果一件不好的事发生了,将是非常可怕、非常糟糕,甚至是一场灾难的想法。这将导致个体陷入极端不良的情绪体验如耻辱、自责自罪、焦虑、悲观、抑郁的恶性循环之中而难以自拔。糟糕就是不好、坏事了的意思。当一个人讲什么事情都糟透了、糟极了的时候,对他来说往往意味着碰到的是最坏的事情,是一种灭顶之灾。糟糕至极常常是与人们对自己、对他人及对周围环境的绝对化要求相联系而出现的,即在人们的绝对化要求中认为的"必须"和"应该"的事情并非像他们所想的那样发生时,他们就会感到无法接受这种现实,因而就会走向极端,认为事情已经糟到了极点。在人们不合理的信念中,往往都可以找到上述三种特征。每个人都会或多或少地具有不合理的思维与信念,而那些有严重情绪障碍的人,这种不合理思维的倾向尤为明显。

ABCDE 理论包括一套通过认识不合理信念到改变不合理信念,进而调整情绪和行为的步骤和阶段,它始终强调现在,重视人的理性力量,相信人最终能通过自我调节而顺应环境,把人的主动性提高到一个重要位置。

心理实训

不合理的思维大辨析

1. 我希望我的人际关系很好,我很想得到老师的好评,但昨天老师说我的表现太差,我觉得一切努力都白费了,我根本就不受重视,他一定认为我很差。

(1) 情境事件 A 是什么?

(2) 对此事件的想法 B 是什么? 有哪些非理性的想法?

(3) 所引起的情绪结果 C 是什么?

(4) 理性的想法是什么? 你怎么去驳斥?

2. 我是学生会主席,我必须能干。可是,上一次开会的时候,我太累了,做总结时,讲错了一句话,他们在底下嘲笑我。哎! 身为学生会主席竟然犯下这样低级的错误,真是太丢脸、太失身份了。我真没用。

(1) 情境事件 A 是什么?

(2) 对此事件的想法 B 是什么? 有哪些非理性的想法?

(3) 所引起的情绪结果 C 是什么?

(4) 理性的想法是什么? 你怎么去驳斥?

2. 自我暗示的力量

(1) 积极暗示

如果经常进行积极的自我暗示,以肯定的态度看自己、别人和这个世界,就能让自己变得符合自己的理想,继而让别人和这个世界符合自己的理想。心态越积极,那么情绪和压力这些问题就迎刃而解了。

美国心理学家凯文做了一个实验,他请一位教师在化学课上向学生们介绍了一位中年男子和他的新发明："这是来自德国的化学家伯格尔曼博士，他正在实验一种化学药物。这种药物无色无味，挥发性极强，吸入这种气体会对身体有保健作用；不过它有一个缺点，就是刚吸入的前几分钟会让人感到头晕。"

博士拿出一瓶液体，打开瓶盖后拿到每位学生面前晃了一下，然后用德文对学生们说话。教师翻译说："觉得头晕的同学请举手。"不少学生举起了手。实验结束后，学生们才知道，其实那是一个心理学实验，所谓的化学药物不过是一瓶自来水。

通过这个例子，我们可以对心理暗示有所认识。所谓心理暗示就是人或环境以某种隐秘的方式向个体发出信息，个体接受信息后从情绪到身体做出相应反应的一种心理现象。它是意识中的发生部分与潜意识的行动部分之间的沟通媒介。它是一种启示、提醒和指令，它通过告诉你，你是什么样的人，你的处境如何，你应该注意什么和追求什么，你怎样去做来影响你的行为。

积极的自我暗示能调动人的巨大潜能，使人变得自信、乐观。心理学家马尔兹说："我们的神经系统是很愚蠢的，你用肉眼看到一件喜悦的事，它会做出喜悦的反应；看到忧愁的事，它会做出忧愁的反应。"当你习惯地想象快乐的事，你的神经系统便会习惯地令你处在一种快乐的心态。所以，我们只能输入积极的语言，比如，"在我生活的每一方面，都一天天变得更美好""我的心情愉快""我一定能成功"等，语句简洁有力，不要含糊、脱离实际及与人攀比。

(2) 消极暗示

消极的暗示无处不在。要抵制消极的暗示首先要坚持自己的信念。对别人的批评和劝告我们应接受其合理的部分，抵制消极、保守的部分。一次考试考差了，老师说你"真没用"，千万不要当真。曾有一位成绩不错的学生，考试时做错了一道简单的题目，老师讽刺道："这么容易的题都错，还怎么能考上大学？"结果这个学生一蹶不振，真的名落孙山。多么可怕的消极暗示！在心理暗示中，要永远记住，只有你才是你生命的主宰，只要你永远对自己充满信心，任何人都不能改变你！其次要有意识地培养自己积极的心态。积极心态和消极心态是相互对立的，其关系是此消彼长的。你对自己的积极暗示越多，你获得成功的可能性就越大。你品尝成功滋味的同时，积极的心态也就得到了进一步地巩固和加强。当进入这个良性循环后，你对各种消极暗示就产生了强大的免疫力。

(3) 自我暗示的合理时机

日本有位心理学家这样说："当我们的头脑处于半意识状态时，是潜意识最愿意接受意愿的时刻，来进行潜意识的接收工作是再理想不过的了。"早晚睡前醒后的时间再恰当不过了，你可以躺在床上，每次花上几分钟，身体放松，进行一下自我心理谈话——描述自己的天赋和能力；想想你成功的景象；用简短的语言给自己积极有力地暗示。

每个人都会遇到对自己意义重大的事情，当这些重要事件来临时正是负面情绪容易出现的时候，紧张、焦虑的情绪会极大地干扰我们能力的发挥。因此，这个时候我们需要通过自我暗示获得最佳的身心状态以迎接挑战。当然积极的暗示并不能保证一个人一定成功，但即便失败了，它至少也能让你重整旗鼓，以积极的心态去面对下一个挑战。

(4) 自我暗示的要点

坚信、专注和重复是自我暗示的几个要点。首先，我们要有足够的耐心，因为在经过几次、甚至几十次训练后可能不会有任何变化出现。很多人对此感到失望，不再相信自我暗示的效果而中途放弃。我们要知道摩天大楼不是一天盖起来的，许多人都急于从自我暗示中得到好处，但他们不明白这是一个需要时间和耐心的自我改造工程。

专注就是在训练时摒弃一切杂念，只想着你念诵的那些内容，使积极暗示的信息在对潜意识施加影响的过程中不受其他信息干扰。你越专注，潜意识受到的刺激就越强，效果就越好。

美国心理学家威廉斯说："无论什么见解、计划、目的，只要以强烈的信念和期待进行多次反复地思考，那它必然会置于潜意识中，成为积极行动的源泉。"美国一位拳王每次回答记者的提问后，总忘不了说一句："I'm the best!"(我是最好的)，这就是一种积极的自我暗示，事实也许并非如此，但又有什么关系？反复暗示"你"就会接受这种观点，而永远充满自信！"事实"也会向你所想象的方向发展。

知识链接

钉子的故事

有一个男孩脾气很坏，于是他的父亲就给了他一袋钉子，并且告诉他，当他想发脾气的时候，就钉一颗钉子在后院的围篱上。第一天，这个男孩钉下了40颗钉子。慢慢地，男孩可以控制他的情绪，不再乱发脾气，所以每天钉下的钉子也跟着减少了，他发现控制自己的脾气比钉下那些钉子来得容易一些。终于，父亲告诉他，现在开始每当他能控制自己的脾气的时候，就拔出一颗钉子。一天天过去了，最后男孩告诉他的父亲，他终于把所有的钉子都拔出来了。于是，父亲牵着他的手来到后院，告诉他说："孩子，你做得很好。但看看那些围篱上的坑坑洞洞，这些围篱将永远不能恢复从前的样子了，当你生气时所说的话就像这些钉子一样，会留下很难弥补的疤痕，有些是难以磨灭的呀！"从此，男孩终于懂得管理情绪的重要性了。

第四节 不良情绪的表现及自我调节

积极情绪是衡量一个人心理健康的重要指标。精神正常并不意味着没有一点情绪问题，正常人也可能出现短暂的异常现象，但时间短、程度轻。我们可能在面对重大的挫折、不幸时，反而能勇敢地挺住，却往往会被那些小小的烦恼所困扰而闷闷不乐。如果出现强烈的担心、紧张、不安，担心学业失败、被同学嘲笑等情绪，那么，这些消极情绪长期积累，或宣泄不当，就会阻碍个体的健康发展，要及早察觉、及早求助。

一、不良情绪的表现

生活中不能满足的需要和欲望会导致消极的情绪，在这种情况下，人就会产生悲观、压抑、焦虑等各种心理障碍，导致心身疾病。俄国著名的心理学家巴甫洛夫指出："一切顽固沉重的忧愁和焦虑，足以给各种疾病打开方便之门。"所以，克服消极情绪是十分必要的。大学生的不良情绪的产生与大学生情绪活动的特点有关。此外也受多种生活因素的影响，主要有对新环境的不适应，理想与现实的冲突，学习与恋爱的挫折，人际关系的紧张及生活事件的增多等。

大学生的不良情绪主要有以下五种表现。

1. 自卑

自卑是个体由于某种原因(生理的或心理的缺陷，或其他原因)而产生的对自我认识的一种消极的情绪体验，表现为对自己能力或品质评价过低，怀疑自己，看不起自己，担心自己失去他人尊重的心理状态。有一个相貌不太好的女大学生，中学时刻苦学习，成绩优良。考上大学后发现自己并不太受人喜欢，加上不适应大学的学习生活，成绩直线下降，结果原本在中学建立起的自尊心和自信心受到了严重打击，使她的许多理想都落空了。自尊转化为自卑，变得忧郁、孤僻、抱怨和烦躁，影响了正常的学习和交往。

2. 焦虑

焦虑是一种复杂的综合性的负性情绪，是人们在生活中预感到一些可怕的、可能造成危险的，或者需要付出努力和代价的事物将要来临，而感到自己对此无法采取有效措施加以预防和解决，因此在心里产生紧张期待的心情，表现出忧虑和不安，担心和恐慌。简而言之，当人对一件事情感到没有把握，无能为力，而产生担心紧张的情绪就是焦虑。

3. 抑郁

抑郁情绪就是感到压抑和忧愁的情绪，是一种感到自己无力应付外界压力而产生的消极情绪，常常伴有厌恶、痛苦、羞愧和自卑等情绪体验，是大学生中常见的不良情绪。抑郁情绪人人都曾体验过，对大多数人来说它的出现是短时的，时过境迁很快消失。但也有少数人可能长期处于抑郁状态而导致抑郁症。

4. 恐惧

这里所说的恐惧是指病态的恐惧，即对常人一般不害怕的事物或情景感到恐惧，或者恐惧体验过于强烈，持续时间太久，远远超出常人的反应范围。常见的大学生恐惧症主要是“社交恐惧”，也就是大学生在人际交往时，害怕见生人，特别是人多的场合或有异性在场的情况下，产生紧张、焦虑、出汗，以至手足无措、语无伦次的情绪反应，从而形成令人尴尬的场面。患有社交恐惧症的大学生往往表现出明显的焦虑和回避行为。这些学生可以通过系统脱敏等方法来克服和消除自身的各种恐惧反应。

5. 发怒

大学生正处在热情高涨、激情澎湃的青年时期，有时候情绪情感激发起来难以控制。容易发火是年轻人中常见的一种不良情绪。有的学生因为一句不顺耳的话，一件不顺心的事，就激动得暴跳如雷，或出口伤人，或挥拳相向。盛怒之后却后悔不已。正如古希腊学者毕达哥拉斯所言：“愤怒以愚蠢开始，以后悔告终。”有分寸地、建设性地表达自己的愤怒时，应注意以下六条原则：①对事不对人；②不翻老账，只对眼前；③允许对方发火，互相发火能消除紧张和猜疑的气氛；④发火之前，要找到对方过错的确凿证据；⑤让人们明白自己生气的原因；⑥别把事情做绝，冷静下来后，可以重新考虑或做出让步，要给自己一条退路。

二、情绪的自我调节方法

情绪对于心理健康来说是至关重要的。稳定而良好的情绪状态，使人心情开朗，感觉轻松安定、精力充沛，对生活充满兴趣和信心，有较高的学习与工作效率。相反，如果一个人情绪波动很大，患得患失，喜怒无常，心情恶劣，而自己又不会调节和控制，就会导致心理失衡和心理危机，就可能无法正常地工作与生活。所以要维护心理健康就必须学会对情绪进行自我调节。常见的情绪自我调节方法有以下四种。

1. 宣泄法

把自己的感情出口放宽，莫使心胸像个瓶颈，对待现实中出现的不公平的有意见的甚至令人气愤的事情，采取说出来以消怒气或是把怒气转移到某种物品上对其摔打、发泄一番的方式，这其中包括释放、转移等办法。向亲人朋友倾吐内心苦闷，放下包袱消除紧张心理，学会减压。

2. 运动法

经常做些简易气功、健身操或打球、跳舞来活动筋骨、舒展身心。每晚临睡前用热水泡脚，再搓搓脚底。平日刻意鼓励自己要保持愉快的心情，不要胡思乱想。多与人交往，多参加有意义的社会活动。

3. 自我放松训练

自我放松训练是用于克服紧张、焦虑的方法，目的是使身心放松，使生理与心理活动趋于平衡，使人从烦恼、愤恨、紧张、忧愁等不良情绪中解脱出来，达到内心的平静与安宁。

自我放松的具体方法有多种，如深度呼吸训练、静心反思、意象训练等。

(1) 静坐与冥思。静下心来，反视一下自己现在在想什么。注意出现在自己脑海中的每一个想法。

(2) 自我暗示。自我暗示是运用内心语言或书面语言的形式来自我调节情绪的方法。这种方法可用来松弛过分紧张的情绪，使内心平静，也可用来调节身体局部或全身各部位的紧张状态。

(3) 意象训练。意象训练的基本原理就是通过想象轻松、愉快的情境(如大海、山水、蓝天、白云等)，达到身心放松，情绪舒畅的目的。

(4) 肌肉放松训练。肌肉放松训练时通过从头到脚的一步一步放松，并结合自我暗示，来达到消除紧张、调节精神状态的目的。

4. 认知疗法

认知疗法认为，人的情绪变化是由认知评价引起的。当一个人对周围的事物或自己的行为、思想做出消极的评价时，会给自己带来不良的暗示，导致各种消极的情绪。例如，一个人在遇到挫折时，就认为自己能力差，各方面条件都不行；每次遇到类似的情况都做出这样的评价，久而久之就会形成自卑的心理，对自己缺乏信心。

心理实训

渐进式放松引导语

现在，请你采取舒服的姿势坐好，慢慢地闭上你的眼睛，你的眼睛一闭起来，你就开始放松了。你什么都不会想，你也什么都不用想。环境中任何的声响，都仿佛从很遥远的地方飘过来，它们不但不会妨碍你，相反会帮助你进入更深更放松的内心世界。

下面将你的注意力集中在你的呼吸上，以你自己的节奏来做深呼吸。吸气的时候，想象你从外界吸入大量的空气，空气中的氧气经由呼吸作用，渗透到你的血液里，随着血液循环，输送到你全身每一个组织，每一个器官，每一个毛细血管，在那里进行着充分的物质与能量的代谢。呼气的时候，想象你把代谢产生的废气、二氧化碳、有害物质以及内心的负面情绪统统的呼出去。所以随着呼吸的进行，你会发觉到你的身心变得越来越宁静，越来越放松，越来越空无，有一丝淡淡的甜意笼罩在你的心间。

下面请你一边按自己的节奏保持有感知的深呼吸，一边聆听我的讲解。现在，从你的头部开始，感觉你头部的肌肉在放松，头盖骨也放松。感觉你的眼睛也放松，感觉你的鼻梁也放松，感觉你面部的肌肉也在放松，感觉你两边的耳朵也在放松，放松你的嘴巴，放松你的牙齿，放松你的舌头，完全放松你的下巴，放松你的脖子，放松你的双肩，你的双肩平时承担了太多的负担和压力，现在把它们统统拿走，让你的双肩完全放松下来。感觉你的胸腔随着呼吸有规律地起伏，很宁静很放松，感觉你的腹部随着呼吸也有规律地起伏，很放松很舒服。放松你的臀部，放松你的左大腿，左关节，左小腿，放松你的左脚。放松你的右大腿，右关节，右小腿，放松你的右脚。放松你的左手臂，放松你的左手关节，放松你的左手。放松你的右手臂，放松你的右手关节，放松你的右手。

好，现在你全身都处于一种完全放松的状态，感觉到你的内心无比的宁静、舒服和愉悦。

三、情绪的疏导方法

情绪是影响身心健康和学习的重要因素，因此要保持身心健康和良好的学习状态就要拥有健康的情绪，学做情绪的主人，不做情绪的奴隶，用理智的力量去抑制情绪的冲动。要及时疏导已形成的消极情绪，解除精神的压力。那么怎样正确地进行情绪疏导呢？

培养良好情绪的办法

1. 升华情感

升华是指个体受挫后，把压抑于心理的情绪冲动转向社会许可的其他活动中去，使精神有所依托，获得新的、更高的精神满足。如德国诗人歌德的名著《少年维特之烦恼》，法国文学家罗曼·罗兰的大作《约翰·克利斯朵夫》及画家达·芬奇的名画《蒙娜丽莎》都是他们失恋或失去爱情后情感升华的结果。作为大学生应把精力放在学习活动、集体活动、课外活动及体育锻炼上，使自己的精神世界通过这些活动达到更高的境界。

2. 转移注意力

转移是把注意力从消极的心理紧张和焦虑状态转向其他事物，以淡化或忘记那些令人不快的情绪反应。如心情不佳、忧愁郁闷或发怒时，最好去大自然中散散步，游览广阔无垠的大地；或是听听轻松愉快的音乐和相声；或是去看看喜剧电影、幽默漫画；或与其他人聊聊天，参加一些公益劳动；或是逛逛街，买件自己喜欢的小玩意等，均可以在一定程度上排遣一个人内心的不快。

3. 学会幽默

幽默对保持心理健康有着奇特的功效，它可以放松紧张的心理，解除被压抑的情绪，缓解人际间的紧张关系，摆脱尴尬难堪的困境，减轻焦虑、活跃气氛、冰释误会。幽默的方式多种多样，如故意开开玩笑，说些幽默有趣的小故事或俏皮话，做些滑稽好笑的动作等。但是，幽默并不一定都使人发笑，更多的则是启发人们思考。要使自己成为一个具有幽默感的人，作为大学生首先应培养自己乐观开朗的性格、坚强的意志，养成遇事不愁不恼的处事态度，树立起对学习和前途的坚定信念；其次，要积极投身于具有创造性的学习和劳动之中，增长知识、提高修养。

4. 体谅他人

体谅他人,是设身处地地替别人着想,是站在他人的角度看待问题,也就是我们常说的换位思考。体谅别人是一种美德,是发自内心的理解,也是自我心理的解脱和排遣。换个角度讲,体谅了别人,就等于释放了自己,改善了自己的心境。有些事情别人能做得好,自己就未必能做得很好。反过来,自己做得好的事情别人也不一定能完全按照你的意志去做。如果意气用事,盲目地指责别人,即使人家嘴上不说,但心里总是不太好受的。体谅是一种最有效的心理良药,能使人摆脱不良心境的困扰。当我们遇到不顺心的事,在还没有了解事情原委之前,要好好想一想。为了不使自己陷入烦恼之中或是给他人带来不悦,不妨先为对方找个能得到自己谅解的理由,找几个可以让自己平稳心情的理由先说服自己。只要心情好了,对人的态度就会改变,做事也就顺畅了。

知识链接

音乐与情绪

我们常常能感觉到的是音乐能影响“心情”。例如,心情不好的时候,听上一段优美的音乐,就可能使心情变得舒畅;反之,一首自己不喜欢的乐曲也可能使本来不错的心情变得烦躁无比。

国外曾有心理学家对三支不同乐队的208名队员进行分析。结果发现,以演奏古典乐曲为主的乐队成员心情都平稳愉快;以演奏现代乐曲子为主的成员中60%以上的人容易急躁,22%以上的人情绪消沉,还有一些人经常失眠、头痛、耳痛。还有人对一些音乐爱好者做过调查,发现在经常欣赏古典音乐的家庭里,人与人的关系和睦;经常欣赏浪漫派音乐的人,性格开朗;而热衷于现代派音乐的家庭,成员之间经常争吵不休。

这样看来,音乐能影响我们的情绪并非出于偶然。其实,音乐影响人的情绪的确有着更深层的原因。音乐能刺激人体的自主神经系统(自主神经系统的主要功能是调节人体的心跳、呼吸速率、神经传导、血压和内分泌)。科学家们发现,轻柔的音乐会使人体脑中的血液循环减慢;活泼的音乐则会增加人体的血液流速;高音或节奏快的音乐会使人体肌肉紧张;而低音或慢板音乐则会让人感觉放松。音乐还会引起主管人类情绪和感觉的大脑的自主反应,进而使情绪发生改变。

一个心理健康的、成熟的人都不会拒绝音乐给他带来的好处。播放一段门德尔松的《仲夏夜之梦》,你会感觉怎样呢?或许它就犹如盛夏里的一股清风,能瞬间赶走胸中的烦恶,让你的心情变得更加平静愉悦。或者是莫扎特的《第40号交响曲》,可以缓解长时间工作的枯燥,让你的精神为之一振。来一段约翰·施特劳斯的《蓝色多瑙河》如何?据说这段旋律可以引发人的幽思,被某些音乐治疗师用来治疗抑郁症。再或者,以上都不是,只是一段对自然声籁的模拟旋律,也可以把我们带入对大自然的瞬间幻想中去，暂时远离这喧嚣的城市和工作压力与烦恼。

心理电影赏析

头脑特工队

剧情简介：可爱的小女孩莱莉出生在明尼苏达州一个平凡的家庭中，从小她在父母的呵护下长大，脑海中保存着无数美好甜蜜的回忆。当然这些记忆还与几个莱莉未曾谋面的伙伴息息相关，他们就是人类的五种主要情绪：乐乐、忧忧、怕怕、厌厌和怒怒。乐乐作为团队的领导，她协同其他伙伴致力于为小主人营造更多美好的珍贵回忆。某天，莱莉随同父母搬到了旧金山，肮脏逼仄的公寓、陌生的校园环境、逐渐失落的友情都让莱莉无所适从，她的负面情绪逐渐累积，内心美好的世界渐次崩塌。面对新环境的全面挑战，莱莉和五个情绪小人该经历怎样的冒险和成长？

而通过这部影片，皮克斯也大声地宣称：是情绪和记忆决定了我们之所以为我们，而非理性或知识。每一个忽然变坏的瞬间，不过是我们脑海中五个情绪小人短暂的一次失败合作，坍塌的岛屿有天会以更辉煌的姿态重建。只要我们坚信，经历成长的阵痛，经过对情绪的深刻感悟，我们会得以新生，我们生活的世界依然是绚烂的彩色。

EQ综合测试

指导语：高情商的人在自信心、人际交往、工作能力、家庭生活等方面都表现出色。这些测试题有助于你认识自己的情商。

1. 你经常笑吗？

A. 从不　　B. 偶尔　　C. 经常

2. 你是否在生气、高兴、难过、嫉妒时不知道原因是什么？

A. 是的　　B. 不一定　　C. 不

3. 你是否在生气、高兴、伤心、嫉妒时不愿说出来？

A. 基本上不说　　B. 有时会说　　C. 通常会说

4. 你遇到不称心的事时不是忍耐就是发火吗？

A. 经常如此　　B. 偶尔　　C. 从不

5. 你的情绪经常出现大的波动吗？

A. 是的　　B. 偶尔　　C. 很少

6. 你是否很在意别人对你的看法，并因此感到不自在？

A. 是　　B. 偶尔　　C. 不

7. 你是否总是同时做很多事，最后往往一件也做不好？

A. 是　　B. 偶尔　　C. 不

8. 你做事是否拖拉？

A. 是　　B. 偶尔　　C. 不

9. 你能主动、负责地完成自己该做的事吗？

A. 不能　　B. 有时不能　　C. 通常都能

10. 你回答别人的问题时是否闪烁其词？

A. 是的　　B. 偶尔　　C. 不

11. 你能遵守规则吗？

A. 基本上不能　　B. 有时不能　　C. 能

12. 对于承诺的事你是否能如约完成？

A. 从不　　B. 有时不能　　C. 能

13. 你是否以高标准要求自己，达不到就会沮丧或生气？

A. 是　　B. 偶尔　　C. 不

14. 你是否对自己要求很低，并随时准备放弃？

A. 是　　B. 有时候　　C. 不

15. 你是否对自己的观点没有自信而附和别人？

A. 经常　　B. 偶尔　　C. 不

16. 你容易失去耐心吗？

A. 是　　B. 偶尔　　C. 不

17. 与人合作时，如果遭到同伴的否定，你是否会发火，或者干脆散伙？

A. 是　　B. 偶尔　　C. 不会

18. 你是否因为害怕出错为不敢接受新的任务？

A. 是　　B. 偶尔　　C. 不

19. 和别人意见不同时，你是否会生气，或者是委曲求全？

A. 是　　B. 偶尔　　C. 不

20. 面对新事物，你是否担心自己不会而拒绝接受，或者加以贬低？

A. 是　　B. 偶尔　　C. 不

A为0分；B为1分；C为2分。

累计得分在0～18分之间的，情商偏低，容易与焦虑、苦恼和失败为伍，急需调整心态。

累积得分在20～26分之间的，情商中等，具有一定的自我调节能力和适应性。

累积得分在28～40分之间的，高情商，具有较强的自我调节能力和社会适应能力。

第七章

大学生人际交往

名人名言

一个人事业的成功，只有15%来自于学识和专业技术，85%靠良好的心理素质和善于处理人际关系。

——戴尔·卡耐基

营造一张和谐舒适的人际关系网络，是您打开成功之门的钥匙。

——李嘉诚

理解绝对是养育一切友情之果的土壤。

——威尔逊

地狱和天堂的长勺

上帝派使者视察地狱和天堂，使者来到地狱，看见地狱里的人手里拿着一把一米长的勺子，勺子里有很可口的事物，可是地狱里的人却饿得面黄肌瘦，不成人样。原因就是勺子太长，饿的发疯的人们怎么也不能把食物送到嘴里，总是够不着洒到地上，食物马上就不见了，于是地狱里的人就始终重复舀食物—够不着—洒到地上—然后消失的悲惨生活，忍不住的人就去抢、骗、偷……导致整个地狱乌烟瘴气，血腥弥漫。

使者又来到天堂，发现天堂的人也是一米长的勺子，也是同样可口的食物，但是天堂的人却个个容光焕发，神采飞扬！天堂的人与人之间，友好和善，非常快乐和谐地生活在一起，如此天壤之别，唯一不同的就是天堂的人不是将勺子里的食物喂给自己，而是彼此给对方喂吃的，一米的距离就变成了人与人之间的零距离。

第一节　人际交往概述

每个人都渴望快乐时有人共享，痛苦时有人分担，迷惘时有人指点，困难时有人援助，忧伤时有人安慰，气馁时有人鼓励，通过人际交往，以寻求心灵沟通、感情寄托。对于成长中的大学生来说，培养良好的人际交往能力，不仅是大学生活的需要，更是一生发展的重要课题。

一、人际交往的含义

人际交往，是指人运用语言或非语言符号交换信息、交流思想、表达感情和需要的过程，是通过交往而形成的人与人之间的关系，即人际关系。从动态讲，人际关系是指人与人之间一切直接或间接的相互作用，但都超不出信息沟通与物质交换的范围；从静态讲，是指人与人之间通过动态的相互作用形成的情感联系。

交往是人类的特定社会现象，对于社会的发展和个性的成长有重要作用。交流是群体的黏合剂，能使群体内部个体之间和群体之间在认知、情感和行为上彼此协调，相互统一。交往是人类特有的需求，人只有在不断地与他人交往中才能促进个性发展和心理健康。从信息交流角度看，精神交往是发信者将信息编码后输入信息通道，收信者将信息译码后接受，并将反应反馈给发信者的过程。

小贴士

人际交往有一定的功能：信息交流的功能、心理保健的功能、人际协调的功能和自我调节的功能。充分利用这些功能可以从各方面提高自身的能力，从而使我们的沟通之路更加顺畅。

二、人际交往的影响因素

影响人际关系发展的因素很多，大的如文化背景、宗教信仰，小的如人们的交往态度、交往方式等，具体来讲有以下两个方面。

1. 表层因素

(1) 空间距离

人与人之间在空间位置上越接近，越容易形成彼此之间的密切关系。心理学研究指出，一般来说，一个人在选择新朋友的时候多数会选择与自己的空间距离比较小的人，就是所谓“近水楼台”。因此，同桌的同学关系比较要好、寝室室友之间的关系要比班上其他同学关系更好。除此之外，同在一个班级、专业或共同参加一个社团，都可以使两个原本陌生的人建立起一定的友谊。虽然地理位置不是人际关系好坏的唯一的、决定的因素，但是，远亲不如近邻，空间位置接近的优势，无疑是影响人际交往的一个有利的条件。

(2) 交往的频率

交往的频率是指人们相互接触次数的多少。一般来说，人际关系建立初期，越是接近，接触频率越高，就越有利于建立密切的人际关系。人们的关系需要常常沟通，在沟通中找到相互了解的途径。当然，交往频率也并非越多越好，俗话说“久聚难为别，频来亲也疏”。任何事物都要讲究一个“度”，物极必反，适度最好。

(3) 容貌仪表

心理学家在研究时发现，外表漂亮者在社交情境中易占上风，容易引起异性的注意和喜爱，交际较广且容易成功。同时，外表漂亮的人也比较容易说服和影响他人。尽管我们知道以貌取人是一种偏见，也都认为人不可貌相，但实际上，外貌和仪表在人际交往中所起的作用的确是客观存在的。

2. 深层因素

(1) 个性品质

个性影响着交往的态度、频率和方式，从而影响着人际关系。心理学家发现，想要维持和提高自己的持久吸引力，一个重要的方面就是培养自己的良好个性和品质。人与人之间能否相互吸引，归根到底取决于一个人品质的好坏。那么什么样的品质最受人们的欢迎，什么样的品质让人反感呢？表 7-1 是美国心理学家安德森于 1968 年所做的一项调查中得出的人际吸引效应品质表，其中许多条款与真诚有关，说明真诚的人受人欢迎，虚伪的人令人讨厌。

表 7-1 影响人际关系的主要人格品质表

最积极品质	中间品质	最消极品质
真诚	固执	古怪
诚实	刻板	不友好
理解	大胆	敌意
忠诚	谨慎	饶舌
真实	易激动	自私
可信	文静	粗鲁
智慧	冲动	自负
可信赖	好斗	贪婪
有思想	腼腆	不真诚
体贴	易动情	不善良
热情	羞怯	不可信
善良	天真	恶毒
友好	不明朗	虚假
快乐	好动	令人讨厌
不自私	空想	不老实

（续表）

最积极品质	中间品质	最消极品质
幽默	追求物欲	冷酷
负责	反叛	邪恶
开朗	孤独	装假
信任	依赖别人	说谎

（2）背景相似

社会心理学研究表明，交往双方如果有较多类似的地方，便容易产生相互吸引，促进人际关系的发展。相似性包括：共同的态度、信仰、价值观与兴趣，共同的语言、共同的文化、宗教背景，共同的教育水平、年龄、职业、社会阶层，乃至共同的遭遇、共同的疾病等都能在一定条件下增加人们的相互吸引。

（3）性格的互补性

每个人都有从交往对象中获得自己所缺乏的东西的需要，这是社交的互补性。性格的互补性体现为性格不同的人，他们的友谊比性格相似的人更牢固。大学生中，外向型的人能够与内向型的人友好相处，相互欣赏；依赖性强的人更愿意与独立性强的人交朋友等。这是因为当双方的性格正好成为互补关系时，双方之间的喜欢程度也会增加。

（4）能力的大小

古语云："结交须胜己，似我不如无。"一个能力突出的人，会使人产生钦佩感并欣赏其才能，愿意与之接近。但是，现实生活中，如果一个人的才能使他人可望而不可即，则会使他人产生心理压力。这便是中国人所讲的"木秀于林，风必摧之"。显然，能力与被人喜欢的程度在一定范围内成正比，超出这个范围，可能会产生逃避或拒绝。因此，一个才能出众但偶尔有点小错误的人在一定程度上比完美的人更受欢迎。

三、人际交往的基本原则

人与人的交往是一个互动、互利、互助、互惠的过程，若要取得良好的交往效果，交往双方都必须遵循一定的交往基本原则。

1. 平等的原则

生活在现实中的每一个人，无论职务高低、知识多寡、贫富差距、身体强弱、年龄长幼、性别差异，在人格上都是平等的。因此，在人际交往中我们绝不能把自己高抬一寸，把别人低放一尺，有意与对方"横着一条沟，隔着一堵墙"，给别人一种"拒人于千里之外"之感。如果在交际中以权压人、以势压人、以强凌弱，把自己看得高人一等，把别人看得一钱不值，那就根本不可能有人人平等，不可能有和谐相处的人际关系了。

2. 尊重的原则

渴望受到尊重是每个人的基本心理需求。在人际交往中，我们对所有的人，不管其地位高低贵贱，都应给予应有的尊重。我们不仅要尊重他人的人格、他人的个性习惯、他人的权力地位、他人的情感兴趣和隐私，还要尊重彼此存在的外显或内在的心理距离，不要轻易地去突破它、破坏它，否则就是对对方的冒犯，势必造成对方的戒备、反感和疏远。

3. 沟通的原则

央视著名节目主持人白岩松曾说："每个生命都需要表白。"那么，与表白如影随形的便是人与人之间的沟通。只有沟通，才能让别人了解自己，同时自己也才能了解别人；只有沟通，才能不断增进彼此的理解，从而减少或避免一些不必要的误会和摩擦。越是不沟通，越是有意设防，就越难使人心达到交融。沟通需要主动，一味地等着别人与自己沟通，等不来"好人缘"。善于沟通者知道根据不同的对象、场合，采取不同的交际方式。沟通总是与口才紧密相连，口才能为你的沟通铺平顺畅的道路，能帮你的交际抒写和谐的乐章。

4. 宽容的原则

俗话说，"尺有所短，寸有所长"。人的性格、特长各有差异，在处理人际关系时不能强求一致。人与人要和谐相处，就要有求同存异、相互谅解、不求全责备的广阔胸怀。既然我们自身都不完美，我们又怎能苛求他人完美无缺呢？在人际交往中，我们对他人的要求不要过分，不要强求于人，而要能让人时且让人，能容人处且容人。人非圣贤，孰能无过？一旦对方犯了错误，我们也不要嫌弃，应给他提供改过的机会，原谅别人的过失，帮助别人改正错误。"海纳百川，有容乃大"。古语云："水至清则无鱼，人至察则无徒"。在工作和生活中，人们总是喜欢和那些宽容厚道的人交朋友，即"宽则得众"。

5. 欣赏的原则

希望得到别人的注意和肯定，这是人们共同的心理需求，而欣赏正是满足这种需求的一种交际方式。人际关系大师卡耐基说："避免嫌弃人的方法，那就是发现对方的长处"。因此，在交际中我们应抱着欣赏的心态来对待每一个人，时时留心身边的人和事，多发现别人的优点和长处。赞美是欣赏的直接表达，有道是"良言一句三冬暖"。一句真诚的赞美往往可以给别人也给自己带来好心情。学会发现别人的长处并由衷地赞美吧，这是促进人际关系和谐的"润滑剂"。

6. 换位的原则

在现实生活中，我们总是习惯从自己的主观判断出发为人处世，因而常导致一些误解的发生。所以，要达到彼此的认同和理解，避免误会和偏见，我们就要学会"换位思考"。所谓"换位"，就是要善于从对方的角度和处境认知对方的观念，体会对方的情感，发现对方处理问题的个性方式。只有设身处地地多为别人着想，才能够最大限度地理解别人，从而找到相处的最佳途径。孔子有言，"己所不欲，勿施于人"，说的就是这个道理。也正如一位哲人所说："你希望别人怎样对待你，你就先怎样对待别人。"因此，交际中只要少一点自以为是，多一点换位思考，就会少一些误解和摩擦，多一些理解与和谐。

7. 弹性的原则

一个人的人际关系不和谐,原因可能是多方面的,其中往往与他交际方式太死板、不留余地有关。因此,我们需要在交际中建立一个“弹性隔离带”,使自己、对方甚至双方都能获得更大的回旋空间,以减少或避免一些不必要的摩擦或伤害。

8. 诚信的原则

孔子说:“人而无信,不知其可。”诚信是无形的“名片”,关乎一个人的形象和品质。在现实生活中,不少人“一切向钱看”,不讲诚信,连自己的亲朋好友都蒙骗,由此使得信誉度降低,严重损害了人与人之间的和谐。面对诚信的缺失,单凭呼唤是不够的,我们每个人都是建设诚信大厦的砖瓦,需要我们从自身做起,从身边的小事做起,如:不要失信他人,对别人有求于我们的事,我们一旦答应了就要尽全力去办。如果因客观原因无法完成,就应向人家解释清楚,求得对方的谅解;要尽可能本色地做人,不要总是戴着一副假面具与人交往,虚与委蛇;不要抱着“没有永远的朋友,只有永远的利益”的想法,以一种“利用”的心态与人交往,甚至做出“过河拆桥”的卑鄙之举;防人之心固然不可无,但也不必处处设防,总是用一种怀疑的眼光来看人,须知猜疑是人际关系的暗礁。

9. 合作的原则

当今社会,人与人之间的竞争日益激烈,但这并不意味着合作变得无所轻重。相反,随着社会分工的精细和工作内容智力成分比重的增加,许多工作依靠个体力量很难完成,而要依靠团队合作来实现。因此,合作是人际交往的基本准则,一个善于交际的人必定是个善于合作的人。在合作基础上竞争,在竞争基础上合作,是人际交往的基本态势。如果只讲竞争不讲合作,那么竞争必定是不择手段的恶性竞争和无序竞争,人际关系的和谐也将无从谈起。所以在人际交往中,我们应予对方多一些支持,少一些拆台;多一些协商,少一些固执;多一些沟通,少一些封闭。只有这样,我们的人际关系才能少一些紧张与摩擦,多一些温馨与和谐。

10. 互惠的原则

在现实生活中,人与人的关系之所以会出现不和谐的音符,产生一些矛盾和摩擦,其中可能与某方面的利益受损有关。因此,要有效化解矛盾,消除摩擦,就不能太自私、“吃独食”,而应坚持“互惠”,追求“双赢”。比如,在交际心态上,不要只顾着自己享受,不让别人舒服,更不能以置对方于死地为后快;考虑问题时不能只为自己着想而不为他人考虑,只顾眼前的利益而不考虑长远利益;在双方意见不能统一时,可跳出“思维定式”,谋求一个折中方案;当利益有争议时,双方要坐下来诚恳协商,必要时不妨都做出一定的妥协。人际关系要达到和谐,必须保持一定的平衡,双方受益,如果一方长期受损,这种关系是长久不了的。在交际中,只要我们肯先退一步,肯把对方的面子给足,肯在自己的底线上留有一定的弹性,肯与对方利益共享,共谋发展,那么,就一定能取得沟通的最佳效果,也一定能使人际关系变得更加和谐。

四、人际交往的心理效应

知人者智，自知者明，通过学习人际关系中的各种心理效应，能避免人际交往中的主观性和片面性，帮助我们正确地认识自己和了解他人，保持人际交往的顺利进行。

1. 首因效应

首因效应在人际交往中对人的影响较大。人与人第一次交往中留下的最初印象，在对方的头脑中形成并占据着主导地位，对双方日后的交往有着强烈的定向作用。这种先入为主的现象即为首因效应。

首因效应

我们常说的“给人留下一个好的第一印象”，这里就存在着首因效应的作用。因此，在交友、招聘、求职等社交活动中，我们可以利用这种效应，展示给人一种极好的形象，为以后的交往打下良好的基础。当然，这在社交活动中只是一种暂时的行为，更深层次的交往还需要综合素质的提升。

2. 近因效应

所谓近因效应，是指在多种刺激出现的时候，印象的形成主要取决于后来出现的刺激。“首因效应”，一般在交往初期，即双方还彼此生疏的阶段显得特别重要，而随着交往的深入，双方已经十分熟悉，这时候“近因效应”的作用就会非常显著。“士别三日，当刮目相看”是近因效应的积极作用；多年不见的朋友，在自己的脑海中的印象最深的，其实就是分别时的情景，这些都是近因效应的表现。

3. 晕轮效应

所谓晕轮效应是指我们在评价别人时，常喜欢从好或坏的局部印象出发，扩散出全部好或全部坏的整体印象，就像月晕(或光环)一样，从一个中心点逐渐向外扩散成为一个越来越大的圆圈，所以有时也称月晕效应或光环效应。当你对某个人有好感后，就会很难感觉到他存在的缺点，就像有一种光环围绕着他，这种心理就是光环效应。“情人眼里出西施”就是光环效应的表现。

晕轮效应对他人认知的最大失误就在于以点概面、以偏概全。“借一斑而窥全豹”。但个别和局部并不一定能反映全部和整体，只凭某一方面的好坏就断定一个人的好坏，无疑是幼稚的。

4. 刻板效应

刻板印象主要是指人们对某个事物或物体形成的一种概括固定的看法，并把这种看法推而广之，认为这个事物或者整体都具有该特征，而忽视个体差异。

5. 投射效应

投射效应是指在人际认知过程中，人们常常假设他人与自己具有相同的属性、爱好或倾向等。“以小人之心，度君子之腹”就是典型的投射。如自私的人总认为别人也很自私；而那些慷慨大方的人认为别人对自己也应该大方。投射效应的实质是忽视个体的差异，由于投射作用的影响，人际交往中很容易产生误解。

6. 互酬效应

所谓“互酬效应”，指人与人在思想、情感、行为、利益等方面的礼尚往来。在人际交往中，互酬效应包含性格互酬、感情互酬、信息互酬、兴趣互酬等方面。“互酬”可增强人际联系，促进人际和谐，是正确处理人际关系的要素。在中华典籍里，崇尚“互酬”的文字和故事比比皆是。如《礼记·曲礼上》言：“往而不来，非礼也；来而不往，亦非礼也。”《朱子家训》曰：“涓滴之恩，当以涌泉相报。”

人际交往是一种双向性的信息、感情传导的过程，只有双方向的“互酬”，人际关系才能在密切的互动中逐渐深化。也许有的同学会说，我投之以桃，对方没有反应，甚至扔我一只烂柿子，或者一块砖头，那可怎么办？这样的情况可能会有，不能排除。但是，个体不能因噎废食。一则个体行善示好是出于本性，并不是一种交易；二则情感互酬本是人际交往的普遍规律，无动于衷者毕竟是少数；三则凡事都有风险，不计风险投资更显出投资者的风度。

7. 期待效应

期待效应又称皮格马利翁效应，源自古希腊的一个神话故事。皮格马利翁是一位雕刻师，他用象牙精心雕刻了一位美丽的姑娘，倾注了他全部的心血和感情。上帝被感动了，使象牙美女获得了生命，成了他梦寐以求的情侣。这就是人们所说的皮格马利翁效应。社会心理学家用这个效应说明，只要热情期待和努力，就能得到所希望的效果。

美国心理学家罗森塔尔和雅各布逊曾进行过“期待效果”的实验。他们在一所小学1—5年级小学生中随意抽取20%左右的学生，告诉任课老师说，心理测试表明，这些学生是全年级学生中智商最高的。结果，这些学生的成绩果然有了很大的进步。这是由于老师加强了对这些学生的期待，在潜移默化中给予了良好激励的结果。期待效应在人际交往中往往有着积极的作用。

上述心理效应，都有可能使我们形成一种偏见，使我们对他人的认识和判断产生偏差。因此，要在人际交往中更好地认识与我们交往的对象，就要有意识地避免这些效应的副作用。

知识链接

人际交往的过程实质上是人与人之间的情感、信息和物资交换的过程，在这一过程中，人际吸引是人与人之间建立交往关系的基础。每一个人，在发出指责“‘你’做得不好”的同时，要想一想“‘我’做得好不好”？人与人之间的相处，需要有边界。透过人际关系，可以发现个体的自我意识方面的问题。

《心的出路》的作者——美国著名的精神科医师伊丽莎白·库伯勒·罗斯认为，没有一种人际关系是失败的，每一种人际关系都是生命赐予我们的礼物，它帮助我们认知自我，悦纳每一个面向的自我，让我们成长。从人际关系中发现自己的本质、内心的恐惧、力量的来源和真爱的意义。

每一种人际关系都是一种创造，是“我”和无数个“你”的相互创造。而我们所创造的丰富的人际关系层面，也将带给我们自己更大的幸福感。

第二节 大学生的人际交往

美国心理学家克特·W·巴克说：“人离不开人——他要学习他们，伤害他们，支配他们……总之，人需要与其他人在一起。”因此，人生需要友情，人生需要交往，人生需要自我形象的推销与展示。不论从事何种工作，都必须学会处理各种人际关系，学会人生的公关。大学期间是学习交往、发展友情的大好时机，但部分学生由于很少融入一些实际活动中，导致不能形成合理的自我评价，也就对自己在所处环境中的地位与角色不能正确认识。加上交往中语言艺术和技术技巧的缺乏，人际交往带给他们更多的是打击和困惑。北京市曾对大学生心理问题产生的根源做了3次较大规模的跟踪调查，结果显示，人际关系适应不良或交往不良已成为诱发大学生心理问题的首因，占40%以上，已经超过了择业的压力、学业的压力以及与异性交往的压力，成为困扰中国大学生四大心理问题之一。

一、大学生人际交往的类型

人际交往是大学生生活的基本内容之一。根据大学生人际交往的对象，可将其人际交往的类型分为以下五种。

1. 师生关系

教师与学生，是大学校园里的两大基本群体。教师是学生人际交往的重要对象，师生关系是学生人际关系的重要内容。师生关系如何，直接影响到学生在学校的健康成长和学习，并在很大程度上决定了学校能不能对学生的身心施加符合社会要求的影响。

教师既是知识的传播者，也是大学生人格模仿的对象。教师对学生深刻的、久远的、广泛的影响不仅仅是课堂上有限的知识传授，更多的是教师无处不在的、无形的且强有力的内在人格和精神。另外，师生关系又是一种业缘关系，师生之间心理距离小，心理相容度高，教师对学生充满关爱，学生对教师敬仰，师生关系是一种纯洁而无私的人际关系。所谓“亲其师，信其道”便是这个道理。

2. 同学关系

同学关系是大学生人际关系中的基本关系。但同学间的交往最普遍、最微妙，也最复杂。一方面，大学生年龄相仿，经历相同，兴趣爱好相近，又共同生活在一个群体中，学习相同的专业，沟通与交往容易；另一方面，大学生来自不同的地域、不同家庭背景，生活习惯和个性气质有差异，再加上大学生之间空间距离小，交往密度高，而且自我空间相对狭小，对人际交往的期望较高，一旦得不到满足，容易采取消极退避的态度。

3. 亲子关系

亲子关系是一种特殊的社会关系，它是人们生命过程中最早参与的人际关系，也是人一生中最为持久的人际关系。大学生与父母的关系大多数比较协调，一方面此时更多的父母开始采取平等的态度对待子女，尊重子女的独立性与自主性；另一方面大学生能够孝敬父母，理解父母，经常与父母进行沟通。但也有部分大学生与父母的关系出现紧张性的矛盾。这种矛盾的出现有多种原因。首先是由于大学生正处于心理发育的过渡期，不能正确地看待和处理与长辈之间的“代沟”问题；其次是由于大学生生活环境和阅历的变化，产生了对父母认识上的改变；最后也由于有些家长依然习惯对子女事事包办代替，无形中剥夺了大学生的独立性与自主性。因此大学生要特别注意加强与父母之间的沟通，应该对父母有更加全面、客观、合理的认识，力争使亲子关系随着自身的发展和成熟而更加协调。

4. 网络交往的人际关系

网络拓展了人类交往的空间，网络交往已经成为一种重要的新型人际交往方式。一般来说，网络人际交往对大学生来说具有双重效应：一方面是积极影响，有的大学生通过网络结交了许多朋友，获取了很多有价值的信息，开拓了思路，使自己受益匪浅。另一方面是消极影响，有的大学生患上了网络人际依赖症，他们将虚拟当作了现实，过度热衷于网络交往，过分迷恋在网络上产生的友谊或爱情，并幻想用这些虚拟的人际关系取代现实的人际关系。他们与周围的人没有共同语言，缺乏社会沟通和人际交流，容易出现孤独不安、情绪低落、思维迟钝、自我评价降低等症状，严重的甚至出现自杀意念和行为。

5. 社会交往的人际关系

大学阶段对人际沟通能力提出了更高的要求。就业压力日益增大的大学生们要想在激烈的竞争中脱颖而出，找到理想的工作，较强的社会交往能力是必不可少的条件。加入学生社团、参加社会公益活动、勤工助学等积极健康的社会实践活动是扩大社会交往面的重要途径。通过各种社会实践活动，大学生们既可以增加对社会的了解，也可以扩大社会交往的范围，还能够提高自己独立谋生的本领。

二、大学生人际交往的特点

1. 交往需求强

正处于青春期的大学生作为一个特殊群体，渴望独立、思想活跃、精力充沛、兴趣广泛，人际交往的需要极为强烈。他们力图在人际交往中去认识世界，获取友谊，渴望在同龄人中建立能够充分交流思想、互相信任的交往关系，获得同伴的接受、认可、尊重、信任，以保持情绪的稳定和足够的自尊心、自信心。

2. 开放主动性

大学生的交往意识很强，范围也在不断扩大。交往对象从本班、本年级到本系和本校的同学。交往形式灵活多样，如各种社团活动、联谊活动、集体郊游、学术探讨、文化沙龙等。社会活动日益增多，他们走出校园，深入社会，了解社会并积极服务社会。

3. 平等独立性

随着自我意识的不断发展，大学生独立和自尊的要求日益增强，于是产生了强烈的“成人感”，不愿别人把他们看成是不成熟的孩子，对于交往的平等性要求越来越高。他们既对他人平等相待，也希望他人能够平等待己。所以他们往往选择与自己经历相似的同辈交往而远离父母，期望交往的对象真诚、坦率，心理相容，彼此尊重，讨厌对方居高临下，盛气凌人。这种平等主要体现为人格上、精神上的平等。

4. 富于理想化

大学生在日常交往中总是有着较高期望值，充满理想色彩。他们崇尚高雅，鄙视庸俗，崇尚真诚，鄙视虚伪。他们希望交往对象是纯洁的、真诚的，没有任何功利色彩，友谊和感情是至关重要的。但在实际的交往中，并不是所有交往都能令人满意，像想象的那样好，理想与现实的差距又往往使他们产生强烈的反差感和失落感。

5. 渴望异性交往

大学生青春期的生理和心理特点，决定了大学生两性交往的迫切愿望，并有浓厚的感情色彩。大学生愿意与异性建立友谊，但与异性交往是一个敏感话题，种种的误区往往会混淆大学生的分辨能力，使他们感到异性之间交往不如儿童时期随便，变得处处受拘束，使大学生对异性间的友谊很不自信，似乎纯洁的友谊已不存在，不知如何处理男女生关系。

案例精选

王某，女，某高职院校二年级学生。入学一年半了，她感觉和同学的关系总是处不好。她认为，不知道从什么时候起，周围的同学都不喜欢她，甚至讨厌她，有的同学一见到她扭头就走，有的人还在背后议论她。为此，她心里很烦，不知道周围的人为什么不喜欢她。她也十分想获得其他同学的好感与尊重，但就是苦恼不知道应该怎样做。

分析 王某的苦恼主要表现在人际关系方面，同学关系处不好，不为别人接纳，认为大家都不喜欢自己，为此心烦。一方面她渴望与同学处好关系，有他人信任和尊重，让别人喜欢的愿望，但另一方面又缺乏必要的知识。因此，她应该学习和掌握一些人际交往的基本原则和必要知识，同时要冷静地从自己的为人态度、性格特征、思想方法等方面找找原因，也可态度诚恳地主动找几个同学聊聊，请他们帮自己找找原因。

三、大学生人际交往的意义

人际交往是个体生活中的一个重要组成部分,通过人际交往建立起来的人际关系是个体生活的基础。大学生的人际交往是大学生人际活动的特殊产物,是其大学生活中一个不可忽视的重要方面。良好的人际关系有助于个体提高自信,使个体感到心情舒畅,体会到温暖和满足。

1. 人际交往是大学生正确认识自我的重要途径

大学生正确认识自我要通过个人与他人的相互交往才能够实现。具体地说,就是指从他人对自己的评价和态度,从和他人关系中认识自我形象,从与别人的比较中认识自我,即我们常说的"以人为镜"。把他人的态度和反映作为判断自己的重要参照系,通过自己在他人身上的映像来审视自己人生态度、人格状况、人际关系等方面的情况,并以此来警示自己,教育自己。而且要正确认识自己和周围的环境,才能形成良好的自我形象,塑造完美的人格。同时,恰当的自我认知既能使人避免夜郎自大,又能使人摆脱自卑感。

2. 有助于大学生学习知识和开发智力

在当今信息时代,大学生在交往过程中获得的信息可对学习起到积极的作用。书本上的知识毕竟是有限的,而人际交往是获取新知识的有效途径。同时,人际交往中的信息交流有利于启迪思维、开发智能。由于知识的局限,加上社会经验不足,大学生看问题难免陷入僵局,而在与老师、同学的交往中,畅所欲言,思维撞击,就会产生新的思想火花,使自己茅塞顿开。

3. 有助于大学生走向社会化

人际交往是个人社会化的起点和必经之路。社会化即个人学习社会知识、生存技能和文化,从而取得社会生活的资格,开始发展自己的过程。如果没有其他个体的合作,个人是无法完成这个过程的。从人际关系中得到信息、机遇、扶助就可能助自己走上一条成功之路。如果没有其他个体的合作,个人是无法完成生活必需的知识技能的。学会与人平等相处,才能自立于社会,取得社会认可,成为一个成熟的、社会化的人。

4. 有利于大学生的身心健康

现代心理学研究证实,人类的心理疾病大多是人际关系失调所致。与人发生冲突会使人心灵蒙上阴影,导致精神紧张、抑郁,不但可致心理障碍,而且可刺激下丘脑,使内分泌功能紊乱,进一步引起一系列复杂的生理变化。如果能时常与人保持良好的交往状态,则会心情舒畅。通过人际交往体现人与人之间的爱护、关怀、信任与友谊,是精神需要得到满足的重要内容。大学生在彼此的交往过程中,相互倾诉喜怒哀乐,进行感情交流,获得心理上的满足感,增进彼此之间的亲密感。通过交往,大学生能满足生理、心理上的需要,培养良好的情绪、开朗的性格和乐观的生活态度,促进自己的身心健康。

四、大学生人际交往常见的心理问题

在现实生活中,大学生虽然有强烈的交往动机,也认识到交往在社会生活中的重要作用,但不少人因个性特征、认知能力欠缺、人际交往技巧缺乏而使人际关系处于紧张状态,引发各种心理问题。因此,分析大学生人际交往中常见的心理问题,积极寻找对策,有针对性地给予相应辅导帮助,排除交往中的心理障碍,对增强大学生人际交往能力,改善人际关系以适应未来社会生活等都具有重要的意义。大学生人际交往中常见的心理问题有以下两种。

1. 认知偏差

在交往中凡是没有正确认识自己或他人就会导致认知偏差。主要表现为:

(1) 对自我的认知偏差

这种偏差是指没有摆正自我在人际关系中的位置,过低或过高地评价自己。对自我的认知偏差又可表现为自恋、自卑、自我中心这三种形式。自恋者常表现出过分关心自我,欣赏自我,抱怨别人不重视自己;自卑者往往是过低评价自我,封闭自我,不愿与人交往;而自我中心者则处处表现以自己的需要和兴趣为中心,只关心自己的利益得失,不考虑别人。

(2) 对他人的认知偏差

心理学研究表明,对交往对象与交往关系的看法和态度直接影响到人际互动关系的性质和趋势,人们在认识交往对象时容易产生一些常见的心理效应而导致对他人的认知偏差,如首因效应、晕轮效应等。

心理故事

俄国著名的大文豪普希金曾因晕轮效应的作用吃了大苦头。他狂热地爱上了被称为“莫斯科第一美人”的娜坦丽,并且和她结了婚。娜坦丽容貌出众,但与普希金志不同道不合。每次当普希金把写好的诗读给她听时,她总是捂着耳朵说:“不要听!不要听!”相反,她总是要普希金陪她游乐,出席一些豪华的晚会、舞会,普希金为此丢下创作,弄得债台高筑,最后还为她决斗而死,一颗文学巨星因此过早地陨落。在普希金看来,一个漂亮的女人必然有非凡的智慧和高贵的品格,然而事实并非如此。

2. 人格障碍

人格障碍指一个人的品质不够健全,性格、气质上有某些消极因素,如自卑感、怯懦心理、孤僻性格、偏执人格、嫉妒心理、控制欲强、霸道心理等,这些极易导致交往障碍。常见的影响大学生人际关系的人格障碍主要有以下八种。

(1) 孤僻心理

交往本身应是交往者之间的互动过程,其前提应是互相开放、相互作用。有些人由于受社会条件、自然环境或个性特征的限制，形成一种封闭心理。他们倾向独处，不热心与人交往，即使参与群体活动，也是身到心不到，沉默寡言，我行我素，内心封闭自守，长期下去，就形成了一种孤僻心理。孤僻心理堵塞人与人之间信息流通的渠道，隔离彼此间的感情交流，是一种严重的交往心理障碍。

(2) 羞怯心理

同孤僻心理一样，羞怯心理也属于封闭型心理。现实生活中羞怯的人较为普遍，他们同人谈话会面红耳赤，胆战心惊。有的人同亲人、熟人交谈滔滔不绝，但一遇到陌生人，一到大庭广众之中，就手足无措，语无伦次，这是羞怯心理在作祟。羞怯心理的产生有两方面因素：一是先天遗传的神经活动类型；二是后天的心理发展状况。主要因素是后者。过于自卑、神经敏感、害怕失败等，时间长了就形成心理定式。

(3) 褊狭心理

褊狭，即"偏执、狭隘"的意思。具有褊狭心理的人，待人接物以利相投，利尽而止，嫉恨别人超过自己，斤斤计较个人利害得失，容易生气、记仇、报复、虚伪、敏感。历史上战国时期庞涓看到孙膑才干超过自己，蓄意陷害孙膑；《水浒传》中称雄梁山的王伦，百般刁难林冲；《三国演义》中的曹操，误杀吕伯奢，这些都是褊狭心理的典型例证。

(4) 嫉妒心理

具有嫉妒心理的人，嫉妒别人的才干和能力，怕别人超过自己。他们只求索取，不思回报，对别人总是留一手，决无诚实、忠厚和信任可言，一般人也不可能愉快地与之交往。嫉妒心理是一种深藏于心中的情感，经过内心的加热、发酵或膨胀，最后会以歪曲的形态爆发出来，如不服输、不愉快、敌视、自惭、自怨等。

(5) 猜疑心理

交往的前提是相互信任，而猜疑心重的人，常小肚鸡肠、作茧自缚、戒备森严，很难与人广泛交往。猜疑心理的产生与假想目标有关。这种人的思想常从假想开始，越想越像，自信无疑。有猜疑心理的人总是从负面看待人和事，总觉得自己时时受到威胁，久而久之，发展到除了自己谁也不信任的地步。

(6) 自卑心理

自卑是对自己的能力和品格做出过低的评价，认为自己在某个方面或几个方面不如他人。其产生主要来自主观思维方法中的归因不当。例如，学习成绩不好，不从学习态度、刻苦程度、学习方法等方面寻找原因，而仅归结为天赋不高、能力低下，并认为这是不可逆转的，因而自惭形秽、自暴自弃，产生自卑心理。有自卑心理的人大多较为敏感、缺乏自信，处事过分谨慎，往往羞怯封闭、害怕交往，甚至会形成"社交恐惧症"等严重的心理障碍。

(7) 自负心理

自负心理常表现为个体以自我为中心，对交往对象的外在排斥，产生轻视他人的言语和行为。自负者自命不凡，脱离实际，轻视别人，对己对人都不能给出正确的评价，结果往往使自己陷入孤芳自赏、妄自尊大的盲目之中，终将被朋友所抛弃。自负心理与信任、平等、友善、互补的交往原则相悖，是一种不良交往心理。

(8) 逆反心理

逆反心理是指在特定条件下，交往者刻意产生一种与被交往者意愿相反的心理现象，常伴有抵触、厌烦、懈怠、抗议等反应。这些反应无法使交往双方情感相融，信息相通。具有逆反心理的人，往往过于在乎别人的方式方法，易钻牛角尖，易从负面思考，一旦不满时，反应比较激烈，好走极端。逆反心理既有妨碍交往的一面，又有寻求重新建立交往关系的一面，若能因势利导，也许会另有收获。

阅读思考

2015 年，小李以较为优异的成绩考入了某高职院校，但在开学的第二天，他的父亲便接到了学校辅导员的电话："你快过来一下吧，你儿子心理出问题了。"李先生忐忑不安地赶到学校，打量着眼前的儿子，小李低着头，眼神恍惚紧张。他关切地拉起儿子的手，手心潮潮的，小李在出汗。"我觉得别人都在看我，周围人都在威胁我……"小李声音颤抖。回想起儿子离家时的情景，李先生才意识到，小李的心理问题早有先兆。

十几个小时的火车旅途中，儿子总是低着头不看人，总趴在茶几上。坐出租车时，连司机都不敢看。辅导员告诉李先生，报到第二天，小李就哭着说自己心理出了问题。在学校心理咨询中心，小李被诊断为社交恐惧症。李先生不明白，从初中起就住校的儿子怎么会怕和人交往？从心理辅导老师那里，他了解了儿子的心路历程。小李早在高中时就产生了自卑情绪，见到陌生人就会紧张，负面情绪在他心里慢慢堆积。"初中时一个月、高中时一学期，儿子才回家一次。可每次他回来，我只知道买东西，鼓励他好好学习，很少问问他心里的想法。"李先生后悔不迭。

分析　小李表现为不敢与别人交往，而且情况比较严重。这是负面情绪累积的结果，由于没有得到及时的疏通，导致情况越来越严重，最终影响到了小李的身心健康。如果在初高中时，家人能够及时地发现这种情况，采取一定的措施，如多与孩子沟通并鼓励孩子多与同学沟通等，就不会演化成如今的社交恐惧症了。

知识链接

印度狼孩的故事

1920 年在印度加尔各答发现两个狼孩：8 岁的卡玛拉和 2 岁的阿玛拉(后者体弱，不久死亡)。由于她们自幼在狼窝里长大，脱离人类社会，所以不会说话，只会如狼嚎叫，昼伏夜行，四肢爬行，吞食生肉。在印度人辛格的耐心抚育下，卡玛拉两年才学会站立，四年学会 6 个单词，六年才会走路，在她 17 岁临死时，只具有 4 岁儿童的智力水平。正是由于缺乏人际交往，得不到社会环境的熏陶，印度狼孩失去了人的心智和本性。

如果一个人长期被剥夺了与人交往的机会，缺乏社会交往的环境，就无法拥有正常人的心理，因而难以适应社会，难以在社会上独立生存和发展。

古语讲，“人生不能无群”。一个人只要活在世上，就离不开与人相处，人与人相处、相识就产生了人际关系。人一生的成长、发展都与和他人的交往分不开。正如一位哲人说的，“人生的美好是人情的美好，人生的丰富是人际关系的丰富”。对当代大学生来说，良好的人际关系是维护身心健康的基本条件。因此，如何建立良好的人际关系、提高人际沟通的能力，是每一位大学生必须要学习的技能。

第三节 大学生人际交往能力的培养

良好的人际关系不仅是大学生心理健康水平、社会适应能力的综合体现，也是大学生身心健康和发展的重要内容和基础条件。人际关系的质量对其在校期间的学习生活有着重要影响，也是大学生今后事业发展与人生幸福的基石。每个成长中的大学生，在人际交往中都会或多或少出现这样那样的问题。究竟该如何改善人际关系，加强人际交往能力，是每个大学生迫切希望解决的问题。

一、建立健康的人际交往模式

美国著名心理学家爱利克·伯奈依据个体对自己和他人，提出了四种人际交往模式：我不好—你好，我不行—你行（自卑、恐慌）；我不好—你也不好，我不行—你也不行（不喜欢自己也不喜欢别人）；我好—你不好，我行—你不行（骄傲自大，自以为是）；我好—你也好，我行—你也行（理性、理解、宽容、接纳）。

1. “我不好—你好”“我不行—你行”

著名心理学家阿德勒指出，人在生命的初始阶段是依赖于周围的人而生存的，与周围的成人相比，儿童常常感到自己的无能，因而从小就有自卑感，因而在潜意识中形成了“我不行—你行”的心理模式。人的成长过程也就是逐渐克服这种心态的过程。有的同学由于在个体社会化过程中，尚未完全摆脱儿时形成的这种心理行为模式，因而在人际交往中常常表现出不同程度的自卑和恐慌，最为极端的表现是社交恐惧症。

2. “我不好—你也不好”“我不行—你也不行”

这种交往模式常常表现为不喜欢自己也不喜欢别人，既看不起自己也看不起别人，既不会去爱人也不能体验和接受他人。

3. “我好—你不好”“我行—你不行”

这种交往模式常常表现为充满优越感，骄傲自大，自以为是，总以为自己是对的，别人是错的。如果自己对别人好而别人对自己不好,就会为此感到愤愤不平。把人际交往失败的原因都归咎为他人的责任。

这三种交往模式都会阻碍人际交往,并且不利于心理发展和心理健康。

4. “我好—你也好”“我行—你也行”

这是一种成熟的、健康的交往模式。相信自己也相信他人、爱自己也爱他人。这种人不是十全十美的人,却能客观地悦纳自己和他人,正视现实,并努力去改变自己能改变的事物,善于发现自己、别人和外部世界的光明面,从而使自己保持一种积极的、乐观的、进取的、和谐的精神状态。

二、掌握人际交往的技巧

1. 语言艺术

“良言一句三冬暖,恶语伤人六月寒。”这句话告诉我们交往时要注意运用语言的艺术。语言艺术运用得好,就能优化人际交往。相反,如果不注意语言艺术,往往在无意间出口伤人,容易产生矛盾。

大学生人际交往的技巧

(1) 称呼得体

称呼反映出人们之间心理关系的密切程度。恰当得体的称呼,使人能获得一种心理满足,使对方感到亲切,交往便有了良好的心理气氛;称呼不得体,往往会引起对方的不快甚至愤怒,使交往受阻或中断。所以,在交往过程中,要根据对方的年龄、身份、职业等具体情况及交往的场合、双方关系的亲疏远近来决定对方的称呼。对长辈的称呼要尊敬,对同辈的称呼要亲切、友好,对关系密切的人可直呼其名,对不熟悉的人要用全称。

(2) 语言表达恰当

① 正确运用语言,表达清楚、生动、准确、有感染力、逻辑性强,少用土语和方言,切忌平平淡淡、滥用辞藻、含含糊糊、干巴枯燥。

② 语音、语调、语速要恰当,要根据谈话的内容和场合,采取相应的语音、语调和语速。

③ 讲笑话要注意对象、场合、分寸,以免笑话讲得不得体,伤害他人的自尊心。

(3) 适度赞美

每个人都希望别人赞美自己的优点。如果我们能够发掘对方的优点,进行赞美,他会很乐意与你多交往。但是赞美要适度,要有具体内容,绝不能曲意逢迎。真诚的赞美往往能获得出乎意料的效果。

(4) 巧用幽默

幽默是智慧的结晶,是一种高超的语言艺术。幽默能调节气氛,消除疲劳,化解冲突,使交往充满轻松和快乐。

（5）避免争论

大学生喜欢争论，但争论往往是在互不服输、面红耳赤、不愉快中结束。有时甚至会演变成对他人的人身攻击。因此大学生要尽量避免争论，而要通过讨论、协商的途径解决分歧。

语言艺术运用得好，就能吸引和抓住对方，从内容到形式满足对方的心理需要，使交往关系密切起来。

知识链接

多种交往实践

每天待在房间里，一个人反复朗读文章。

与陌生人聊天。

和观念不同的人交流看法。

参加演讲。

当辩论赛的辩手。

赞美别人。

说出自己的真实感觉。

培养多样化的兴趣，积极参加各种社会活动。

从小学到大学，说了十几年的话，你完全有理由相信自己是“能说”的。那么，交往的问题在哪里？问题的关键是你要有在他人（尤其是陌生人）面前开口说话的勇气和信心。因此，“说吧，说你想说的一切吧！”

2. 非语言艺术

非语言方式也是交往沟通的重要途径，是指人际沟通过程中人们运用自己的肢体语言以及肢体动作和周围的环境因素等交流思想、情感和信息的沟通形式。主要包括：

（1）肢体语言

掌握和运用好这种交往艺术，对大学生搞好人际交往是必不可少的。“眼睛是心灵的窗户”“眼睛像嘴一样会说话”。面部表情是内心情绪的外在表现，它们均能表达人的态度和情感。如眉飞色舞表示内心高兴，怒目圆睁表示愤怒等。交往中还可用人体动作来表达思想。大学生在人际交往中根据谈话的内容和场合，正确运用非语言艺术，巧妙地表达自己的思想感情，有时能起到“此时无声胜有声”的作用。非语言艺术要运用得恰到好处，不可过于频繁和夸张，以免给人手舞足蹈之感。

知识链接

据美国心理学家保罗·艾克曼的研究，面部表情可分为最基本的六种：惊奇、高兴、愤怒、悲伤、藐视、害怕。他发现不管生活在世界上哪个角落的人，表达这最基本的六种感情的面部表情都是相同的。1966年,他曾把一些白人的照片拿到新几内亚一个处于石器时代的部落中,那里的岛民与世隔绝,以前从未见过白人,但他们都能正确无误地说出照片上白人的各种表情是什么意思。他还发现,生来就双目失明的人,虽然从未见过别人的面部表情,却能以同样的面部表情来表情达意。科学证明,面部表情是由7 000多块肌肉控制的。这些肌肉的不同组合,甚至能使人同时表达两种感情,如生气和藐视,愤怒加厌恶等。

可见,容貌只告诉人们你出自什么模型,而唯有表情才说明你是谁,你是个什么样的人。因为表情后面是你的生活经历、学识修养、心态人格。

(资料摘自 http://www.lansin.com/art/102770.html)

(2) 学会有效地聆听

人际关系学者认为"倾听"是维持人际关系的有效法宝,几乎所有的人都喜欢能听他讲话的人。在沟通时,作为听者要少讲多听,不要打断对方的谈话,最好不要插话,要等别人讲完之后再发表自己的见解;要尽量表现出聆听的兴趣,听别人讲话时要正视对方,切忌小动作,以免对方认为你不耐烦。力求在对方的角色,设身处地地考虑问题,对对方表示关心、理解和同情,不要轻易地与对方争论或妄加评论。

知识链接

学会倾听

1. 倾听时,一定要凝视说话者。
2. 和对方谈话是,应稍稍前倾一下身体。
3. 向对方表示,你关心他说话的所有内容。
4. 掌握时机,提出问题。
5. 不要中途打断对方,让他把话说完。
6. 忠于对方所讲的话题。
7. 配合对方的语气,提出你自己的意见。
8. 不要以自我为中心,不要有预设立场。

3. 努力增强自己的人际魅力

人际魅力是增强人际吸引的成分,往往能通过人际吸引而显现出来。一般而言,相互满足程度越高,心理关系就越亲切,人际吸引力就越大;相互满足程度越低,则心理距离越大,人际吸引力就越小。那么,大学生如何增强人际吸引力,做一个受欢迎的人呢?

(1) 努力建立良好的第一印象

怎样表现才能给人留下良好的第一印象呢?心理学家卡耐基在其著作《怎样赢得朋友,怎样影响别人》一书中总结出给人留下良好的第一印象的六种途径:①真诚地对别人感兴趣;②微笑;③多提别人的名字;④做一个耐心的听者,鼓励别人谈他们自己；⑤说符合别人兴趣的话题；⑥以真诚的方式让别人感到他很重要。

(2) 塑造个人的内外气质

追求美、欣赏美、塑造美是人的天性。美的外貌、风度能使人感到轻松愉快，并且在心理上构成一种精神的欣赏。所以，大学生应恰当地修饰自己的容貌，扬长避短，注意在不同场合下，选择样式和色彩符合自己的服装，形成自己独特的气质和风度。同时，大学生应注意追求外在美和内在美的协调一致。随着时间的推移，交往的加深，外在美的作用会逐渐减弱，对他人的吸引会逐渐由外及内，从相貌、仪表转为道德、才能。

(3) 培养良好的个性特征

生活中，大家都愿意与良好性格的人交往，没有人愿意与自私、虚伪、狡猾、性情粗暴、心胸狭隘的人打交道。因此，良好的个性特征对建立良好的人际关系有吸引作用，不良的个性特征对建立良好的人际关系有阻碍作用。

(4) 加强交往、增进关系

心理学研究表明，人与人之间空间距离上的接近，是促进人际吸引的重要因素。因为人与人之间空间位置上越接近，彼此交往的频率就越高，越有助于相互了解、沟通情感、增进关系。大学生同住在一起，接触密切，这是建立友情的良好的客观条件。应充分利用这一条件，与同学保持适度的接触频率，才能保持良好的人际关系，切忌“有事有人，无事无人”。

人际交往关系到我们一生的成败、幸福，我们不能不重视它。如何正确处理好人与人之间的关系是一门学问，更是一种艺术。但是，掌握这门艺术的关键是我们对人性的了解和掌握，了解自己的长处和局限，并不断地完善自己，我们就能减少防卫，更坦然地走向他人，更自信地与他人交往。

心理训练

1. 对照下列两种说法，想一想，你通常会怎样跟同学说话。

消极的说法	积极的说法
“班里同学没啥品位，难找知己啊！”	“同学身上有好品质值得我学习！”
“班里竞选班委，关我什么事。”	“我要珍惜这次竞选的机会，多锻炼自己。”
“要是世界上有个地方只有我一个人就好了。”	“拥有朋友真的是件快乐的事。”
“他们这么热情是对我有所企图吧？”	“无论有什么企图，我都应该热情待人。”
“同桌与身后的同学说笑，肯定在笑我！”	“肯定遇到开心的事了，这么高兴！”
“他的奖学金肯定是走后门得来的。”	“恭喜你，兄弟，别忘请客哟！”
“她算什么班花，不打扮丑死了。”	“你今天好漂亮啊，这头发在哪儿做的呀？”
“他好优秀，我才比不上他呢。”	“只要我努力，就会有进步。”
“我长得丑，同学都不愿和我交朋友。”	“心灵美比外貌的美要持久得多。”
“这人怎么不搭理我，有什么了不起！”	“他可能忘了戴隐形眼镜，没有看清我。”
“太没礼貌了，懂不懂怎么尊重人！”	“也许他正在想什么问题呢。”

2. 请班上一个同学做活动组织者，做以下事情：

(1) 发给每人一张卡片，请大家在卡片上写自我介绍，不写姓名，内容可以包括性格特点、能力、兴趣爱好、对人生最大的感触和打算、最喜欢的名言警句、对自己影响最大的人等。形式多种多样，自由发挥。如：可以用图表来表示，也可以用文字或符号等。

(2) 把卡片收集到一起，打乱顺序，班中每个同学从中抽一张。

(3) 根据抽到的卡片试着去寻找它的主人，然后与他对话(20 分钟左右)。

(4) 暂停交流，收回卡片，组织者随意从中抽出一张，念出上面的内容并请卡片的主人给大家说说他的故事。

(5) 同学们谈这次活动的感受和体验。

如果我们不主动出击，就难以"打破人际寒冰"，只有互相交流，才能增进熟悉度和心理交融程度。

教学检测

(1) 人际交往的含义？

(2) 简单概述人际交往的类型？

(3) 人际交往的特点有哪些？

(4) 大学生人际交往的影响因素是什么？

(5) 大学生人际交往中的常见心理问题有哪些？

(6) 在人际交往中如何增强自己的人际魅力？

(7) 大学生在宿舍人际交往中要注意哪些问题？

(8) 人际交往的基本原则有哪些？

(9) 大学生人际交往应注意哪些技巧？

(10) 简述人际交往中的心理效应。

拓展阅读

人际交往的距离

据文化人类学家爱德华·霍尔的观察，人们在人际交往中用了八种距离来反映人与人之间的亲密感，人们也自觉或不自觉地应用此来营造良好的人际关系。这八种距离如下：

1. 密接距离——接近式(0～15 cm)

这种距离用于爱抚、格斗、安慰和保护。其使用者有着非常亲密的关系，语言交流的作用减小。

2. 密接距离——远离式(15～45 cm)

这种距离能够用手触碰到对方的身体，使用者关系很密切。但在拥挤的空间里，人们彼此保持这样的距离却不反映密切关系。

3. 个体距离——接近式(45～75 cm)

能够抱住对方、抓住对方的距离,能够看清对方的表情。夫妻间进入这个距离是很自然的,其他异性进入这个距离的话就会引起误会。

4. 个体距离——远离式(0.75~1.2 m)

两人伸出手就能触碰到对方身体的距离,用于处理个人事宜的时候。

5. 社会距离——接近式(1.2~2.1 m)

这种距离超过了身体的接触界限,工作时与同事之间保持的就是这种距离。以这种距离俯视他人时会产生一种威压效果。

6. 社会距离——远离式(2.1~3.6 m)

这种距离用于注重形式的工作会谈,既可以不管他人专心做自己的事情,又不会给他人增添麻烦。

7. 公众距离——接近式(3.6~7.5 m)

在 4 m 左右的距离中,会出现或多或少的问答,言者与听者之间保留了一些余地。

8. 公众距离——远离式(7.5 m 以上)

用于演讲或演说的时候,个人性的交流比较困难。

心理测试

大学生人际关系心理测试

这是一份大学生人际关系行为困扰的诊断量表,一共有 28 个问题,请你根据自己的实际情况,逐一对每个问题做出“是”或“否”的回答。为了保证测验的准确性,请认真作答。

1. 关于自己的烦恼有口难开。
2. 和生人见面感觉不自然。
3. 过分地羡慕和忌妒别人。
4. 与异性交往太少。
5. 对连续不断的会谈感到困难。
6. 在社交场合,感到紧张。
7. 时常伤害别人。
8. 与异性来往感觉不自然。
9. 与一大群朋友在一起,常感到孤寂或失落。
10. 极易受窘。
11. 与别人不能和睦相处。
12. 不知道与异性如何适可而止。
13. 当不熟悉的人对自己倾诉他的生平遭遇以求同情时,自己常感到不自在。
14. 担心别人对自己有什么坏印象。
15. 总是尽力使别人赏识自己。

16. 暗自思慕异性。

17. 时常避免表达自己的感受。

18. 对自己的仪表(容貌)缺乏信心。

19. 讨厌某人或被某人所讨厌。

20. 瞧不起异性。

21. 不能专注地倾听。

22. 自己的烦恼无人可倾诉。

23. 受别人排斥,感到冷漠。

24. 被异性瞧不起。

25. 不能广泛地听取各种意见和看法。

26. 自己常因受伤害而暗自伤心。

27. 常被别人谈论、愚弄。

28. 与异性交往不知如何更好地相处。

计分标准:

选择“是”的加1分,选择“否”的给0分。

结果解释:

如果总分在0～8分,说明你在与朋友相处上的困扰较少。你善于交谈,性格比较开朗、主动、关心别人。你对周围的朋友都比较好,愿意和他们在一起,他们也都喜欢你,你们相处得不错。而且,你能从与朋友的相处中,得到许多乐趣。你的生活是比较充实而且丰富多彩的,你与异性朋友也相处得很好。一句话,你不存在或较少存在交友方面的困扰,你善于与朋友相处,人缘很好,能获得许多人的好感与赞同。

如果你的总分在9～14分,说明你与朋友相处存在一定程度的困扰。你的人缘一般,换句话说,你和朋友的关系并不牢固,时好时坏,经常处在一种起伏之中。

如果你的总分在15～28分,说明你与朋友相处的困扰比较严重,分数超过20分,则表明你的人际关系行为困扰程度很严重,而且在心理上出现较为明显的障碍。你可能不善于交谈,也可能是一个性格孤僻的人,不开朗,或者有明显的自高自大、讨人嫌的行为。

第八章

大学生恋爱与性心理

名人名言

爱情可能是恒久的，那是一份坚贞和执着；但也可能是很脆弱的，那是当你存有太多幻想，而又不太肯忍受现实的缺点的时候。能维持长远的爱情，其中定有很多的宽容和谅解。

——罗　兰

人间之可爱，就在于它的有情有爱有牵绊。

——杏林子

爱情的意义在于帮助对方提高，同时也提高自己。

——车尔尼雪夫斯基

小刘是个痴情的女孩，半个月前刚与男友分手。在与男友分手的半个月里，小刘整日神情恍惚、茶饭不思、以泪洗面，靠回忆以往相爱的日子度日。往事历历在目，爱情的誓言还在耳畔回荡，小刘被绝望紧紧包围着，夜夜辗转难眠。她越来越不明白，我那么爱他，对他百依百顺，为他付出了一切，为什么还留不住他的心？到底什么是爱情？世界上究竟有没有爱情？我还能够相信爱情吗？带着这些困惑，小刘走进心理咨询中心求助。

爱情是人类永恒的话题。法国作家雨果曾这样给爱情定位：人生有两次出生，头一次是在开始生活的那一天；第二次则是在萌发爱情的那一天。“爱情即人生”可以作为这位伟大的作家对爱情的定义。也有人认为，每个人的爱情都是一部电影，自己是这部电影的主角兼导演，自己诠释的这部电影到底是艺术片、悲情片、无声片、商业片、灾难片还是色情片都取决于自己对待爱情的态度。归根到底，爱情需要自己来把握。对于大学生而言，爱情已不再是禁忌，爱与被爱都是正常的情感需要。

第一节　爱情概述

爱情是人类特有的精神活动，是人生观、价值观以及世界观在情感上的具体表现，是包含了生理、心理和社会诸多因素的复杂现象。人类通过清醒的自我意识和无限的想象力，构成了复杂深刻的精神活动，在此基础上产生了令人魂牵梦绕的爱情。台湾女作家李昂说：真正的爱情是建立在两个自由人的彼此了解和认识上，爱人们应该去体会彼此间相同和相异之处，任何一方都不应该放弃因为自我而造成的差异，因而任何一方都不会遭受损失。

一、什么是爱情

什么是爱情？有人说爱是牺牲，有人说爱是奉献，有人说爱是索取，还有人说爱是浪漫的、爱是有激情的、爱是永恒的。究竟什么是爱情？

心理学认为，爱情是身心发展基本成熟的异性个体相互之间产生的具有浪漫色彩和性色彩的强烈人际吸引。这一定义指出了爱情的三个特征：

1. 个体的身心发展到基本成熟才会产生爱情

身心基本成熟是指身体(特别是神经系统)的发育基本成熟，智力发育成熟，初步具备辩证思维能力，自我意识趋于成熟、完整和稳定，人生观和价值观初步形成，思想和行为符合社会规范，具备较强的社会适应能力。

2. 爱情是发生于异性个体相互之间的

也许有人会问同性恋算不算爱情呢？人分男女两性，两性结合是自然进化的结果，违背这种自然规律不利于人类的繁衍和发展，社会文化为了保证人类的延续，所以对同性恋多持否定态度。同时也要注意到，爱情是相互之间的，如果只是单方面的，那不叫爱情，而是迷恋或者叫单相思。

3. 爱情是具有浪漫色彩和性色彩的人际吸引

人际吸引是个体与他人之间情感上相互亲密的状态。人际吸引的范围很广，亲情、友情、爱情等都属于人际吸引。爱情与其他人际吸引类型的最大差别就在于它既有浪漫的色彩，又有性色彩。爱情总是能给人带来不同于其他感情的浪漫，同时爱情又与性有密切的联系，也与其他感情不同。

在实际生活中，我们很多时候对爱情有种种误解，也并不清楚到底什么样才算是爱情，也因此会引发不少的人际矛盾和冲突，造成我们人际关系的紧张，影响到我们的心理健康和正常生活。了解了爱情的心理学定义，我们就可以更好的鉴别两个人之间的关系到底是不是爱情了，也能够以正确的方式来处理与异性之间的关系，有利于人际关系的和谐发展。

二、认清爱情的本质

1. 心理学视角中的爱情

爱情是人类亘古不变的主题，也是各种文学艺术作品永恒的主题。为了提示爱情的本质，千百年来，无数的哲学家、作家、诗人都尝试着用自己的方式诠释爱情。我国的《诗经》有云："关关雎鸠，在河之洲。窈窕淑女，君子好逑。"古希腊哲学家柏拉图说："爱情是一种没有肉体接触的灵魂的融合，是一种超个人情感的爱神的具体表现。"恩格斯说："爱情是异性间以相互倾慕为基础的关系，这是一种最强烈的、最个人的情感。"

爱情作为人与人之间，特别是两性之间的一种特殊关系，有着不同于其他人与人之间关系的一般特点。

(1) 相互吸引

古希腊的一则传说形象地说明爱情的吸引力。古时候的人是一种圆球状的特殊物体，他有四条腿，四只手，有观察相反方向的两副面孔，一个头颅，四只耳朵。因为他是如此强健有力而聪慧，所以他威胁着诸神的霸权。于是宙斯把这种人劈成两半，从而解除了威胁。但从此以后，人仅仅是原来人的一半。每一半都急切地扑向另一半。他们纠结在一起，拥抱在一起，强烈地希望融为一体。这便是人类关于爱情的起源。

(2) 体验强烈

爱情是一种强烈的情感体验。战栗迷醉是爱情最直观的体验。相爱中的人在身体接触或感官接触的一刹那，有一种触电般的感觉，有一种冲击大脑的眩晕，有战栗的快感。坠入情网中的人在刚开始的时间里，会手舞足蹈，觉得世界瞬间变得五彩缤纷，心中充满希望，爱情占据了全部的身心。爱情的幸福感让人浑身上下充满力量。女诗人伊丽莎白在她的《爱情十四行诗》中赞叹地说："爱就是美，爱就是火！"

(3) 排他性

男女之间的爱情是以一对一的形式的结合，所以具有明显的排他性。一方面，要求对方不与自己之外的其他异性产生情感及性关系；另一方面，也要求自己自我约束，不让其他异性爱上自己而干扰甜蜜的爱情。这种排他性近乎是一种本能，一旦遭到破坏，必然引发强烈的忌妒和敌意。

2. 爱情形成的三要素

(1) 激情

激情是一种混着浪漫、外表吸引力和性驱力的动力，属于动机维度。该维度是爱情行为背后的动机，对人类而言虽未必全是由于生理上的需求，但绝不能否认性动机或性驱力以及相应的诱因，如异性之间看重身体、容貌特征等。人类的爱情是有意识的，这一点表现为预见、认识和按一定目的调整自己的行动，而且表现为幻想和渴望获得个人幸福。爱情自古以来既能产生令人激动的回忆,又能让人热切地期待。

(2) 亲密

亲密是一种亲近的、联结的、心与心交流的感情经验,属于情感维度。该维度除了爱与欲之外,可能还夹杂着酸甜苦辣的爱情滋味。处于亲密交往中的恋人,急欲缩短两人之间的空间距离,希望单独接触。正如古人所说:“一日不见,如隔三秋”,一旦不能相见,就感到寂寞难耐,内心不安,日思夜想,食不甘味,夜不能寐。

(3) 承诺

承诺包括短期的决定去爱一个人和长期的承诺去维持爱的关系,属于认知维度。爱情中的认知作用对情感和动机维度而言,是一种控制因素。如果将动机与情感分别看作是电流与火花,认知就是开关或调节器。它可斟酌爱情之火的热度予以适度调节。承诺由两方面组成:短期的和长期的。短期方面就是要做出爱不爱一个人的决定。长期方面则是给出维护这一爱情关系的承诺,包括对爱情的忠诚、责任心。

三、爱情的基本类型

斯滕伯格认为构成爱情的是亲密、激情与承诺三种元素。根据这三种元素的不同组合情况和程度,构建成一种不同形状的“爱情三角”(图 8-1),以这三元素的所占不同程度进行组合,斯滕伯格将爱情归结为下列八种情形。

爱情的基本类型

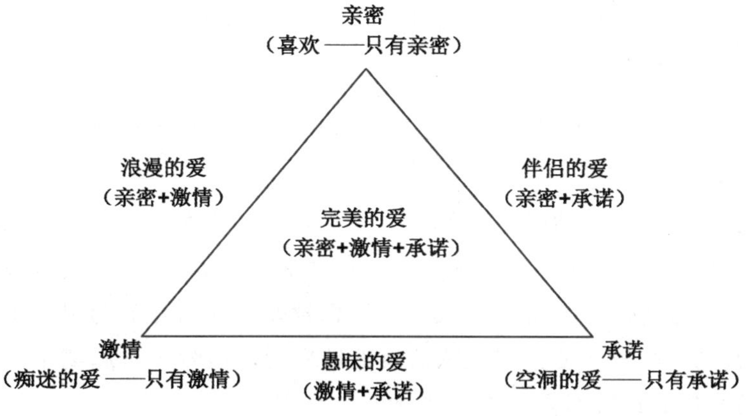

图 8-1　爱情三角示意图

(1) 无爱。三个部分都不具备,比如包办婚姻。

(2) 喜欢。只有亲密的关系,双方在一起感觉很舒服,但是觉得缺少激情,也不一定愿意忠诚于对方,厮守终生。

(3) 痴迷的爱。只有怦然心动的感觉,认为对方有强烈的吸引力,除此之外,对对方了解不多,也没有想过将来。

(4) 空洞的爱。只有对爱情的忠诚,认为爱情是一种责任和义务,相互之间没有心动或兴奋的感觉,也缺少心灵的沟通和接触。

(5) 浪漫的爱。有亲密的关系,也有怦然心动的兴奋体验,但是不一定愿意忠诚于对方,厮守终生。

(6) 伴侣的爱。有亲密关系,也愿意忠诚于对方,但是缺乏兴奋和激情。

(7) 盲目的爱。有怦然心动的感觉,并且愿意终生忠诚于对方,但是与对方没有足够的沟通和接触,没有亲密的关系。

(8) 完美的爱。同时具备亲密、激情和承诺三个部分。

斯滕伯格认为,虽然爱情包括这八种类型,但是其中只有三个部分都具备时(即完美的爱)才是真正的爱情,其他类型都不是真正的爱情,它们最多只能是爱情的前奏(比如喜欢、痴迷的爱、浪漫的爱及盲目的爱等)或者爱情经过发展变化,其性质发生改变后的情况(比如空洞的爱和伴侣的爱)。

第二节 大学生正确恋爱心理的培养

著名诗人歌德说:“天下哪个倜傥少男不善钟情?天下哪个妙龄少女不善怀春?”大学生对爱情的渴望和追求,随着身心发育的日渐成熟而自然萌发。大学生正在逐步走到爱情的边缘,走进自己的爱情世界。

一、大学生恋爱的心理特点

大学生由于其独特的生理和心理特点,他们的爱情也有着独特性,主要表现在以下五个方面。

(1) 大学生恋爱纯真、纯净、浪漫、理想化有时甚至单纯。大学生在经济上依靠父母,缺乏对现实社会真实、深入的了解,对未来生活的设计过于乐观,对将要面临的困境、挫折也没有充分的心理准备。多数大学生恋爱如同琼瑶笔下的男女主人公,没有现实生活的压力,男女的第一要务就是认认真真地恋爱。但爱情永远离不开坚实的大地,脱离现实生活的爱情必然不会长久。

大学生对爱情都有着美好的憧憬,如“爱情是神圣的、坚贞的”“爱情如钻石恒久远,一颗永流传”“当爱情到来,一切都是那么简单”。同时,大学生又有对爱情的无奈,如“爱是什么?相爱,不就是两个人你爱我,我爱你,还有我现在想的是现在相爱,以后会怎么样呢?会结婚吗?所以我很犹豫,我很彷徨”。因此,当代大学生的恋爱充满着浪漫与高尚,又逃不脱现实的残酷。

(2) 大学生恋爱的盲目性。内部的需求和外部浓郁的恋爱氛围,使一些大学生觉得恋爱是大学阶段所要追求的另一目标,甚至部分大学生把谈恋爱认为是“本事”。在这些大学生看来,别人一个接一个地步入“两人天地”,甚至个别大学生接二连三地更换恋爱对象，是有本事的表现，如果自己不谈，就会显得“没本事”。但是，仅仅为了显示自己的才能，在各种条件都不成熟的情况下匆忙恋爱，则往往以悲剧草率收场。

(3) 大学生的恋爱充满着冲突。很多大学生自信能处理好爱情和事业前途的关系，但往往事与愿违。在诸如考研、就业、经济、学业、人际关系等压力面前，恋爱是需要大量心理能量的。实践经验表明，真正能够在客观上、行为上正确处理好学业与爱情关系的大学生为数不多，更多的是一旦坠入情网就不能自拔，强烈的感情冲击了一切，学习同样受到严重影响。很多大学生在不知不觉中变得“儿女情长，英雄气短”，成就事业的热情一天天冷却，爱情逐渐成为生活的唯一追求。

(4) 大学生的恋爱观逐渐开放，传统道德开始淡化。传统的爱情理念在今天的大学校园受到空前的挑战，与 20 年前的大学生相比，当今大学生恋爱观日益开放，传统道德逐渐淡化。国外一些“性开放”“试婚”等观念逐渐影响了大学生，使部分大学生处于理智与感情矛盾的漩涡中。如：40.8%的男同学认同“爱人只能一个，情人可以多个”，22.91%的女生也有这样的看法；34%的学生不反对婚前性行为，其中 17%的学生赞成婚前性行为，9%的同学认为无所谓。

(5) 大学生对恋爱挫折的承受能力较弱。大学生中“有情人”虽多，但“成眷属”者少，这样就会有很多的大学生经历失恋的痛苦。有调查表明，主张“不成恋人成朋友”的为 49%；发奋学习驱散失恋痛苦的为 36.5%；“找新的对象抚平创伤”的为 10.5%；“报复对方”的为 2.4%；“悲观厌世”的为 1.6%。感情受到挫折后出现一个时期的心理阴暗期是正常的，大学生应对自己和对方都采取宽容的态度，尊重对方的选择。但仍有一部分学生摆脱不了“感情危机”，有的失去信心，放弃对爱情的追求，更有甚者对学习和生活也失去信心，危害深远。

二、大学生恋爱心理的培养

大学生尽管生理成熟，但承担了繁重的学业任务与未来发展的任务，他们需要更多的时间发展自我。当爱情的脚步走近时，他们可能无法逃避，因为大学生拥有选择的权利。但是有恋爱就有失恋，对恋爱的心理预期与失恋的心理承受力是需要提前考虑的。

1. 树立健康恋爱观

(1) 大学生恋爱的类型

根据大学生恋爱的目标取向可把大学生恋爱分为以下三类。

① 精神满足型

这类大学生选择恋人以理想、信念、价值、事业、能力等为标准，或以气质、性格、兴趣的相投作为共处的基本要求。也就是说，他们对外貌、金钱、家庭背景等并不看重，而是以达到更高层次的精神满足为标准。这种高尚的择偶标准在今天的大学生中占大多数。有人对 173 名大学生关于理想配偶的调查表明，大多数大学生择偶主要以感情上的和谐融洽、事业上的志同道合为标准。这个比例占全部被调查者的 70%～80%。但注重精神不在乎物质条件的择偶还要能经受住社会现实的考验，当大学生情侣离开校园走向社会时，生计问题直接摆在他们面前，理想化的爱情能否维持还是未知数。

② 感观满足型

这类大学生以获得纯粹感官满足为爱情的目的，是一种对“情欲之爱”的追求。着重注意恋爱对象的外表（身材、皮肤、相貌）和风度。这类爱情很难维持长久，因为天长日久的相处会因外表失去新鲜感而降低吸引力。

③ 现实满足型

这类大学生以社会地位、经济条件等为恋爱标准。这就是所谓的现实之爱，其实质是一种互惠互换的理性考虑。现实择偶标准分为以下三种类型：

a. 物质型。指以经济条件为追求目标，为满足物质需要而恋爱。

b. 虚荣型。这种类型更看重地位、职称等荣誉性的东西。

c. 利用型。这种择偶更具指向性，往往是为了达到一个明确而现实的目的，一旦达到目的后便着手将恋爱对象抛到一旁。

(2) 走出恋爱的误区

大学生要树立健康的恋爱观念，确立正确的择偶标准，自觉走出恋爱的误区。

① 不要为了消除孤独感而恋爱

所谓孤独感是个体无法与他人建立实质性联系的心理状态。青春期男女因其心理发展阶段的特点，最容易感到孤独。有时孤独感产生于一个人独处时，有时甚至在群体活动中也会产生。有的大学生看到别人出双入对，更感到孤独难耐。一旦爱情降临，便紧抓不放，并以此来驱赶孤独。他们要求自己的恋人时时刻刻陪伴自己，一旦不能如愿便感到更加孤独。

② 不要把恋爱当成生活的全部内容

由于青春期的心理特点，对美好爱情的追求往往会成为青年人主要的心理需求。“爱情第一”的观点在相当一部分青年学生中流行，似乎有了爱情就有了美好的未来，否则前途就黯淡无光。于是，花前月下、卿卿我我、出双入对成为校园一景。有的学生因为谈恋爱而荒废了学业，有的学生因为失恋而产生了心理危机，原因之一就是把恋爱当成生活的主要目标。恋爱是人生的重要组成部分，但不是生活的全部内容，生活中还有更重要的东西。如果一个人沉溺于爱的甜蜜，忘记了还有更重要的事要做，就会损害现实生存状态，恋爱前景也就令人担忧。正确处理恋爱与学业的关系，可以形成二者相互促进的良性循环，增加恋爱的激情和学习的动力。有的学生还没有具备协调二者之间关系的能力，存在着“恋爱就是一切”的观念，正如大学生中流传的顺口溜那样：“大一想，大二谈，大三乱，大四散”。恋爱成了整个大学生活的主旋律，毕业在即才如梦方醒，重新意识到生存才是最大的挑战。

③ 不要过高估计恋人优点

中国有句古话,“情人眼里出西施”,英国也有句古话,“爱情是盲目的”,都是在描述这种情况。处于热恋情绪状态中的大学生,往往感到对方什么都好,分别之后魂牵梦绕,在思念中反复回味,恋人的形象在主观想象中显得更加完美。盲目的爱情中自然潜伏着危机,因为它远离了现实的生活。随着两人接触次数的增多,了解加深,理智感日益增强,情绪性逐渐降低,想象和现实的距离就会越来越大。如果没有足够的精神准备,这种“情人眼里出西施”式的恋爱将会陷入僵局。有的同学对心理辅导的老师说:“我的爱情成了一锅夹生饭,我和女朋友分别后就想、见了面就烦。”造成这种情况的主要原因就是过高地估计了对方的优点,用想象将恋人形象加以美化。一旦现实打破这种完美的想象,就会使爱情陷入困境。

④ 不要偏爱身体的魅力

身体魅力是两性交往中的重要吸引因素,特别是在短暂接触时作用更大。但是,一个人的魅力是身心两种魅力的统一体。随着恋爱双方了解的深入和接触时间的增长,身体魅力会逐渐退居次要地位,人格魅力的作用将逐步增强。如果一个人只有身体魅力,只有外形美,是不会有长久魅力的。显而易见,偏爱身体的魅力会将恋爱引向歧路。

⑤ 不要将爱情视为“赌气”和“占有”

恋人在恋爱中难免会发生种种误会,双方又都比较敏感,因此容易受到伤害。受到伤害后如果不愿意给对方解释的机会,就会出现赌气的现象。赌气的表现是:恋爱双方故意说不喜欢、不愿意、不高兴等,以致造成更多的误会和冲突,最终可能会毁掉爱情。人与人之间交往时发生误解是常见的现象,并不可怕。出现了误会后应该给对方以解释的机会,一旦陷入僵局双方都有责任采取主动,如果一味地赌气只会葬送爱情。另外,将爱情视为一种对对方的“占有”也会对爱情构成伤害,使爱情向畸形的方向发展。

2. 发展健康的恋爱行为

(1) 恋爱言谈要文雅,讲究语言美。交流中要诚恳坦率自然,不要为了显示自己而装腔作势,矫揉造作;不能出言不逊,污言秽语,举止粗鲁;相互了解时,不要无休止地盘问对方,使对方自尊心受损。否则只会使之厌恶,伤害感情。

(2) 恋爱行为要大方。一般来说,男女双方初次恋爱,在开始时常感到羞涩与紧张,随着交往的增加会逐渐自然与大方。这个时期要注意行为举止的检点。有的人感情冲动,过早地做出亲昵动作,使对方反感,影响感情的正常发展。

(3) 亲昵动作要高雅,避免粗俗化。高雅的亲昵动作能发挥爱情的愉悦感和心理效应,而粗俗的亲昵动作往往引起情感分离的消极心理效果,有损于爱情的纯洁与尊严,有损于大学生的形象,同时对旁人也是一种不良的心理刺激。

(4) 恋爱过程中要平等相待,相互尊重。不要拿自身的优点去比较对方不足,以此炫耀抬高自己,戏弄贬低对方。也不宜想方设法考验对方或摆架子,这些都可能挫伤对方的自尊心,影响双方的感情。

(5) 善于控制感情,理智行事。恋爱中引起的性冲动,一方面要注意克制和调节,另一方面要注意转移和升华，参加各种文娱活动，与恋人多谈谈学习和工作，把恋爱行为限制在社会规范内，不致越轨，要使爱情沿着健康的道路发展。

心理故事

苦不堪言

美丽善良的小云是一名21岁的大三学生，各方面都不错，先后在校园内交了三个男朋友，情到深处意浓时，他们都会向小云提出要求，小云拒绝了第一个，他对小云说，小云不接受他，说明不爱他。于是，他们分手了。小云答应了第二个，但是男友的热情很快就降了温。小云无意中看见了他的日记，他在日记中说："她也太随便了，我一开口说爱她，她就什么都肯做，这样的女孩还能保证她今后……"这样的结局是可想而知的了。现在小云有了第三个男朋友，当他也有类似要求时，小云真的为难了，她想留住这份感情，又怕过去的故事重演，小云该怎么办啊？

3. 培养爱的能力与责任

爱是一种情感，它也是一种能力。人人都需要爱，但不见得我们都会爱。为什么有些人有甜蜜的爱情、幸福的婚姻，为什么有些人却在经受爱情的折磨和摧残，这是需要我们思考的。弗罗姆在《爱的艺术》中指出，爱是一种能力，也是一种艺术。为了迎接美好的爱情，为了更长久地拥有它，体验到爱的甜蜜，大学生应学会如何爱，培养自己爱的能力。

培养爱的能力与责任

(1) 学会爱自己

想要爱别人，首先必须爱自己，连自己都不爱的人，对别人的爱也不是真正的爱。爱自己不同于自私，学会爱自己是为了更好地爱别人。爱自己是学习如何爱的最好的方法。通过训练爱自己你才会学会爱别人。

爱自己首先就是要自尊自信，尊重自己的价值，尊重自己的需要、愿望和要求；对自己有信心，能肯定自己、欣赏自己，同时也不会轻易地否定自己。爱自己意味着相信自己的基本价值，培育一种健康的自我肯定意识。爱自己也意味着积极关心自己的每一个方面。每个人或多或少都有缺陷，不是在身体上、智力上、经济上，就是在人际关系、情感完善上，或是在精神成长上。但是，尊重、呵护、满足和珍视自己是与生俱来的权力，也是可以学会的一件事情。

只有当成功地掌握了如何关心自己的需要时，才会明白怎样将同样的关爱给予别人。当尊重自己的思想和感觉时，才能将这种尊重施于他人。当从心底相信自身是如何有价值时，才会发现别人的价值。

(2) 迎接爱的能力

迎接爱的能力包括表达爱的能力和接受爱的能力。想要具有表达爱的能力，就必须懂得爱是什么，有健康的恋爱价值观，知道自己喜欢什么、需要什么、适合什么。心中有爱要敢于表达、善于表达，用自己的言行让对方感受到你的爱。当别人向自己表达爱时，能及时准确地对爱做出判断，并做出接受、谢绝或再观察的选择，这就是接受爱的能力。大学生要具有迎接爱的能力，就应尊重自己，相信自己，同时对他人、对万事保持敏感和热情，应主动关心他人，热爱他人。

(3) 拒绝爱的能力

拒绝爱的能力包括两个方面：一是敢于理智地拒绝不希望得到的爱情。面对自己并不喜欢的异性，优柔寡断，或屈从于对方的穷追不舍的做法是有害的，因为爱情来不得半点勉强和将就，要勇敢地说"不"。二是要掌握恰当的拒绝方式。虽然每个人都有拒绝爱情的能力，但是珍重每一份真挚的感情是对他人的尊重，同时也是对个人道德情操的检验。大学生在拒绝别人的示爱时，要给予对方充分的尊重，真切的关怀和同情他人的命运，同时运用一种充满关切、尊重和机智的方式来维护自己也维护他人的利益。不顾情面，处理方法简单轻率，甚至恶语相加，结果使对方的感情和自尊心受到伤害，这些做法是很不妥当的。

案例分析

小 A 性格内向，不善交际，班长主动帮助他，使他长期封闭的心灵一下敞开了，他很快喜欢上了对方。在小 A 死缠烂打的追求下，两人确立了恋爱关系。之后，小 A 要班长辞去职务，不允许她和其他男性有接触，整天缠在她的身边。女友感到不可理喻，提出分手，小 A 不同意，数次殴打女友并恐吓其室友，造成不良影响，小 A 被勒令退学。

分析　不懂得理解和尊重，是无法得到真爱的。如果女友开始的时候有拒绝爱的能力的话，或许这个悲剧就可以避免。同样的，暴力行为也是无法挽回爱情的。

(4) 发展爱的能力，培养爱的责任

苏联著名教育家马卡连柯说："爱的力量只能在人类非性欲的爱情素养中存在。他的非性欲的爱情范围越广，他的性爱也就越为高尚。"发展爱的能力，并不是非要具体到对某一异性的爱，可以是更广泛意义上的爱。我们的亲人、同学、朋友、祖国和人民，都值得我们去热爱。发展爱的能力，就是要培养无私的品格和奉献精神，要培养善于处理矛盾的能力，有效地化解消除恋爱和家庭生活中的矛盾纠纷，为恋人负责，为社会负责，才能创造出幸福美满的婚恋关系。

(5) 提高恋爱挫折承受能力

大学生的恋爱受多种因素的制约，因而在追求爱情的过程中遇到各种波折是在所难免的。单相思、爱情错觉、失恋等恋爱心理挫折对大学生的心理承受能力就是一种考验。如果承受能力较强，就能较好地应对挫折，否则就有可能造成不良后果。因此，提高恋爱挫折承受能力对大学生的心理健康是非常重要的。

当爱情受挫后，大学生就该用理智来驾驭感情，通过增强理智感，分析原因，总结经验教训，寻找解决问题的方法和途径，在新的追求中确认和实现自己的价值，从而提高自己的心理承受能力和水平。人对失恋的应对方式反映了一个人的心理成熟水平和恋爱观。一个人能够理智地从失恋中解脱出来,往往会使自己变得成熟起来。

第三节 大学生恋爱的困惑与自我调节

恋爱的过程是感情发展的过程,是彼此深入了解、互相适应的过程。在这个过程中两个人之间的感情,往往会伴随着各种矛盾和冲突。意大利作家薄伽丘所说:"真正的爱情能够鼓舞人,唤醒他内心沉睡的力量和潜藏着的才能。"但是有些大学生却处理不好恋爱中出现的问题,未能从中获得全新的自我体验和人格塑造,而是从中迷失自我,出现了各种困惑和痛苦。大学生的恋爱问题有以下三种。

一、单恋

单恋多是一场情感误会,是大学生"爱情错觉"的产物。"爱情错觉"是指因受对方言谈举止的迷惑,或自身的各种主观体验的影响而错误地主动涉入爱河,或因自以为某个异性对自己有意而产生的爱意绵绵的主观感受。"爱情错觉"导致的一厢情愿式的单恋,俗称单相思。单相思有两种情况:一种是毫无理由的"单相思",对方毫无表示,甚至对方还不认识自己,而自己执着地爱对方,追求对方,这种恋爱,是纯粹的"单向";另一种是自认为有"理由"的单相思,错认为对方对自己有情,于是"落花无意"变成"落花有意",这是假"双向",真"单向"。

大学生心理尚未完全成熟,单恋现象比较常见,且较多地出现在性格内向、敏感、富于幻想、自卑感强的学生身上。首先是自己爱上了对方,于是也希望得到对方的爱,在这种具有弥散作用的心理支配下,就会把对方的亲切和蔼、热情大方当作是爱的表示,并坚信不已,从而陷入单恋的深渊,不能自拔。

对于单恋可以从以下七个方面进行调适。

1. 主动了解对方的态度

钟情的一方可以主动采取行动了解对方的一些重要情况以及对方对你的态度。比如,对方有没有意中人?如果还没有,那么他的择偶条件和标准是什么?自己现有的条件能否引起他的爱慕?他对待自己仅止于一般的礼貌和热情,还是有什么异乎寻常的地方?弄清楚这些情况再根据可能性大小来做决定。

2. 勇敢地向对方示爱

如果他还没有意中人,而自己现有的条件又基本能符合他的要求,自己在他心中又确实占有一定的位置,这时与其受相思之苦的煎熬,还不如下定决心通过适当的方法向对方表白自己的心迹。当然,在求爱之前,必须要有清醒的认识,即求爱的结果可能是对方接受自己,也可能是拒绝自己,自己做好了被拒绝的准备吗?

3. 自我解脱,急流勇退

一旦真的被拒绝,虽然痛苦,但也值得庆幸。“长痛不如短痛”,与其忍受单恋遥遥无期的长痛,不如“挥剑斩情丝”。如果对方已有意中人,或者自己现有的条件根本引不起对方的爱慕,那就要有自知之明,急流勇退,尽可能把对方忘掉。俗话说:“天涯何处无芳草。”在一个人那里失去的爱情,一定可以在另一个人身上重新找到。世界上并不存在天造地设的“一对”,任何两个人的恋爱都带有一定的偶然性,有的咫尺相爱,有的千里有缘。这是因为一个人爱的绝不只是一个人,而是相似的一类人,只是由于某种原因其中一个人先闯进了自己的生活领域,为什么非要在一棵不结果的树上吊死呢?

4. 把爱埋在心底

爱别人的感觉虽然是美好的,但如果没有结果,明智的方法是把这份美好的感情封存在心底。当对方无意,最好的爱就是忘记他,不要让自己打扰对方的平静,也不要让对方与自己一起陷入烦恼之中。在心里为对方默默地祝福吧,这才是爱的最高境界。

5. 理智地转移注意力,释放郁积的情感

当发现自己陷入单相思中无法自拔时,应想方设法逃离,拯救自己。对付单相思的一个好方法就是改变生活环境,转移感情注意力。把自己封闭起来,离群索居是最愚蠢的做法。可以找知己聊聊天,也可以求助辅导老师,或到朋友家串串门,或投身于大自然,让自然的瑰丽美景冲淡忧伤。也许,现在认为自己永远忘不了对方,但无数人已经证明,时间是最好的良药,它可以抚平忧伤,帮助你忘记想忘记的人。

6. 情感升华

既然单恋使自己痛苦难受,又明知毫无结果,此时最好把精力转移到学习和工作中去,在紧张、繁忙的工作和学习中忘却痛苦,说不定还会有意外的收获。

7. 不要盲目地急于再次恋爱

为了摆脱单恋之苦,匆忙开展另外一段“恋情”似乎可以在短时间内使心灵得到抚慰,但是盲目和一个自己不爱的异性“相恋”所带来的结果往往是另一种痛苦的衍生,急病乱投医只会适得其反。另外,这种做法实际上也是骗己骗人,是不道德的。

二、多角恋

所谓多角恋是一个人同时被两个或两个以上的异性所追求或自己同时追求两个或两个以上的异性并建立了爱情关系。

多角恋是爱情纠纷的主要原因之一,实质上是比单恋更复杂、更为严重的异常现象。由于恋爱具有排他性、冲动性,因此任何一种多角恋都潜伏着极大的危险性,一旦理智失控，就会给对方及社会带来恶果。

多角恋爱的调适策略有以下三点：

(1) 当自己已与一个异性确定了爱情关系，生活中又闯进了另一个异性时，如果自己与前者只是好奇、冲动，相爱时间不长，感情较浅，精神相容性较差，而后者对自己更具吸引力，那么不妨先疏远前者，再明确中断与前者的恋爱关系，待对方心理恢复正常，有一定的心理承受力时，然后才可以和后者热恋。反之，如果自己与前者感情尚可，且相爱时间较长，只是对方在某些次要方面还有不合自己心意的地方，应该用爱情的力量鼓舞和帮助对方不断地改进，从而缩小对方与自己心目中理想伴侣形象的差距，并彼此达到人格、能力、志趣等方面的和谐。那种一遇上异性追求者，就轻率地抛弃先前情人的做法是不可取的，这样做不仅会伤害对方，而且对自己也未必是最佳的选择。

(2) 当自己与异性并未建立恋爱关系却与所有异性保持着等距、暧昧、不同寻常的关系，正处于进退维谷、取舍两难的境地时，可以从生理条件、心理品质、社会条件以及多层次的美感表现等方面进行比较，并尽快做出抉择。

(3) 谨慎对待情场竞争的成功与失败。当凭借自己的实力和光明正大的努力而取得爱情时，尽量不做刺激失败者、激化矛盾的事情，否则会导致爱情的毁灭。当判定自己处于"劣势"，应有情场"勇退"的精神，并学会正确的自我评价，自我解脱，退出竞争的三角漩涡。这是明智之举，并不是无能、怯场的表现。

三、失恋

失恋是恋爱过程的中断，即恋爱挫折。产生失恋的原因多种多样，都会给失恋者带来严重的心理创伤。一个痴情的人被其恋爱对象抛弃，有的可能一蹶不振，有的为此轻生，有的经过好长时间才能重新振作，有的会在短时期内重建新的恋爱关系。一旦失恋，失恋者应当面对现实，尽快从痛苦和消极的情绪中摆脱出来。

如何摆脱失恋的痛苦呢？

(1) 倾诉。失恋者精神遭受打击，悔恨、遗憾、愤怒、惆怅、失望、孤独等不良情绪会困扰心头，此时应主动找朋友倾诉，释放心理负荷。可以把自己的烦恼和苦闷向知心朋友毫无保留地说出来，听听他们的劝慰和评说，这样心理会平静一些。也可以用书面文字，如写日记或书信把自己的苦闷记录下来，或给自己看，或寄给朋友看，这也是释放自己的苦恼，并寻得心理安慰和寄托的好方法。

(2) 移情。爱的伤口的痊愈需要时间。多给自己一点时间，尝试忘记对方的一切并学会及时适当地把情感转移到失恋对象以外的人或事物上，让自己的生活充实起来，可以去看一场喜剧电影，去打一场球，看一本好书，也可以到喜欢的地方散散心。还可以发展密切的朋友关系，交流思想，倾吐苦闷，陶冶性情；投身到大自然的博大胸怀中，从而得到抚慰。当然密切自己与其他异性的交往，也不失为一个合适的途径。

(3) 疏通。指的是借助理智来获得解脱，由理智的“我”来提醒、暗示和战胜感情的“我”。爱情是以互爱为前提的，不可因一厢情愿而强求，应该尊重对方选择爱人的权利。也可以多想想对方的不足，分析自己的优势，鼓足勇气迎接新的生活。失恋固然是失去了一次机会，然而却让你进入了另一个充满机会的世界。正如海伦·凯勒所言“一扇幸福之门对你关闭的同时，另一扇幸福之门却在你面前打开了”。

(4) 立志。失恋者积极的态度会使“自我”得到更新和升华，全身心地投入到工作中去，许多失恋者因此创造出了辉煌的成就。居里夫人、歌德、贝多芬、罗曼·罗兰、诺贝尔、牛顿等历史名人也都曾饱受失恋的痛苦，他们在失意中立志，欲火中重生，不仅从失意的痛苦中解脱，还成就了一番大事业。他们是积极转移失恋痛苦的楷模。失意是一块试金石。一个人失意后采取什么样的行动，可以看出这个人的情操和修养，也可以测出他的意志是否坚强。一个失意而不失态，不失德，不失志的人，不管往日的爱情对他曾多么不公平，今后他一定能收获一份幸福、美满的爱！

知识链接

爱情，一生的学业

爱情是一生的学业，
但需更清楚，学业不是为了毕业。
不是考试之前抄抄笔记背背重点，
若是那样，爱情只不过是一张证书、
永远只是几句干涩的话、一张毫无生气的照片，
以及一串没有任何意义的编号。
爱情，既然是一生的学业，
就应该融入每一天的生命中，
像吃饭睡觉一样，出于自然，
像语言一样每天都要说要读要写。
否则，就会变成：
只会说我爱你的机器，
或者听不懂爱情的傻瓜。
爱情的学业是如此艰难，
但若你真心的背负着她，
在每天的清晨和日落之间跋涉，
却不会感觉到她的沉重，
还能听到世间最美妙的歌谣。

第四节 大学生的性心理困扰与自我调节

一、大学生性心理的基本特点

大学生的身体和生理机能已接近或达到成年人的成熟水平，不过心理发展的速度与生理发展相比，还处于相对滞后的状态，这对他们适应新的生活、学习，认识、处理一些身心问题等方面，带来了一些烦恼、矛盾与挑战。可以说，性的问题是大学生所面临的最令人烦恼的问题之一。大学生性心理发展具有以下四个特点。

大学生中常见的性心理问题

1. 本能性与朦胧性

大学生尤其是低年级大学生的性心理还缺乏深刻的社会内容，基本还是生理急剧变化带来的作用。他们往往怀着好奇心，甚至怀有罪恶心理来秘密探求性知识，觉得很有神秘感，他们对异性产生着浓厚的兴趣、好感和爱慕。然而，这种生理变化带来的性意识的觉醒和萌动还披着一层朦胧的面纱，在此基础上，在朦胧纷乱的心理变化中，性意识逐渐强烈并成熟起来。

2. 强烈性与文饰性

大学生正处于心理断乳期，心理闭锁是其显著的特征。他们寻求自我独立又感到孤独无依；既渴求在新的集体中得到帮助和安慰，又紧紧地闭锁自己的心灵。这种悖反的心理导致了性心理外显方式的文饰性。他们虽然十分重视自己在异性心目中的形象、评价，但表面上却表现出无动于衷、不屑一顾，或做出故意回避的样子。他们表面上好像讨厌那种亲昵的动作，但实际上却十分渴望体验。这种心理上的矛盾，使他们产生了种种心理冲突和苦恼。

3. 动荡性和压抑性

青年期是人的一生中性能量最旺盛的时期，体内突然增加的性激素分泌的刺激，会引起强烈的生理感应和心理体验。尤其是外界各种渠道的性刺激，更易诱发性的需求和冲动，出现动荡不安的情况。然而，他们深感道德、法律的力量，这种欲望被理智限制和约束着，于是在需求和满足之间出现了尖锐的冲突和矛盾。一般情况下，多数学生可以通过学习、工作、文体活动、社交等途径，使生理机能得到正当的释放，可以减弱、转移性的生理冲击力，使之宣泄、升华、补偿，但也有些大学生会出现不同程度的性压抑，甚至少数学生以扭曲的方式、变态的行为表现出来，如“厕所文学”“课桌文学”、窥视癖、恋物癖等。

4. 性别上的差异性

大学生的性心理因性别不同而有所差异。在感情流露上，男性往往表现得较为外显和热烈，女性则往往表现得比较含蓄和深沉。在内心体验上，男性更多的是感到新奇、喜悦和神秘，而女性则会产生茫然和不安的感觉，常常会感到不知所措、惊慌、羞涩、喜悦、惧怕，以至于神思恍惚、神情迷惘。在表达方式上，男性一般比较主动，有意识地在自己爱慕的异性面前显示自己、表现自己，常常寻找机会向对方暗示甚至直接表白自己的爱慕之情。女性则往往显得被动，有明显的羞涩和腼腆感，他们一般不会主动向对方表露心迹，更不愿意向对方直接表白自己的爱慕之情，至多是用言语或目光暗示对方，促使对方了解自己的内心所爱，使对方主动大胆地追求自己。此外，男性的性冲动主要被性视觉刺激唤起，而女生则易在听觉、触觉刺激下引起性兴奋。

二、大学生性心理困扰的主要表现

大学阶段是一个人性意识发展的旺盛期。此时的大学生，性生理已发育成熟，而性心理还不稳定，对性的渴望与对性的恐惧交织在一起，形成一种很复杂的心理活动。尤其在与异性交往过程中，心理紧张感经常困扰着年轻的学子们。其中，性自慰(手淫)焦虑、遗精焦虑、性梦、性幻想、性倒错是困扰大学生性意识发展的主要表现。

1. 性自慰(手淫)焦虑

性自慰，即自我性刺激，也就是人们通常所说的“手淫”，是用手或工具对自己的外生殖器进行抚弄和摩擦，以获得性快感，引起性高潮的过程。

研究表明，性自慰时所产生的生理变化，相当于性交时的生理变化。换句话说，性自慰或“手淫”是消除性饥渴和性烦恼的一种手段。通过性自慰或“手淫”，可获得性欲的满足，缓解性冲动。

性自慰的问题一直让许多青年人备受困扰。由于对性自慰缺乏正确的认识，加之受到一些错误看法的影响，有些人背上了沉重的精神包袱，内心矛盾重重，精神备受折磨，陷入强烈的心理冲突，严重影响了身体健康、工作和学习。

2. 遗精焦虑

男孩进入青春期后，生殖器官发育成熟，不断产生精子和精液。生殖器官在受到内、外刺激后，可不自觉将精液排出体外，这就是遗精。遗精常常发生在晚上做梦的时候，所以也称“梦遗”。男孩出现遗精是走向成人的标志，意味着他从此具有了生育能力，进入了青年时代，应肩负起家庭、社会的责任。男孩首次遗精的年龄多数为14—16岁，首次遗精的年龄与个人的身体素质、营养状况、神经系统发育完善和性激素的水平、所接受的性信息的频繁等均有关。

大多数男生由于缺乏心理和知识上的储备，对首次遗精会感到意外、惊讶和羞愧、气恼。正确认识遗精，对于缓解其遗精后内心的焦虑不安起到至关重要的作用。

3. 性梦

性梦是指在睡眠状态中所做的以性内容为主的梦。青春期开始前后，人体内的性激素迅速增加，大脑中调节性活动的神经中枢日渐成熟，性梦就是伴随着此时性心理活动的增多而产生的。《红楼梦》中，贾宝玉"初试云雨情"就是在梦中和秦可卿行完性事的。这也是青春期性成熟后出现的正常的心理、生理现象，在青年中普遍存在。性梦的本质是一种潜意识活动，是人类正常的性思维之一。性梦是不由人控制的，梦和现实有巨大差别，不代表人的真正意愿。

4. 性幻想

性幻想是指在某种特定因素下，自编、自导、自演与性交往内容有关的心理活动过程。在青春期，由于性成熟使得青少年对异性的爱慕十分强烈，但又无法与异性发生性行为，这样便把自己曾在文艺作品中看到或听到的性爱镜头，经过大脑的重新组合加工，编成由自己表演的性过程。当事人既是编剧、导演，又是主角，这种"性表演"的内容可以不受任何限制，当事人可以虚构出自己与任何爱慕的异性在一起进行约会、接吻、拥抱、性交等情景。

每一个心智健全的人都会有这样那样的性幻想。只不过在出现频率、长短、内容、性质以及对待它的态度等方面存在着较大的差异而已。性幻想是一种普遍的心理现象，通常是无害甚至可能是有益的。它既可作为性兴奋的"心理春药"，也可是一种心理防卫机制，替代不能实现的性追求而获得部分性心理满足。但是，如果过分沉溺于性幻想的白日梦中，也可能会导致性心理和行为的异常，给身心健康带来不良后果。幻想过分离奇并坚信是真实的，就属于病理性幻想或妄想了。

5. 性倒错

性倒错即平时所说的性变态，它是指在性活动中寻求性满足的对象或满足性欲的方法与常人不同，并且违反当时社会习俗的行为。异装癖、恋物癖、异性癖、虐待狂、露阴癖都是性倒错的表现形式。同性恋是否属于性变态，是一个引起广泛争议的问题。

导致性变态的原因目前尚不明确，它们包括生物遗传方面、心理学方面、环境和社会等方面因素的影响。性变态当事人对于正常的性活动通常没有要求，甚至心怀恐惧，他们的变态性行为常具有强迫性和反复性，其自我控制和自我保护能力往往较差，但并非时时发作。只是在歪曲的性冲动支配下，在特定的情景和处境下突然付诸行动，当时怎么也控制不了自己，在事前并无周密准备，案发后又能供认不讳，常常感到痛心疾首，无限悔恨，有些人强烈要求医治，希望摆脱这种令人痛苦的状况，但也有些人则不认为自己是病。

三、怎样保持性心理健康

1. 走出性误区

性的发育同人身高的增长、体重的增加一样，是一种正常的生理发育现象。青年大学生学习必要的性知识，正确认识性发育中的心理和生理现象，对健康成长是非常有益的。

（1）合理的控制与宣泄

性冲动是一种生理本能。青年的性冲动并不一定强烈到非要用性冲动的行为来加以解决，通过恰当的方法它们也能得到合理的控制。

① 性能量的转移和宣泄。恰当的作息制度和紧张的生活节奏能降低对性问题的注意力。同时，参加适度的体育活动则能使性能量得以转移并宣泄，比如有些男生通过体育活动来表现自己的男性魅力，这无疑有利于性同一性的发展，另外也有助于提高个人的自信心。

② 加强异性交往。如果没有正常的异性交往，禁欲主义的态度便会在性意识发展的过程中产生不利的影响。研究表明，正常的异性交往和进一步发展成恋爱关系对大学生来说是最佳的释放性能量的途径。同时正常的异性交往，有助于提高性的同一性，减缓性焦虑。

③ 合理运用性发泄手段。人与动物在性方面的一个显著不同就是人能够通过特定的替代形式来满足性冲动。例如，可通过幻想与某异性相会来满足性冲动，性幻想对某些大学生来说是普遍现象。几乎没有一个大学生不以议论性问题或谈论异性来宣泄一部分性能量，最常见的就是大学生宿舍熄灯后的“卧谈会”，异性几乎是必谈的内容。这将有助于缓解青年的性紧张、性饥渴和性烦恼。

（2）消除遗精时的焦虑不安

① 正确地看待遗精。要消除不必要的紧张心理，首先需要正确地看待遗精。不频繁的遗精是正常现象。由于遗精往往会造成精神上紧张，容易形成心理负担，出现失眠、头痛、头晕、无精打采、胃口不好、疲乏无力等症状。因此，对遗精现象，千万不要害怕，更不必惊恐和焦虑。

② 减少性刺激。要把主要精力放在学习上；要多参加集体活动；不看色情书刊、画册、影视等，不参与色情内容的议论等。

③ 养成良好的生活习惯。要做到早睡早起，睡前不要手淫。多参加体育锻炼，增强体质，要注意劳逸结合。同时，要加强营养，以增强体力。不穿紧身衣裤，晚上不盖过重过暖的被褥。注意下身的清洁卫生，常换内裤、床单。

④ 多了解性的知识。应向长辈如父母、老师和同伴询问你不明白的性知识。但是要注意时间、场合和对象，最好坦诚地请教自己的同性长辈，也可与同性同伴探讨，或者

看一些有关的书籍。

(3) 性自慰(手淫)不是一种恶习

性自慰(手淫)是性机能发育成熟后满足性欲、缓解性冲动、消除性饥渴和性烦恼的一种有效手段,它是正常性行为的一种方式,并不是一种恶习。那些认为性自慰(手淫)会伤元气的说法是完全没有科学根据的。实际上对青年有害的并不是性自慰(手淫)本身,而是对性自慰(手淫)的错误认识和由此造成的心理压力。美国精神病学家阿瑞蒂认为"手淫是标准的性行为的一种,只不过人在手淫时常伴有一种罪恶感和心理焦虑,才造成了种种后果"。

作为一个大学生,如果对性自慰现象不加节制,在日常生活中频繁地进行性自慰活动,就会导致身体各部分疲劳过度,经常感到如腰酸、腿软、头昏、眼花等不适症状,严重者甚至会造成暂时性阳痿。有的还可能会引发泌尿生殖器官的病变,如尿道炎、前列腺炎、精囊炎等。从这个角度讲,性自慰就对人体有害了。过多的性自慰还会给自己带来心理压力,它的隐秘性必然会影响你的情绪,长此以往会影响心理健康。

近年来,国内外的研究表明,偶尔的、有节制的性自慰对人的身体并没有危害,性自慰不会影响人的性功能和生育功能。性自慰并不反映人的道德水准,不必为此自贬自卑,因为它是一种纯个人的行为,在它发生的时候,你并没有影响到任何人。

一些调查显示,到了大学高年级,95%的男生有过性自慰(手淫)的体验,女生中也有60%有过自慰行为。事实证明,性自慰既不会导致生理上的适应不良,也不会引起心理危机。只要对青年给予适当的性教育,引导他们正确地认识和看待性冲动,让他们了解到自慰的普遍性和原因,性自慰就不会对健康构成危害。

(4) 性梦不是堕落

性梦是青春期男女在发育过程中最正常不过的事,青春期男女如果从没有过性梦反倒是个问题了。性梦、遗精、月经标志着青年男女的性器官已经发育成熟了,不必为此感到羞愧、恐惧、自责和困惑。

性梦是不以人的意志为转移的,它与实际生活中一个人想干什么没有必然的联系。那些平时一本正经、心无杂念、目不斜视的人,做的性梦未必比别人少,内容也差不多。这并不是说他们是伪君子,而是说性梦本身绝不是说你想有就有,想压抑就能消灭的。

有过性梦的青年男女,不要把性梦错当成思想道德品质问题,尤其是做过"乱伦梦"的人,完全没有必要觉得自己下流无耻,应顺其自然,把主要精力放在学习和工作上,避免过多地接受各种错误的性信息和性干扰。

2. 端正性态度

今天大学生的性态度与十多年前相比已经有了很大改变,禁欲主义的影响已不像以前那么严重。不过,随着对外开放的发展,西方一些性观念的影响在当代青年的性态度上有明显表现。开放的性态度伴随而来的是婚前性行为的增多。婚前性行为本身并不会造成心理紧张，但对于许多心理还不够成熟，不能妥善处理由于婚前性行为造成不良后果的人，就必然会引起各种矛盾和各种心理冲突以至于危害身心健康。

性态度开放到极端就是所谓性解放。在我国的大学中，宣扬性解放的只是极少数人，而且有些人不见得真正持有这样的性态度。他们可能为其他的原因而宣传它，例如为了表现自己的独特性，还有的是为了反抗父母、学校和成人社会等。这些人的性解放还仅仅停留在表层行为上。尽管如此，还是对正处于性发展动荡期的大学生，尤其是低年级的大学生有很大的危害。因为低年级的大学生，认识水平、分辨是非的能力等都不成熟，容易在性的认识和态度上分不清楚好坏荣辱；对一些“性自由”的理论观点容易在并不理解的情况下盲目仿效；加之这个年龄情绪不够稳定，意志力薄弱，动机欲望强烈，容易受社会不良刺激的影响。所以应该对他们加强性教育，帮助他们提高自身对性刺激冲动的认识和自我控制的能力；同时，还要对他们加强法制观念教育，引导他们自觉遵守法律法规，自觉约束自己的情绪行为，保持自尊、自爱，以免产生无法挽回的后果。

综合案例解析

某生自诉：我是一名大一的女生，本校另一个专业的一名大二男生和我是同乡，我入校后他经常帮助我，我一直把他当普通的朋友，从未想过与他建立恋爱关系。最近他却突然提出要与我交朋友（恋爱），我实在很为难，真不知如何是好。

案例讨论

如果是你遇到这种事你会怎么办？

心理咨询老师分析：女孩在交往过程中，受到周围小伙子的爱慕，收到爱的信息，是一件平常自然的事情。然而，女孩面对第一次求爱，特别是没有任何心理准备的情况下，心情常常是慌乱的、复杂的，怎样答复对方，如何进行选择，对于一个涉世不深的，缺乏经验的女孩来说，确实是一件比较困难的事。但是，正确处理和慎重对待求爱是十分必要的。在此，提出几点建议供参考：

第一，冷静思考。在这时要让自己从激动、惶恐的情绪中稳定下来，切不可草率答应。要冷静分析，把握自己，审视对方，思考自己大学期间打不打算谈恋爱，有没有恋爱的心理准备，是否具备了接受爱的条件，会不会受到各种因素的干扰或阻碍？求爱者到底欣赏你哪点，你对对方是否有好感？想清楚这些问题，好好地衡量之后，再下结论。

第二，把握好拒绝的方式。倘若你觉得对方不适合自己，也不应置之不理。你应懂得和理解求爱者的心情，不要随意伤害别人。要采取礼貌、委婉、尊重的方式婉言拒绝。因为每个人都有爱的权利，爱你并不是他的错。体谅、尊重对方，又明确地给对方你不接受他的求爱的信息，树立一个善解人意、通情达理的良好形象。

第三，要善于听取别人的意见。俗话说："当局者迷，旁观者清"。虽然恋爱是个人的私事，但在恋爱之前应当多听听别人对这个问题的看法，特别是自己拿不定主意，无法定夺时，应该主动与长辈或可信赖的朋友商量，介绍对方的情况和自己的真实想法，请他们提出一些参考性的意见和建议，通过全面的思考，再做出准确的判断和答复。

这位女生在咨询后，经过深思熟虑，委婉地拒绝了男生的求爱，并得到男生的理解，妥善地处理了两人之间的关系。

教学检测

（1）爱情的心理学含义是什么？爱情有哪些特征？

（2）爱情的三要素是什么？

（3）爱情的基本类型有哪些？

（4）如何理解大学生恋爱的心理特点？

（5）怎样树立正确的爱情观念？

（6）大学生常见的恋爱困扰有哪些？

（7）如何正确地对待失恋？

（8）如何提高自己爱的能力？

（9）大学生性心理的基本特点是什么？

（10）维护大学生性心理健康的途径是什么？

心理训练

天涯何处无芳草

（一）辅导目标

1. 了解自己看重和喜欢的异性特质是什么，以及自己拥有何种特质。

2. 澄清爱与喜欢的不同。

3. 了解两性交往的观念，探讨如何表达对对方的关心和支持。

（二）活动安排

第一印象：在每位成员进来时，在他背后用胶带贴一张卡片，卡片上端印上：请写上你看到我的第一印象，并签上大名。每位成员进来贴好卡片之后，熟悉他的人要将他介绍给大家，每一位比他先到的人，都要起身向前，介绍自己，寒暄几句，然后在他背后的卡片上签名并写下对他的第一印象，也请他在你背后签名留言。等全体成员都到齐了，大家围圈而坐，请每个人介绍坐在他右边的人，并念出他卡片上的内容，然后请被介绍者分享他听到卡片内容之后的感想。

谁更受欢迎？请同学观察"人际关系较佳的人"，其受同性或异性欢迎的特质有哪些，之后请学生发言并说明原因。老师归纳学生的谈话内容，总结并书写于黑板上。

我的5条恋人标准：请团体每位同学认真思考后，写下自己最看重的5条恋人标准，由指导者收集大家的意见后与团体分享。注意共性，两性在选择恋人的标准上有较为明显的差异：如男性对于外表的要求，对于温柔、贤惠、个人品质、生活情趣的看重，女性对于学识素养、能力等的要求；同时留意个性，每个人的眼光和趣味会有很大的差异。

有一点动心：辅导老师先做引言，说明每个人都具备某些特质，可能是受他人喜爱或不喜爱的(见下表)，但仍需去尊重他人的独特性。

	受人喜爱	不受人喜爱
个人外表	1. 长得好看 2. 女性化、面貌姣好(女生) 3. 男性化、体格良好(男生) 4. 整洁、干净、修饰整齐 5. 适当衣着	1. 外表俗气、不吸引人 2. 孩子气、太胖或太瘦(女生) 3. 胆小、瘦小、太胖(男生) 4. 邋遢、肮脏、懒散 5. 衣着过时、不合身、不适当、脏乱 6. 身体残障
社会行为	1. 外向、友善、能与他人相处 2. 主动、有活力 3. 参与活动 4. 良好态度、能说善道、有礼貌、稳重、自然、机智、会跳舞、玩很多游戏 5. 有趣、运动佳 6. 行动与年龄相称、成熟 7. 冷静、顺从	1. 害羞、胆怯、退缩、安静 2. 无活力、无精打采、被动 3. 不参与、隐遁 4. 喧哗、吵闹、态度不佳、不尊重、自夸、爱表现、不冷静、傻笑、无礼、粗鲁、聒噪 5. 无聊、运动差 6. 孩子气、不成熟 7. 声誉不佳
个人特质	1. 仁慈、富同情心 2. 合作、与人能相处、脾气好 3. 不自私、慷慨、助人、考虑别人 4. 活泼、乐观、快乐、欢欣 5. 负责、可靠 6. 诚实、有信用、公平、正直 7. 有幽默感 8. 有理想 9. 自信、自我接纳 10. 聪明、有智慧	1. 残暴、敌意、不感兴趣 2. 好辩、蛮横、脾气不佳、支配 3. 不稳定、发牢骚 4. 不考虑别人、不可靠 5. 说谎、欺骗、不公平 6. 不能开玩笑，没有幽默感 7. 心地不好 8. 欺诈、虚荣

拓展阅读

喜欢和爱

询问大家觉得“喜欢”与“爱”是否一样，是否有遇到疑惑不清的时候，现在一起来搞清楚弄明白。交叉呈现爱和喜欢的题目，请同学分辨：

1. 喜欢——和他在一起，感觉很好。
2. 肯定他的能力，对他有信心。
3. 认为他特别成熟。

4. 认为他是很受欢迎的。

5. 和他有些地方很相似。

6. 他具有某些令人尊敬的特质。

7. 觉得他很聪明。

8. 他有令人喜欢的特质。

9. 愿意向他学习。

10. 他是值得信任的人。

11. 对他整体评价蛮高的。

12. 爱——使他幸福是我的责任之一。

13. 认为他值得信赖。

14. 对他无怨无悔地奉献。

15. 容易宽恕他的过失。

16. 对他具有独占欲。

17. 若无法与他同在会感到不幸。

18. 他是我解除寂寞的第一人选对象。

19. 我对他愿意全心全意地关怀。

20. 希望对方完全信赖自己。

21. 我无法忍受失去他。

22. 当他情绪低落,我有义务陪伴他、帮助他。

辅导老师回馈:对现在你的男(女)朋友或是欣赏的人,大家可以从这几点去看看自己是喜欢他这个人,还是爱上他。喜欢是爱的基础,爱情需要更大的包容与真诚,要付出与托付,这值得我们用时间来慢慢学习。

第九章

大学生压力管理与挫折应对

名人名言

人的生命似洪水在奔流，不遇着岛屿、暗礁，难以激起美丽的浪花。

——奥斯特洛夫斯基

压力对人的伤害来源于人们对压力不恰当的心身反应。

——凯洛·涂金顿

教授向他的听众讲述如何正确对待压力。他举起一杯水，问道："这杯水有多重？"

从 20 克到 500 克，回答各异。

教授说："其实具体多重并非关键，关键在于你举杯的时间。如果你举了一分钟，即便杯子重 500 克也不是问题，如果你举杯一个小时，20 克的杯子也会让你手臂酸痛，如果举杯一天，恐怕就需叫救护车了。同一个杯子，举的时间越长，它会变得越重。"

"倘若我们总是将压力扛在肩上，压力就像水杯一样，会变得越来越重。早晚有一天，我们将不堪其重。正确的做法是，放下水杯，休息一下，以便再次举起它。"

生活的压力也需常常放下，使得我们有时间焕发精神，挑战压力。而怎样面对压力，怎样管理压力就是本章的主要内容。

"人有悲欢离合，月有阴晴圆缺，此事古难全。"俗语说，"人生不如意者十之八九"。在人生道路上，挫折与压力如影随形。挫折是人生的伴侣。对于我们每个人来说，挫折的产生是必然的，也是普遍存在的。从某种意义上来说，挫折也是社会生活的组成部分，人们随时随地都有可能遇到。大学生在学习工作和生活中，并非总是一帆风顺，不可避免地会遇到种种挫折，如专业的不如意、学习困难、考试失败、情感上的失落等。而高校校园里，大学生一族初出茅庐，涉世不深，在以往的成长中，顺境多逆境少，成就感强，挫折体验少。绝大多数人没有经历过人生大风大浪的洗礼，生活阅历浅，遇到挫折缺乏心理准备，对挫折的承受能力和应对能力都比较弱，不能理性地应对挫折。因此认识挫折、适应挫折、学会理性地对待挫折和积极地化解挫折，对于当代大学生来说，无论是在校心理保健，还是今后的人生发展都极为重要，也是每个人终身都要研究的课题。

第一节 挫折概述

一、什么是挫折

挫折概述

所谓挫折(frustration)就是我们通常所说的"碰钉子"，是指个体的动机行为受到阻碍而产生的紧张状态与情绪反应。个体在实现目标的过程中，动机行为会有不同的结果：一是无须特别努力即可达到目标，需要很容易满足；二是遇到了干扰和障碍，但是经过努力或者采取某种方法仍可达到目标；三是遇到干扰和障碍使目标不能达到，需要不能满足，而产生种种不安、焦虑情绪。在心理学上，把个人遇到的第三种情况称之为挫折。它是一种消极的心理状态。

案例精选

遭受恋爱挫折的女孩

林某，女，21岁，某大学商务英语专业三年级学生。林某来自江西某山区农村，对于能到省城上大学，林某感到万分高兴。到校后，她学习刻苦、成绩优异，大一时曾被评为三好学生。随着年龄的增长，对异性的倾慕与日俱增，盼望早日有位白马王子出现。当她把自己的感情向本专业另一男生诉说时，遭到婉言拒绝。寒假时她忍不住又写了一封信给那位男生，但他顺路约请同学一同返校已离开家了，他的哥哥便把这封信原封不动地"加快"转寄到学校来了。信到校后，同寝室的同学以为他家里出了什么事，便拆开了信，此事被公开。消息一传出，原本内向、忧郁的她，心情更加沉重了，心里的矛盾也更大了，为此，她整天精神恍惚，萎靡不振，夜不能寐，觉得丢了面子，做了件丢人的事。看见同学们在一起说笑，她就以为同学们在取笑她，便上前去和同学们解释，可自己又说不明白，搞得满城风雨。由此林某经常剧烈头痛，胸中憋闷，度日如年，无法集中精力学习，最终产生自杀念头。她写信给系领导、父母、同学后，便吃了大量的安眠药。由于老师、同学发现及时，送到校医院被抢救过来。

分析 女大学生林某在求爱被拒后就产生了失眠、注意力不集中等紧张状态和懊悔、焦虑等情绪反应。

在上述挫折含义中，既包括挫折情境，也包括挫折体验，二者紧密相联。挫折情境导致挫折体验，挫折情境越严重，引起的挫折体验也就越强，这种由于挫折而引起的主观感受和体验称之为挫折感。

大学生怀抱着许多美好的幻想，希望能将其变为现实。自迈进大学校门之日起，便真正开始尝试从对父母和家庭的依赖中摆脱出来而独立生活，新的环境、新的起点、新的需要迫使他们必须靠自己去独立思考和独立解决问题，由此也就会越来越多地遇到人生发展过程中比较大的课题和由此可能带来的比较大的挫折，特别是越来越多地要靠自己独立地面对挫折、承受挫折和化解挫折。

二、大学生产生挫折的原因

大学生处于人生发展的关键时期，一方面，他们精力充沛，思想活跃，自我意识强，发展欲望强烈，需求广泛而执着，个人的理想抱负水平普遍较高；另一方面，他们人格发展尚不够成熟，社会阅历浅，挫折经验不足，加上大学是一个竞争激烈的环境。因此，大学生遇到挫折是必然的，也是普遍的，甚至遭遇挫折的频度相对还会更高一些。

造成大学生挫折的原因是多方面的和复杂的，挫折的形成与自然环境、社会环境、自身条件以及个人的动机冲突等多种因素有关。大致可以分为以下三个大类。

1. 客观因素

构成挫折的客观因素是指个人自身因素以外的自然因素和社会因素给人带来的限制与阻碍，使人的需要和目标不能满足和实现而产生挫折。

自然因素是指个人不能预料和控制的天灾人祸、时空限制、意外事件等，如地震、洪水、交通事故、疾病、死亡等。自然因素造成的挫折每个人随时都可能遇到，其后果可能很严重，对人的影响很大，如亲人去世、因交通事故致残等；也可能不严重，对人只产生暂时的影响，如有些学生刚入学时对当地气候的不适应，不习惯集体住宿等。

社会因素是指个人在社会生活中受到的各种人为因素的限制与阻碍，包括政治制度、经济条件、人际关系、宗教信仰、传统观念、风俗习惯、战争动乱等方面。任何人都生活在一定的社会历史条件下，社会生活及其变化对人的影响和限制是无处不在的，因而人们因社会因素而产生的挫折是普遍存在的。当前，随着科学技术的飞速发展，社会生活节奏不断加快，生存竞争日益加剧，使人们的紧张感和心理压力大大增加，挫折感不断增强。进入大学以后，大学生面临着一个全新的环境，他们不仅受到自然环境的影响，更多的是受到大学社会环境的影响，如他们要面对繁重的学业、考试的压力和人际关系的冲突等。

2. 个人因素

构成挫折的个人因素是指由于个人在生理、心理以及知识、能力等方面的阻碍和限制，使人的需要和目标不能满足和实现而产生挫折，包括自身生理条件、心理水平。如个人身高、体形、容貌、知识结构、健康状况、表达能力、自我期望、经济条件等都可能是挫折源。有些大学生自视较高，有强烈的自尊心，争强好胜和追求完美的心理较强，所以大学生的挫折很多都是来自个人自身因素。

在构成挫折的个人因素中，大学生的自身条件和能力与自我期望之间的矛盾是造成挫折的重要因素。许多大学生往往过于自信,过高地估计自己的能力,对自我发展的预期和要求不是从客观实际情况出发,而是从主观愿望出发,常常对自己提出不切实际的要求,制订过高的甚至无法达到的目标和计划。一旦这些目标和计划因为能力不及无法实现,而自己又不能清醒地认识到这一点,就会产生强烈的挫折感。

3. 动机冲突

动机冲突也是造成挫折的主要原因,在每个人的生活中经常出现。在现实生活中,人们的需要是多种多样的,常常会因多种需要而产生多个动机,并指向多个目标。当这些并存的动机相互排斥,或者由于种种条件的限制不可能全部实现而必须有所选择时,就形成了动机冲突。动机冲突常常会造成动机部分或全部不能得到满足,同时也就使动机所指向的目标受到阻碍,产生挫折感。其表现形式主要有双趋冲突、双避冲突、趋避冲突和双重趋避冲突。

(1) 双趋式冲突

双趋式冲突是指人们在有目的的活动中,同时有两个并存的具有同样吸引力的目标,而这两个目标因条件所限又无法同时实现,从而产生的难以取舍的冲突情境。“鱼和熊掌不可兼得。”如有些学生在谈恋爱期间同时对两个异性有好感,但只能选择其中的一个而放弃另一个;有些学生想做好社会工作,又不想影响学习等。

(2) 双避式冲突

双避式冲突是指人们同时遇到两个具有相同威胁性的目标,两者都想躲避,但因条件所限而必须选择其一,从而产生左右为难的冲突情境。如“前有悬崖,后有追兵”。

(3) 趋避式冲突

趋避式冲突是指人们在面对同一目标时产生的互相矛盾的心态,即这一目标既具有吸引力,能够满足某些需要,同时又具有排斥力,构成某些威胁。如有些学生想参加演讲比赛,但又怕失败有损自尊心;考试时,有些学生因平时没有认真学习和复习害怕考试不及格,于是就产生了作弊的想法,但又怕被监考老师发现受到校纪处分。

(4) 双重趋避式冲突

双重趋避式冲突是指人们同时遇到两个或两个以上的目标,而每一个目标又同时存在趋避冲突。这种类型是双趋式、双避式冲突的混合类型。如一个学历、能力有限的人,想找份既轻松、收入又高的工作,但事实上,遇到的却是要么是收入高但很辛苦,要么是轻松但收入低的工作。

三、挫折的性质及其转化

从挫折产生的基础和过程看,挫折是不可避免的和随时随地都可能发生的,所以,挫折具有必然性和普遍性。同时挫折还具有两面性:一方面,挫折具有消极性,使人失望、痛苦、沮丧,或引起粗暴的消极对抗行为,甚至导致攻击侵犯行为或失去对生活的追求,给自己和他人造成严重损失;另一方面,挫折又具有积极性,给人以教益,使人认识错误,接受教训,磨炼意志。使人更加成熟、坚强,在逆境中奋起,从而获得进一步的发展。

挫折的消极性和积极性都是相对的,也是可以转化的。挫折的转化是指当人们遇到挫折时,以积极的态度向挫折学习,将挫折变为动力,以顽强的毅力继续奋斗,或重新调整目标,从而使需要或动机获得新的满足的心理过程和实践过程,即减少挫折的消极因素,积极寻找挫折积极的一面,促使挫折产生的消极因素向积极方面转化。

四、大学生常见挫折与反应

1. 大学生常见挫折

不同年龄段和不同类型的人群面对的挫折具有不同的特点。大学生遇到的挫折与大学生活环境和大学生自身特点密切相关,具有鲜明的特点。

(1) 自我认识、自我定位、性心理、恋爱等方面的挫折

大学生正处于人生发展阶段中的青年中后期,这一时期是大学生自我意识形成的关键时期。也是性生理发育日趋成熟的时期。所以大学生遇到的挫折常常与自我认识、自我定位性心理、恋爱等方面有关。

(2) 人际交往、个人发展方面的挫折

人际交往对大学生而言是仅次于学业发展的一项重要的社会需要。大学生都希望获得良好的人际关系,从而维系个人发展与社会需要之间的纽带。大学是一个集体生活环境,同时也是一个学习压力大和竞争激烈的环境。很多大学生都是第一次离开父母和家庭开始独立生活,由于性格或者成长经验的影响,交往技巧方面的欠缺,在人际交往中,往往难以达到理想效果。要么难以抛开自尊、自傲和矜持的面具,要么以错误的方式伸出橄榄枝,反而引起别人的误解。所以,大学生在人际交往中经常会遇到挫折。

另一方面,大学生这一群体具有强烈高层次的自我价值实现的需要,也有明确的发展目标,如考研,留校,或毕业谋求得到一个有发展前途、能发挥专业特长、能实现自身价值并且待遇好的职业等,但在现实生活中,却难以事事如愿。尤其是近几年来,高校分配制度进行了一系列的改革,双向选择、人才市场和自谋职业等成为大学生的主要就业渠道,这给大学生就业增加了一些新的选择机会,但也增加了竞争的压力和失败的风险。有的毕业生在双向选择应聘就业中屡次受挫,体验到较强的挫折感受。毕业发展去向问题成为在校大学生特别是高年级大学生经常考虑的“心事”和常常遇到的实际的或想象的挫折情景。

(3) 生活习惯、专业学习、人际关系、经济来源等方面的挫折

大学是一个不同于中学的新的成长环境，大学生，特别是低年级学生，将面临大量的适应问题，在生活习惯、专业学习、人际关系、经济来源等方面经常会遇到各式各样的挫折。

(4) 求职、择业、就业方面的挫折

大学是为未来职业生涯打基础的阶段，大学生(特别是高年级的学生)越来越关注就业问题，逐年加大的就业压力，给大学生带来的隐性压力不言而喻。对即将毕业的大学生来说，在求职择业过程中也常常会遇到这样或那样的挫折。根据调查，无论是就业岗位、地点、薪酬福利等，大学生的期望一般高于社会提供的范围。所以，在整个就业过程中，大学生都会感到失望、焦虑。

2. 大学生的挫折反应特点

人们在日常的学习生活中，由于主客观条件不同，因此挫折反应也各不相同。需要强调的是，人们在遭遇挫折时的心理与行为反应，有积极的也有消极的，是人们在生活经验中习得的结果，无所谓对错。一般来讲，人们对挫折的反应主要表现在以下三个方面。

(1) 情绪性反应

情绪性反应是指人们在受到挫折时伴随着强烈的紧张、愤怒、焦虑等情绪所做出的反应，可能表现为强烈的内心体验，也可能表现为特定的表情或行为反应。情绪性反应多为消极性反应，主要表现为焦虑、冷漠、退行、幻想、逃避、固执、攻击、自杀等。

① 焦虑

焦虑是一种模糊的、紧张不安的综合性负面情绪，常常伴随焦急、忧虑、恐惧等感受，甚至可能会出现发冷汗、恶心、心悸、手颤、失眠等神经生理反应。当人们面临心理冲突、情境压力或遇到挫折，或者预感到某种不祥的事情或不良的后果将要发生，或者感到需要付出努力的情境将要来临而又感到没有把握预防和解决时，一般都会产生焦虑情绪。挫折是引起焦虑的重要方面，人们遇到挫折时一般都会表现出某种程度的焦虑情绪。适度的焦虑对于提高工作效率、发挥潜能有一定积极作用。过度焦虑是有害的，严重时会导致心理疾病。学习上的过度焦虑则会抑制思维，分散注意力，影响正常的学习活动和学习效率。对大学生而言，人际关系和学习上的挫折是引起焦虑的主要原因。

② 冷漠

冷漠是指当个人遇到挫折时表现出的一种无动于衷和漠不关心的态度。这是一种复杂的挫折反应。表面上看，冷漠似乎是逆来顺受，毫无情绪反应，而事实上并不意味着当事人没有反应，而是对挫折更加痛苦的内心体验，只是被压抑或以间接的形式表现了出来。一般情况下，对挫折的冷漠反应是由于一个人长期遭受挫折或感到没有任何希望摆脱或消除困境时产生的。

③ 退行

退行，也叫退化感情、倒退，是指当人们受到挫折时所表现出的与自己年龄和身份不相称的幼稚行为。通常，不同年龄阶段的人，各有其不同的情绪和行为模式。随着年龄的增长，在社会生活方方面面的影响下，人们在情绪和行为方面会日益成熟起来，并逐渐学会控制自己，在适当的场合和适当的时候，做出与自己年龄相符的情绪反应和行为表现。当人们遇到挫折后，一些人在一定程度上会失去对自己的控制，以低于自己年龄的简单、幼稚的方式应对挫折，以求得别人（有时是自己）的同情和关注。而当事人自己常常不能清醒地意识到这种情况。有时，我们会看到某老年妇女在钱被偷后，在大街上捶胸顿足，号啕大哭；平时举止文雅的成人，面临挫折情境时，有时会表现出粗鲁的行为，可能咒骂或大声叫嚷或挥拳相争；歇斯底里发作的患者，也有退化行为，如满地打滚，甚至故意尿湿衣服等。

④ 幻想

幻想是指个人在遇到挫折时企图以自己想象的虚幻情境来应对挫折。任何人都有幻想，大学生又处在多幻想的年龄段，所以大学生的幻想特别多。通过幻想，人们可以暂时脱离现实，在自己想象的情境中满足一些自己的需要和欲望，产生一种愉快和满足的感觉。应该说，当人们遇到挫折时，暂时的幻想，可以使人在一定程度上缓解挫折情绪，偶尔为之，也是正常的。但如果用幻想来应对现实中的挫折，特别是长期处于幻想状态，或养成了从幻想中实现现实生活中实现不了的目标的习惯，就会使人降低对现实生活的适应能力和严重脱离现实生活，甚至可能导致精神疾病。

一个大学生在学习中遇到困难，考试失败，他有可能在幻想中想象自己完成了学业，幻想自己在事业上获得了巨大成功，幻想自己处于很高的地位，幻想自己得到了意中人的青睐。现实中的挫折越是使他感到痛苦，幻想中的成功越是使得他得到愉快和满足，他就越有可能逃避现实而趋向幻想。

⑤ 逃避

逃避是指个人在遇到挫折或感到可能面临挫折时，不能面对现实、正视挫折，而是以消极的态度躲开挫折和现实的一种挫折反应方式。如有些学生谈恋爱失败后就不敢再谈恋爱；有些学生当众演讲失败，受到别人嘲笑后再也不参加集体活动等。逃避虽然可以使人们降低因挫折产生的紧张感，或者避免再次受到挫折的伤害，但当事人面对的现实问题并没有解决，而有些问题又是不能回避的。所以，逃避常常使人害怕困难，不求进取，长期下去将大大降低人们的适应能力和自信力，甚至可能会导致适应不良。人们逃避挫折的方式各种各样，幻想也可以看作是一种典型的逃避方式。

⑥ 固执

固执是指个人在受到挫折后，采取刻板的方式盲目地反复进行某种单调、机械的无效动作，尽管知道这些动作对目标的达成、需要的满足并无帮助。通常，固执是在一个人反复遭受挫折而又一时无法克服或回避的情况下产生的，过多、过严的惩罚和指责，或者当人处于惊慌失措的状态时也容易产生固执行为。固执行为的特点是呆板无弹性，具有很大的强制性，是在人们遇到挫折后感到无能为力和不知所措时产生的反应方式。所以，这种挫折反应方式并不是不可改变，当人们一旦获得了更适当的反应方式，就会取代固执行为。

⑦ 攻击

攻击是指当一个人遇到挫折时，为了将愤怒的情绪发泄出去，或者对构成挫折的对象进行报复而产生的攻击性行为。攻击性行为的对象可能是构成挫折的人或物，也可能是其他替代物，还有可能是受挫者自身。攻击性行为的表现形式多种多样，一般分直接攻击和转向攻击两种。直接攻击是指受挫者将愤怒的情绪直接指向构成挫折的人或物，通过动作、表情、言语、文字等形式表现出来。转向攻击是指受挫者感到引起挫折的真正对象不能直接攻击或不便攻击，或者挫折的来源无法确定时，将愤怒的情绪发泄到其他人或物上的一种变相的攻击方式。如有些学生在比赛时没有获得期望中的名次，便乱砸乱摔东西等。

⑧ 自杀

自杀是个人遭受挫折后的一种极端反应方式，也可以看成是受挫后针对自身的一种典型的特殊的攻击行为。当一个人受到突然而沉重的挫折打击，或者长期受到挫折的困扰和折磨，感到万念俱灰不能自拔时，可能会产生自暴自弃、轻生厌世的想法，此时若得不到外力的帮助，就可能采取上吊、跳楼、投河、服毒等方式自杀。通常，自杀行为是在挫折的打击大大超出受挫者对挫折的承受能力的情况下发生的，特别是当受挫者将受挫的原因归结为自己，并对自己丧失信心，将自己作为迁怒的对象时更可能导致自杀行为。

刚步入大学的学生，成长中并未经历大的波澜，很少遇到很大的挫折。他们对挫折的承受能力普遍较低。同时，大学生一般都自视较高、自尊心强，所以，当受到挫折和打击时，有时甚至是很小的挫折，也会诱发自杀行为。如某高校的一名学习成绩十分优秀的女生，得知自己有一门课考试不及格时就跳楼自杀；还有些学生失恋后不能自拔而自杀等。

(2) 理智性反应

理智性反应是指人们在受到挫折后，采取积极进取的态度，在理智的控制下所做出的反应。通常，人们在遭受挫折后都会出现紧张状态，都会在某种程度上做出某种情绪性反应。其中，有些人始终被情绪所控制不能摆脱，而有些人则能够及时调整，保持冷静，面对现实，审时度势，采取积极的态度和方式对待挫折。所以，理智性反应是对挫折的积极反应方式，主要表现在以下两个方面：

① 坚持目标，逆境奋起，矢志不渝

当人们遇到挫折后，经过客观冷静地分析，发现自己所追求的目标是现实的和正确的，当前的挫折只是暂时的，是在实现目标的道路上遇到的一些曲折，经过努力是可以克服和逾越的。所以，应设法排除障碍，克服困难，坚持不懈地朝着既定目标矢志不渝地迈进，直至最终实现自己的愿望和目标。人类社会发展的历史证明，许多科学发现和发明，都是在十分艰苦的条件下，有时还冒着被攻击、迫害甚至丧失生命的危险，几经努力，经过多次失败才获得成功的。大学生大多都有强烈的发展需求和对未来生活的美好愿望，同时，大学生又面临着一个竞争激烈的发展环境，科学技术的飞速发展对每个大学生都提出了更高的要求，所以，大学生在成长过程中不可避免地要遇到各种各样困难的挑战和考验，这就需要大学生在实践中不断提高自己的意志力，培养顽强拼搏的毅力以及敢于面对和战胜困难的勇气。如有些学生为了得到一项实验数据在实验室一蹲就是几天几夜；有些学生家庭贫困但意志坚定，不图虚荣，刻苦学习，奋发成才等。

② 调整目标，循序渐进，不断努力

由于自身条件或社会因素的限制，人们的需要和目标并不是都能满足和实现的，或者在目前的条件下是不可能满足和实现的。因此，人们在实现目标的过程中，几经努力和尝试都失败后，就要冷静下来，认真客观地分析导致失败的真正原因，并根据实际情况对自己的奋斗目标进行适当的调整。一方面，可能自己定的目标太高，不符合目前自己的实际情况，或实现目标的条件尚不具备，需要适当降低目标，或将目标分成几个阶段性目标，并根据实际情况适当变换实现目标的途径和方法，循序渐进，通过不断努力，逐步获得成功。如有些学习基础差的学生，就不能一厢情愿地将目标定为每门课都考优秀，而应考虑首先通过努力使每门课都及格，然后重点在一门或几门课上取得好成绩，最后再努力取得全面进步。另一方面，人们满足需要和实现愿望的途径和方式是多种多样的，一旦遇到挫折，发现原定的目标难以实现时，还可以改换目标，寻找新的能够实现的目标取而代之，同样可以达到满足自身需要的目的。如有些学生在集体活动中想引起同学们的关注和赞赏，就苦练唱歌，但由于自己的嗓音不够圆润，音乐基础又不太好，怎么练都达不到理想的效果，这时就可以考虑练跳舞或演讲等，或许其他方式更符合自己的实际情况，能够取得理想的效果。

(3) 个性的变化

通常情况下，挫折对人的影响都是暂时的，随着具体挫折情境和条件的改变，随着时间的推移或受挫者认识上的变化，受挫者在受到挫折后所感受到的紧张状态会逐渐消失。但人们在受到挫折后，除了上述直接表现出的挫折反应外，还会出现间接的反应，并对受挫者产生久远的影响，甚至影响到个性的形成与发展。

挫折对个性的影响，一般是在人们连续经历挫折，或者遭受特别重大挫折的情况下产生的。由于导致挫折的情境和条件相对稳定并长期持续，由此产生的紧张状态和挫折反应就会反复出现，久而久之这些反应方式就会逐渐固定下来，使受挫者形成了习惯和一些突出的个性特点。如有些学生在儿童时期长期受到父母过分严厉的管教甚至责难、打骂，就易形成畏缩拘谨、胆小怕事、逆来顺受或者倔强执拗、偏执敌对等不良的个性特点；有些学生与同伴不能友好相处，长期处于紧张的人际关系状态之中，就易形成多疑、多虑、孤僻、狭隘、情绪不稳定等个性特点。但是挫折对个性形成与发展也可能产生积极的影响，如经历了重大挫折后，或者长期身处逆境之中，使人养成了坚强、刚毅和不屈不挠的个性特点。

总之，挫折对个性的影响在很大程度上取决于人们对挫折的适应情况，对挫折的消极反应如果得不到及时纠正，并在心理和行为上固定下来，就会形成对挫折的适应不良，对受挫者的个性形成与发展就会带来不利的影响。

第二节 大学生的心理防御机制

一、心理防御机制

心理防御机制是个体在遭遇到挫折与冲突的情境时，在其内部心理活动中具有的自觉不自觉地解脱烦恼，减轻内心的不安，以恢复情绪平衡与稳定的一种适应性倾向。我们经常说的“酸葡萄原理与甜柠檬原理”就是典型的心理防护墙与缓冲带。心理防御机制是一种无意识的过程，在需要的时候，我们每个人都会运用防御机制。同时防御机制往往是人的意识中的“盲点”，例如一个极端吝啬的人可能意识不到自己被人视为“吝啬鬼”。心理防御机制既有积极的，也有消极的。积极的心理防御机制在缓冲心理挫折时，让人表现出自信、进取倾向，有助于战胜挫折；而消极的心理防御机制则大多数表现出退缩、冷漠、逃避的倾向，虽然能暂时缓解内心冲突，但从长远来看，会阻碍个体面对现实，解决问题。正确运用防御机制，能促进大学生人格的健康发展。

大学生的挫折防御机制大体可以分为三类：积极的心理防御机制、消极的心理防御机制和中性的心理防御机制。

1. 积极的心理防御机制

(1) 升华

升华是指一个人在受到挫折后，将自己不为社会所认同的动机或欲望，用社会许可的思想或行为方式表达出来，或将自己的情感和精力转移到有益的活动中去，使低层次的需要和行为上升到高层次的需要和行为，从而将不良情绪和不为社会所允许的动机导向比较崇高的方面，以保持情绪稳定和心理平衡。如把失恋的痛苦转化为发奋学习的动力，把失去亲友的悲痛化为力量，更加勤奋追求上进。升华的作用不仅可以使原来的动机冲突和受挫后的不良情绪得到化解和宣泄，而且能够促使人获得成功。历史上很多著名的科学家、艺术家和领袖人物，都是通过对挫折的升华取得辉煌成就的。

(2) 补偿

补偿指人们在实现目标过程中受到挫折，或由于自身的某种缺陷而达不到既定目标时，而从另一方面寻求目标，以其他可能达到成功的活动或自己的特长来代替，通过新的满足来弥补原有欲望得不到满足和目标不能达成所带来的痛苦。如有些学生学习成绩一般,但社会活动能力很强,同样得到一种心理上的平衡和满足感。富兰克林·罗斯福患小儿麻痹症,他努力奋斗成为卓越的政治家;海伦·凯勒从小又聋又哑,后来成为一位著名的作家和思想家。

(3) 幽默

幽默是指当一个人受到挫折,处境困难或尴尬时,用幽默的方式来化解困境,维持自己的心理平衡。比如,有一次,苏格拉底正在和学生们讨论学术问题,互相争论的时候,他的妻子气冲冲地跑进来,把苏格拉底大骂了一顿之后,又提来一桶水,猛地泼到苏格拉底身上。在场的学生们都以为苏格拉底会怒斥妻子一顿,哪知苏格拉底摸了摸浑身湿透的衣服,风趣地说:“我知道,打雷以后,必定会下大雨的。”

2. 消极的心理防御机制

(1) 退化

退化指一个人在受到挫折后,采取倒退到童年或低于现实水平的行为来取得别人的同情和关怀,从而避免紧张和焦虑的行为。如病人经过死里逃生的车祸或大手术之后,虽然从医学观点看来身体已经复原,可病人往往不愿出院。这是因为病人经受巨大挫折,害怕再负起成人的责任及承担随之而来的恐惧与不安,因而退化成孩子一样的依赖。退化作用在疾病和疑病症中也很常见。

(2) 转移

转移指将对某人或者某事物的情绪反应(多属于消极情绪如愤怒、憎恨等)转移对象,以寻求发泄的过程。“迁怒”事例便是证明。如有些丈夫工作中受到领导的批评,心中恼怒又不敢对领导发作出来,回家打妻子,妻子打孩子,孩子踢小狗等,因为愤怒被转移,心境也就平静了。

(3) 幻想

幻想指当一个人的动机或欲望受到阻碍无法实现时,以想象的方式使自己从现实中脱离出来,在空想中获得内心动机或欲望的满足。

(4) 否认

否认是防御机制的最基本的表现方式之一,它是指对已发生的令人痛苦的事实加以“否定”,认为它根本没有发生过,以减轻或逃避心理上的痛苦。比如,在日常生活中,人们对某种预料之外的不幸事件的心理反应:“不! 这不会是真的……”“这不可能! 简直就是不可能发生的……”在有关死亡、疾病和类似的痛苦或威胁性经验中,人们常会运用否认这一防御机制。

(5) 投射

投射指把自己的不当行为、失误或内心存在的不良动机和思想观念、欲望转移到别人身上,认为别人也是如此,以此来减轻自己的内疚和焦虑,逃避心理上的不安。投射作用的实质,是个体将自己身上所存在的心理行为特征推测成在他人身上也同样存在。

例如，表现为把自己的错误、失败归咎于他人，或把自己的欲望态度转移到他人身上，认为别人也是如此，从而掩盖自己那些不受欢迎的特征。“以小人之心，度君子之腹”就是一种典型的投射，受挫折后所表现出来的怨天尤人、推卸责任也是一种投射。

3. 中性的心理防御机制

(1) 文饰

文饰，又称合理化，指当人们的行为未达到目标，或不符合社会规范时，为了减少或免除因挫折而产生的焦虑和痛苦，寻找种种理由或值得原谅的借口替自己辩护。文饰的作用是人们在日常生活中使用最多的一种挫折防卫机制，通常的表现方式是“找借口”“酸葡萄心理”和“甜柠檬心理”。

(2) 反向作用

反向作用，也即“矫枉过正”现象，它是指为了防止自认为不好的动机外露，采取与动机方向相反的行为。有的人对伺机报复的对象内心憎恨，而表面却非常温和，过分热情。可见如果人的某些行为过分的话，表明他潜意识中可能有相反的想法。

(3) 压抑

压抑是指人们在受到挫折后，把意识所不能接受的、使人感到困扰或痛苦的思想、欲望，或体验压抑到潜意识中，不再想起、不去回忆，主动遗忘，以保持内心的安宁，使自己避免痛苦。如人们常把过去的失败、丢面子的情景、对爱人的不满或那些自己不喜欢的人的名字压抑在心底，使自己忘记那些不愉快的事情。

(4) 认同

认同，又称自居作用，是指一个人在受到挫折后，效仿他人获得成功的经验和方法，使自己的思想、目标和言行更适应环境的要求；或者是把别人具有的、使自己感到羡慕的品质加在自己身上，或者是将自己与所崇拜的人视为一体，以提高自己的信心、声望、地位，从而减轻挫折感。

二、防御机制的合理运用

通常每个人在生活中都不知不觉地运用种种心理防御机制来缓解挫折所带来的焦虑、不安和痛苦。不同的个体对相同程度和性质的挫折，完全可以采取截然不同的心理防御机制，同一个体处于不同的挫折情境中产生相同的心理冲突，也可能采取不同的心理防御机制来处理。因此，心理防御机制是一种正常的心理现象，但心理防御机制虽是一种自发的心理调节机能，却具有两面性：一方面，挫折防御机制可以起到使人适应挫折、减轻精神痛苦、促进发展的作用；另一方面，挫折防御机制又会使人逃避现实，降低对生活的适应能力，从而导致更大挫折，甚至产生心理疾病。

合理运用心理防御机制可以有效地缓解情绪上的痛苦，提高对挫折的承受能力，为人们最终战胜挫折提供条件。特别是积极的心理防御机制的运用，还可以促使人们面对现实，积极进取，战胜挫折，获得进一步的发展。在上述各种心理防御机制中，升华是最具有积极性和建设性的挫折防御机制，补偿、升华、幽默等积极的心理防御机制有助于适应挫折、化解困境、维护心理平衡和心理健康。而否认、幻想、退化、文饰、反向作用、转移、压抑、认同、投射等心理防御机制只能起到暂时的缓解冲突、平衡心理的作用，在某种程度上都不利于提高人们对挫折的适应能力。心理防御机制虽然在一定程度上能够帮助人们提高和保持个人自尊，躲避或减轻焦虑情绪，缓解心理压力，但如果挫折防御机制使用过度，或使用不当，不仅减轻不了紧张和焦虑的程度，反而可能破坏心理活动的平衡，妨碍个人的社会适应，甚至还可能造成心理异常和行为偏差。所以我们要准确地认识和把握心理防御机制，适时适度地运用并发挥防御机制的积极作用，学会更有效地应对挫折，以利于身心的健康发展。

心理实训

我的防御机制

目的：了解自己常用的防御机制以及可能给自己带来的影响。

流程：请举出几个你曾遇到的人在遇到挫折时运用心理防御机制的具体表现方式，探讨各种挫折防御机制在人们应对挫折过程中所发挥的积极和消极作用。

第三节　大学生挫折调节方法与技术

现在的在校大学生大多都是刚刚从父母的庇护下走出家门，社会实践少，经受的挫折不多，意志品质的锻炼和培养普遍不足，在顺境中成长，形成了敏感、脆弱、孤独、易被蛊惑、易冲动的心理特点，主要表现为意志品质的发展不充分，处理动机冲突的能力不强，目标调整能力差，缺乏韧性、恒心与毅力。所以，大学生要想获得发展，实现自己的远大理想和奋斗目标，就必须在实践中不断磨炼自己，努力提高自己的挫折承受力和意志力。所谓挫折承受力是指人们在遇到挫折时，能够忍受和排解挫折的程度，也就是人们适应挫折、抵抗和应对挫折的一种能力。意志力是指人们为达到既定目的而自觉努力的程度或坚强的意志品质。意志品质是一个人在生活中形成的比较稳定的意志特征，是个性的重要组成部分。人的意志力不是与生俱来的，而是在社会实践活动中逐渐培养锻炼出来的。

如何提高大学生的抗挫折能力，引导大学生正确面对挫折，在逆境中崛起，最终能够成长成才，已成为学校、家庭、社会亟须解决的重要问题。由于引起大学生挫折的原因有主客观因素，因此大学生要战胜挫折，必须依靠社会、学校和大学生自身各个方面的努力。

一、社会、学校要努力帮助大学生战胜挫折

对于受教育的大学生而言，社会、学校对他们的健康成长具有不可推脱、无可非议的责任。首先应该充分认识到大学生是一个特殊的社会群体。他们虽然身体已经发育成熟，但心理尚未成熟；他们是正在高校中接受高级专门知识的青年，受教育是他们的中心内容；由于他们刚刚步入社会缺乏正反两方面的社会经验的体验，更缺乏面对挫折、战胜挫折的勇气、方法，所以应该对受挫大学生的行为表现持宽容态度，加强对大学生的挫折教育，通过开展心理健康教育和心理咨询，积极疏导，形成学校、家庭、社会“三位一体”的挫折教育网，积极帮助大学生摆脱困境，战胜挫折。

二、大学生挫折自我调适方法与技术

1. 树立正确的挫折观

正确认识挫折，是大学生战胜挫折的先导和前提。人的生活和工作不可能一帆风顺，人生遇到各种挫折是不可避免的，挫折是我们生活的组成部分。因此，大学生应做好面对挫折的充分的心理准备，一旦遇到挫折，就不会惊慌失措，痛苦绝望，而能够正视现实，敢于面对挫折的挑战。同时，也应该看到，挫折也并不是总发生的，生活中还有很多快乐、幸运和幸福的事情。所以，大学生在遇到挫折时，不应只看到挫折带来的损失和痛苦，还应看到自己的优点和已取得的成绩，不应始终停留在挫折产生的不良情绪之中，而应尽快从痛苦中解脱出来，以理智面对挫折。

心理故事

人生没有放弃努力的借口

有这么一个人，也许你知道他。在 1832 年，当时他失业了，这显然使他很伤心，但他下决心要当政治家，当州议员，糟糕的是他失败了。在一年里遭受两次打击，这对他来说无疑是痛苦的。他着手自己开办企业，可一年不到，这家企业又倒闭了。在以后的 17 年间，他不得不为偿还企业倒闭时所欠下的债务而到处奔波，历尽磨难。他再一次参加竞选州议员，这次他成功了。他内心萌发了一丝希望，以为自己的生活有了奔头：“可能我可以成功了！”1835 年，他订婚了，但离结婚还差几个月的时候，未婚妻不幸去世。这对他精神的打击实在太大了，他心力交瘁，数月卧床不起。在 1836 年他还得过神经衰弱症。1838 年他觉得身体状况良好，于是决定竞选州议会议长，可他失败了。1843 年，他又参加竞选美国国会议员，但这次仍没有成功。直到 17 年后的 1860 年，历经更多的磨难和失败之后，这个人当选了美国总统，他的名字是阿伯拉罕·林肯。

2. 积极投身实践活动，不断磨炼自己和积累经验

挫折具有两面性，生活中的挫折和磨难并不都是坏事。平静、安逸、舒适的生活，往

往使人安于现状；挫折和磨难，却使人受到磨炼和考验，变得更加成熟和坚强。因此，大学生应积极投身实践活动，在实践中不断磨炼自己，提高自己的意志力，培养坚强的意志品质。在实践过程中，不要惧怕失败，要善于从失败中总结经验教训，化消极因素为积极因素，使挫折向积极方向转化，不断提高自己解决困难、战胜挫折的能力。在总结经验教训时，应着重考虑确定的奋斗目标是否恰当、实施的途径和方法是否正确、造成挫折的原因来自何处、转败为胜的办法在哪里。

3. 改变不合理的认知观念

心理学研究表明，引起强烈挫折感的与其说是挫折、冲突，不如说是受挫者对所受挫折的看法，以及所采取的态度。也就是说，挫折带来的真正威胁，不在于发生的、不可挽回的挫折本身，而在于对挫折如何认识、如何承受和如何行动。大学生因挫折陷入心理困境，很大程度上是因为认识方面的偏差。常见的不合理观念有：

（1）此事不该发生。有些人把生活中的不顺利，学习、交往中的挫折、失败看成是不应该发生的。他们认为，生活应该是愉快的、丰富的，人际关系应该是和谐的、互助的。一旦生活中出现诸如人际关系方面的冲突，成绩滑坡，好友负心，评不上优秀等事件，就认为它不应该发生，而变得烦躁易怒、束手无策、痛苦不堪、失去信心。

（2）以偏概全。有些人常常以片面的思维方式看待事物，简单地以个别事件来断言全部生活，一叶障目。例如，有人对自己不友好，就得出结论说自己人缘不好或缺乏交往能力；一次考试不如意，就认为自己彻底失败，不是读书的材料；一次失恋就认为自己对异性没有吸引力等，从而导致自责自怨、自卑自弃的心理。以偏概全不仅表现在对自己的认识上，也表现在对他人、对社会的认识中。例如，因一事有错而对他人全盘否定；因社会有缺陷，存在阴暗面，就看不到光明，而彻底丧失信心。

（3）无限夸大后果。有些人遇到的是一些小挫折，却把后果想象得非常糟糕、可怕。夸大后果的结果是使人越想越消沉，情绪越来越恶劣，最后难以自拔。例如，一门功课考试不及格，就认为自己能力不行，学不下去，毕不了业，找不到工作，人生没前途，生命没价值。这实际上是一种自己吓唬自己，给自己施加压力的做法。

除此之外还有许多其他不合理的认知，比如极端思维，即看问题的方式非黑即白，没有中间色彩；任意推断，即在证据不充分或缺乏时草率下结论。这些不合理的、歪曲的认知使人心理挫折加重，只有改变这些不良的认知方式，纠正错误的观念，才能实事求是地评价挫折带来的后果，从困难中看到希望，走出困境。这在心理治疗中被称之为“认知转变法”。

4. 优化自身人格品质

挫折承受力与人格特征有关。以下四种人格类型的人常常容易引起挫折感。①性情急躁的人。他们情绪变化大，易动怒，常常因为一点芝麻绿豆的事而引起挫折感。②

心胸狭窄的人。他们气量小、好猜疑，喜欢斤斤计较，容易产生消极的情感。③意志薄弱的人。他们做事缺乏耐力和持久性，患得患失，害怕困难，只看眼前利益，经不起打击和挫折。④自我偏颇的人。他们缺乏自知之明，或者自高自大、目空一切，或者自卑自贱、畏首畏尾。

为了提高挫折承受能力，大学生应主动培养自己良好的人格品质，改变那些不适应发展的不良的人格品质，培养自信乐观、自强不息、宽容豁达、开拓创新等品质。自信才能乐观，乐观才能自信，二者相辅相成。当遇到挫折、困境时，如果相信自己一定能取胜，那就会积极地去改变现实，克服困难，战胜挫折，这是自信的作用。乐观者在面临挫折、困境时，不会被眼前的困难吓倒，而是能够透过表面的不利看到蕴藏在背后的希望，相信明天是美好的，从而信心十足地去战胜困难。

5. 学习心理调适技巧，主动寻求社会支持和专业帮助

学习一些自我心理调适方法可以有效地化解因挫折而产生的焦虑、紧张等不良情绪，从而提高挫折承受力。常用的自我心理调适方法有自我暗示法、放松调节法、想象脱敏法、想象调节法和呼吸调节法等。

提高挫折承受力，还应建立和谐的人际关系，营造自己的情感社会支持系统。当人遇到挫折时，一般都伴有强烈的情绪反应，处于焦虑和痛苦之中，这时，如果有几个好朋友或者亲友能够给予安慰、关心、支持、鼓励和信任，将能有效地缓解心理压力和降低情绪反应，从而增强对挫折的承受力。所以，大学生在遇到挫折时，不应将自己封闭起来，而应尽快找自己的好朋友和家人进行沟通，寻求他们的支持和帮助。

当一个人受到挫折后陷入不良情绪中不能自拔时，还可以寻求心理咨询师系统专业的疏导和帮助。通过心理咨询，受挫者在心理咨询师的引导下，化解不良情绪和行为反应，校正主观认识，发挥内在潜力，消除心理障碍，明确前进方向，最终获得心理上的成长，提高挫折承受力。

心理实训

大学生挫折承受力训练方法

挫折承受力是磨炼出来的，不是天生的。“台上几分钟，台下十年功”。挫折承受力的提高是一个持久的过程。挫折承受力训练的方法有多种。

1. 蹲马步

蹲马步是非常考验人的毅力的一件事情，一开始蹲马步，往往坚持一两分钟膝盖地方就会酸痛难忍，但是每天蹲，每天增加几秒钟时间，当累得不行的时候，就提醒自己要坚持、坚持、再坚持，经过一段时间，你会感到自己的毅力增强了。以前跑 800 米不能及格的同学，现在竟然及格了。以前回家后把学习丢到一边的人，也开始能制订计划并坚持按计划行动了。

2. 冬天洗冷水浴

3. 经常对自己说下列类型的激励语

不经历风雨，怎么见彩虹，没有人能随随便便成功。

自古雄才多磨难，从来纨绔少伟男。

宝剑锋从磨砺出，梅花香自苦寒来。

天将降大任于斯人也，必先苦其心志，劳其筋骨，饿其体肤，空乏其身。

4. 不断地激励自我

当大学生感到生活、学习缺乏激励的时候，可用下列方法自我激励：

获得成功后立即自我奖励

经常与成功人士交往

寻找志同道合者合作

拜会你所尊敬的师长

看成功人士传记

听成功人士的演讲、录音带

参加潜能激发培训班

总之，大学生的学习生活不是一帆风顺的，挫折是多种多样的，应对挫折的方法也是灵活多变的。大学生应该学习挫折理论，掌握应对方法，培养健全人格，提高抗挫折能力，增强心理健康水平，使自己在战胜挫折的过程中得到更充分更全面的发展。

第四节 压力与压力管理

大学生所体验的压力是不可忽视的，如考试压力、学习压力、就业压力、人际压力等。大学生承受的压力越来越重，可能会导致一系列的心理健康问题。压力，已经成为危害大学生健康的第一杀手。近年来由各种压力导致的大学生自杀事件以及违法犯罪事件，让人触目惊心。为此，大学生必须学会管理和释放自己的心理压力，才能拥有快乐和健康的生活。

与“鸭梨君”和谐共处

一、压力特征的定义

压力是指人们在社会适应过程中，对各种刺激做出的生理和行为反应时所产生的一种紧张的心理体验和感受。压力在西方文献中也称为应激(stress)，压力是一般意义上使用的概念，应激则是临床使用的概念。

1. 压力是一种心理感受和体验

我们这里所说的压力不同于力学范畴中的压力。力学中的压力是实实在在的直接作用,可以测量,并且也容易控制和消除。而心理压力则是一种心理感受,同时存在个体差异。压力是心理失衡的结果,来源于内心冲突。心理作为现实的反应,必定将我们日常生活中遇到的各种各样的矛盾,如理想与现实、自我与社会等冲突,引入我们的内心世界,从而引发焦虑、苦恼等情绪体验和感受。

知识链接

压力的种类

1. 一般单一性生活压力

在日常生活中,不可避免地会遭遇到各类生活事件,这些事件,是人们在生存和发展过程中无法回避的。如:入学考试、完成困难的任务、遭遇从未经历的事情、恋爱、婚姻、就业、失业、亲人亡故、迁居、旅游等。

如果我们在生活的某一时间段内,经历着某一种事件并努力去适应它,而且其强度不足以使我们崩溃,那么我们称这时候体验到的压力为一般单一性生活压力。

经历一般单一性生活压力,对于承受人来说,其后效不完全是负面的。将自幼受到压力的成人与自幼处处受到保护的成人相比较,其结果显示,前者的身高比后者平均高出2.6英寸,认知的发展也获得了更多的强化。自幼处境困难的人,成人之后,更能吃苦耐劳,应对各种压力的能力相对较强。

2. 叠加性压力

叠加性压力有以下两类。

第一类,同时性叠加压力。在同一时间里,有若干构成压力的事件发生,这时,当事者所体验到的压力称为同时性叠加压力,俗称“四面楚歌”。

第二类,继时性叠加压力。两个以上能构成压力的事件相继发生,后继的压力恰恰发生在第一个压力的第二阶段或第三阶段,这时,当事者所体验到的压力称为继时性叠加压力,俗称“祸不单行”。

叠加压力,是极为严重和难以应对的压力,它给人造成的危害很大。有的人可能在“四面楚歌”中倒下,有的人或许在衰竭阶段被第二组压力冲垮。

3. 破坏性压力

破坏性压力又称极端压力,包括战争、大地震、空难、遭受攻击、被绑架、被强暴等。在实际生活中,此类压力并不罕见。

2. 压力是压力源作用的结果

压力虽然是一种体验,但离不开客观刺激——压力源。诸如生活费超支、即将到来的期末考试、毕业后的就业问题等,成为大学生压力的主要原因。

3. 压力反应与主观评价

压力并不直接导致我们的感受和体验,而我们对压力的认识反应或主观评价,决定了我们的感受和体验。对压力的反应包括心理和行为两个方面。

(1) 压力的心理反应

在压力情境下,个体的感知功能被激活,注意力集中,记忆力增强,思维也变得活跃。个体的认知反应既有积极的一面,也可能具有消极的作用。积极的一面是认知活动增强,有利于应对压力情境,迎接威胁与挑战。但也可能产生诸如“灾难化”消极认知反应,即对负面压力源的潜在后果估计得过分严重。消极认知反应还包括自我评价降低,使得个体的自主感知自信心丧失。例如,一个长期得到师生称赞的学生,突然面对一次考试失利,很可能就会一蹶不振,变得怀疑自己。

个体的心理反应还集中在情绪方面。面对压力,个体最常见的情绪反应包括:焦虑与恐惧、愤怒与怨恨、抑郁等。

(2) 压力的行为反应

压力条件下的行为反应,与心理和情绪反应密切相关,也可以将其视为心理和生理过程的外显反应。行为反应主要涉及面部表情、目光、身姿和动作,也包括声调、音高、语速和节奏等。当压力超过当事人承受能力的时候,个体的行为反应可能会显得惊慌失措,以至身体的协调能力和灵活性下降,动作刻板,或运动性不安,搓手顿足;或运动减少而呆滞。

(3) 对压力的认知和评价

个体对压力的反应,不是直接而单纯的,而是要受到中介机制——认知评价的影响。它决定着个体如何看待刺激的性质与压力的大小。认知与评价机制主要取决于以下因素:

① 压力源本身的性质与特点,即是单一性的还是复合性的,一般性的还是破坏性的。

② 社会支持系统。当个体具有较强的社会支持系统时,他可能觉得压力没什么大不了的,自己可以得到帮助;相反,社会支持系统薄弱的人会很沮丧,有一种独自面对困难的悲伤。

③ 当事人自身的身心特点。主要包括三个方面:性别、年龄、受教育程度、经济状况、婚姻状况、职业等人口统计学状况;体魄强壮与否的生理状况;认知与归因风格、性格倾向、情绪状态、应对能力与应对风格、人格动力特征、自我概念等心理因素。

知识链接

对压力再认识

压力在精神上的表现:消沉,思维混乱,失眠,思想消极,大喊大叫,过度亢奋,神经衰弱,喜怒无常。

什么人更耐压力?

同样的事情对一个人是压力,对另外一个人却不是。这是因为性格的不同。不同性格的人对事情有不同的认知,所以对压力的看法和理解也是不同的,比如说,升职对有些人来说是压力,而另一些人却认为这是理所当然的事情。

有学者提出，一般来说，有较高压力耐受力的人有三个特征：敢于承担义务；期待变化，勇于挑战；有控制感。

以下任何一种症状都表明你正因为压力而遭受痛苦：心跳加速，掌心冰冷或出汗，持续头痛，呼吸短促，胃部不适，恶心或呕吐，腹部疼痛，健忘，脾气不好，大喊大叫，肌内刺痛。

二、压力的作用及人的反应

1. 压力的作用

压力对人的作用具有双重性。

(1) 压力对健康的积极作用

一般单一性社会压力有益于健康，它使人生活得充实，人生变得有意义，我们将这类压力称之为良性压力。事实上完全没有压力的生活是不可想象的，也是不真实的。

心理学的研究表明，早年的心理压力是促进儿童成长和发展的必要条件。经受过生活压力的青少年在以后的生活和工作中更容易适应环境，更容易取得成功；反之，早年生活条件太好，没经历过挫折和压力，则有如温室里成长的花朵，经不起生活的风吹雨打。对于大学生而言，适度的压力是维持正常身心功能活动，激发积极性和主动性，锻炼和培养良好意志力品质的必要条件。

(2) 压力对健康的消极影响

继时性压力和破坏性压力，则会成为人们健康的杀手。继时性压力使人处于慢性心理应激状态，时间一久便容易引发一系列的身心症状。病人会产生呼吸困难、易疲劳、心悸和胸痛等生理症状。此外，还有紧张性头痛、焦虑、抑郁、强迫行为等心理症状，是为慢性应激障碍。

破坏性压力，比如地震、战争等，则容易使人患上创伤后压力失调，或创伤后应激障碍，造成感知、情绪、行为等方面的系列问题，是为急性应激障碍。比如女性被强暴后会变得呆滞、记忆丧失、回避社会活动、失去安全感等。强大自然灾害的心理反应，则比创伤后压力失调更为严重，产生灾难症候群。

知识链接

压力对身心健康危害的征兆

1. 情绪信号

(1) 焦虑；

(2) 淡漠；

(3) 易怒；

(4) 精神疲惫。

2. 行为信号

(1) 回避责任、回避与人交往;

(2) 出现极端行为或自我伤害行为;

(3) 忽视自己;

(4) 判断能力差。

3. 生理信号

(1) 对疾病的过度担心;

(2) 经常生病;

(3) 疲惫;

(4) 过量用药;

(5) 病痛及抱怨。

2. 压力反应的阶段

压力作用于个体之后,会引发一系列的变化,如心跳加快加强,血液循环加快,血压升高;内脏血管收缩,骨骼肌血管舒张,血流量重新分布;呼吸加深加快,肺通气量增多;汗腺分泌迅速;代谢活动加强,为肌肉活动提供充分的能量等。这一系列活动均有利于机体动员各器官的贮备力,尽力应对环境的变化。根据内分泌学和生化学家塞利的研究,在适应压力的过程中,个体的生理、心理及行为特点分为以下三个不同的阶段。

(1) 警觉阶段

警觉阶段又叫唤醒期或准备期。发现事件并引起警觉,同时准备应付。交感神经支配肾上腺分泌肾上腺素和副肾上腺素,这些激素促进人体的新陈代谢,释放储存的能量,于是主要器官的活动处于兴奋状态,包括:呼吸、心跳加速;汗腺加快分泌;骨骼肌紧张,血压、体温升高等。

(2) 搏斗阶段

搏斗阶段又叫战斗期或反抗期。继警觉之后,人体全身心投入战斗,或消除压力,或适应压力,或退却。这一阶段人体会出现以下生理、心理和行为特征:

① 警觉阶段的生理生化指标表面恢复正常,外在行为平复,实则处于意识控制之下的抑制状态。

② 个体内部的生理和心理资源以及能量,被大量耗费。

③ 由于调控压力而大量消耗能量,此时个体变得极为敏感和脆弱,即便是日常微小的刺激,也能引发个体强烈的情绪反应。比如,孩子的哭闹、家里来客人、接听电话、家庭成员的小小意见分歧,都会使其大发雷霆,找对方“出气”。

(3) 衰竭阶段

衰竭阶段又叫枯竭期或倦怠期。由于抗击压力的能量已经消耗殆尽,此时个体在短时间内难以继续承受压力。如果一个压力反应周期之后,外在的压力消失了,经过一定时间的调理休息,个体很快就能恢复正常的体征。如果压力源持续存在,个体仍不能适应,那么一个能量已经消耗殆尽的人,就必然会发生危险,此时,疾病、死亡都是极有可能的。有两种压力可能使肌体调节失常:一是突如其来的过大压力;二是持续不变低量的压力。前一种压力使人压力调节机制瓦解,后一种压力可能逃避正常的肌体反应,造成压力的蓄积。长期处于叠加性压力和破坏性压力状态下容易出现身心疾病,就是这个道理。

三、压力管理的策略

压力看不见也摸不着,可它在我们每个人的生活中无处不在,无可逃避,因此,这就有个压力适应的问题。所谓压力适应,是指个体在压力反应之后能很快恢复正常的身心特征,或者面对持续压力不处于极端状态而能保持身心健康的能力。为了能很好地适应大学乃至今后的学习、生活和工作,大学生朋友宜进行有效的压力管理,提高自己的压力适应能力。所谓压力管理,是指针对可预见的压力源进行必要的干预,维护身心健康,提高问题处理的效率,保证学习生活目标顺利实现的管理活动。压力应对具有事后性和被动性,而压力管理则带有一定程度的主动性和积极性特征,它包含压力应对。建议大学生朋友从以下四个方面着手进行压力管理。

1. 构建自己的社会支持系统

当一个人独自面对压力的时候,其应激反应的消极作用远远大于社会支持的效果。因此,要想不在压力面前孤立无助,最好构建自己的社会支持系统,这其中包括自己的亲人、朋友、同学、老师等。社会支持系统可以在需要的时候给予自己情感安慰、行动建议,帮助自己渡过难关。强大的社会支持让自己不再感到孤立无援,可以迅速恢复信心和勇气,面对挑战,解决问题。当然,要构建社会支持系统,你需要:

(1) 学会尊重他人。其中当然包括自己的同学和老师,因为只有尊重他人的人才能获得他人的友谊,也才可能获得帮助。

(2) 扩大社会交往面,结识更多的朋友。首先,让同学成为自己最亲密的朋友;其次,需要一位人生的导师,可以在自己遇到困难的时候提供客观的分析和有益的观点,而这样的导师无疑就是自己的老师或者其他长者。

(3) 需要向亲人、朋友和老师敞开心扉。你可能基于自尊或面子的考虑而拒绝他人的帮助。但是在确实无法解决问题的时候,最好将面临的压力说给他们听,让他们帮助自己分析并提供建议。

2. 觉知和调整自己的生理状态

生理状态是压力最直接的指标。做好压力管理,有效管理压力,首先要有压力意识,要能觉察压力的信号。首要原则是要对压力有所觉察。

人在应激状态下,本能会驱动机体的防御机制,这是自发发生的。现在,我们要进入自觉反应状态。有效的压力管理,需要我们建立一个对付压力——尤其是那些慢性压力的预警机制。为此,你需要:

(1) 有意识地觉知自身的紧张、焦虑等情绪状态。当处于应激状态时,自己的生理和情绪上会有什么样的不适反应?记录自己的这些压力反应,然后锁定这些反应指标,以后每当自己产生这些不适反应时,便对自己发出警告。压力预警,就像战争中的雷达一样,让自己保持必要的警惕。

(2) 学会控制自己的不良生理指标。当压力知觉性提高时,也需要提高生理指标控制力,比如心跳、呼吸、血压等。这实际上就是生物反馈过程,当然,提供反馈的不是机器而是自己的觉知能力。

3. 减轻和消除自己的心理负累

应激,即便是本能反应,也足以使我们身心疲惫。现在,必须卸掉我们身上由压力带来的紧张和焦虑。否则持续性的压力累积效应,迟早会让我们垮掉。消除心理负累的方法很多:

(1) 理性辨析和积极归因。找来纸笔,将面临的核心问题写下来,接下来需要围绕着这个问题逐步回答:这个问题是如何产生的?这个问题真的与我有关吗?这个问题真的就是一种威胁吗?这个问题真的就不能解决吗?通过如此反复逐层深入的自我辨析,理清问题症结所在,从而减轻对压力情景认识的模糊或者夸大威胁而产生的焦虑。

(2) 学会经常进行放松训练。放松训练是通过一定的练习程序,学习有意识地控制和调节自己的身心活动,以达到降低机体唤醒水平,调整因紧张而紊乱的身心功能,从而使机体内环境保持平衡与稳定的过程。

心理实训

放松训练方法

1. 超觉静坐法

(1) 在吃饭前做,每次为10～20分钟。

(2) 找一个宁静的不会令人分心的地方。

(3) 舒适地坐直,双手自然垂放在大腿两侧。

(4) 轻轻地闭上你的眼睛,放松肌肉平静下来,可以做几次深呼吸让整个人静下来。

(5) 慢慢调整为正常呼吸,缓慢而自然,集中精神默念一个字或词(如一、爱、宁静),吐气时重复所选的字或者词。

2. 渐进式放松

选一个舒服的地方坐下,双手自然垂放在大腿两侧,闭上双眼,一手紧握成拳头状,手腕及手臂用力,感受到手的紧张度,继续约5秒,然后放松,接下来再练习肩膀、额头、眼睛、嘴巴等地方。

3. 伸展运动

温和地转动头部、颈部,或伸懒腰、动动肩膀等都可以。

4. 深呼吸减压

平躺,一只手放在肚脐上,另外一只手放在胸部,用鼻子慢慢地吸气,试着把肚子凸出,并停止1秒钟,接着再从鼻子里慢慢地呼气,让呼气的时间长于吸气的时间,反复做,直到压力缓解为止。

4. 进行有效的时间管理

乔治在关于从时间中解放出来的文章中表达了他对时间管理的看法:我们的生活一直受到钟表的支配,但钟表时间是人类发明的,用来服务于我们的,我们不能让时间的测量支配我们的思考,否则我们将在无法自我实现的焦虑中伤害到自己。我们日常学习、生活和工作中的许多压力,都来源于事情和任务本身。因此,对压力源进行管理,也是压力管理的重要策略。压力源管理常常与时间管理相关联。所谓时间管理,简单说就是为了提高时间的利用率和有效性,而对时间进行合理的计划和控制,有效安排和管理日常事务的管理活动。大学生的时间管理,是大学生对大学生活时间(包括学习时间和闲暇时间)采用科学的手段,围绕学习生活事务及其进程,进行有计划、有系统地控制、调节,最终达到有效利用时间来实现自我发展的目的的管理活动。以下时间管理方式,建议大学生们学会运用:

(1) ABC时间管理法。最初由美国管理学家莱金(Lakein)提出,他建议为了提高时间的利用率,每个人确定今后5年、今后半年及现阶段要达到的目标。人们应该将其各阶段目标分为ABC三个等级:A级为最重要且必须完成的目标;B级为较重要很想完成的目标;C级为不太重要可以暂时搁置的目标。可以按照如下步骤具体实施:列出“日学习清单”,对学习目标进行分类;然后按照重要性和紧急程度确定ABC顺序;确定工作日程及时间分配;实施计划;记录花费的时间;总结经验。

(2) 四象限时间管理法。按照重要性和紧迫性把事情分成两个维度:其一是按重要性排序;其二是按紧迫性排序。然后,把所有事情纳入四象限,按照四个象限的顺序灵活而有序地安排工作。高效时间管理法的核心:先轻重,后缓急。也就是说高效的管理时间,需要把精力放在一、四象限,极力压缩在第二、三象限停留的时间。这就等于掌握时间的主动权,保持生活的平衡,减少未来可能出现的危机。

研究表明:处理既重要又紧急的事情(第一象限),普通人和成功的人都要投入一定的精力(20%～30%),而造成时间管理差异的秘密在第四象限(重要但不紧急)。成功的人花60%～68%的时间(普通人只有20%)来处理重要但不紧急的事情,不断地提高自己,有规律有计划地完成任务,做有创造性的工作。一般人在处理第三象限(既不重要又不紧急)和第二象限(紧急但不重要)的事情时花费大量时间,因为处理第三象限的事务没有任何压力，比如削削铅笔，整理整理文具之类的可做可不做的工作。而"会响的轱辘有油喝"，第二象限(紧急但不重要)，紧急的事情总是吸引人们的注意力，处理这些事情耗费了大量的时间，就会减少处理第一、四象限的时间，变成了一种变相的拖延，这就解释了为什么有的人总是显得很忙，却毫无效率可言的原因。

当工作极度繁忙又无法理出头绪时，不妨利用四象限时间管理法，分别填入不同类型的工作，再标出优先次序，这个方法将会帮助你把原本混乱的生活变得井然有序，纠结的思绪也会变得豁然开朗。

(3) 记录统计法。通过记录和总结每日的时间消耗情况，以判断时间耗费的整体情况，分析时间浪费的原因，采取适当的措施节约时间。

知识链接

积极的减压方式

面对压力，积极的、富有建设性的减压方式是相对破坏性的减压方式而言的，它们是：

(1) 直面问题，解决问题。直接面对问题，而不是逃避、压抑、转嫁或迁怒于无关的人或事；理性地评价、选择解决问题的方案；解决问题的策略要与现实相符，其出发点是对问题的真实估计，而不是自我欺骗或自暴自弃。

(2) 管理自己的情绪和行为。学会认识和抑制毁灭性的或潜在危害性的各种负面情绪，即学会情绪管理；学会控制自己具有危害性的习惯性行为；努力保证自己的身体不遭受酒精、药物的伤害，加强锻炼，保证睡眠。

(3) 坚持适当和必要的体育锻炼。尤其是感到有压力的时候，需要做的不是坐在那里发愁或者抱怨，而是要走出去活动活动。可以慢跑，请注意，一定是慢跑！慢跑的过程中，呼吸缓慢而有节奏，让神经和身体彻底放松，让身心投入到运动中。体育活动是非常有效的减压方式，它基本不产生额外花费，但是却可以迅速改善某些生理系统及其功能，让自己充满生命活力，找回控制感，从而有效减轻你的心理负累。

(4) 置身于文艺世界。可以看电影、听音乐、欣赏书画作品，任何让自己真正能够感受到美的东西都可以尝试。在欣赏和感受美的过程中，帮助找回人性的光辉、世界的美好和生活的希望。

(5) 郊游或者远足。可以根据你的时间表和经济能力，把自己交给大自然。请记住：大自然永远是人类最宽宏慈爱的母亲！当你面对她的时候，你可以完全抛开你在社会中因为防御需要带上的层层面具，重新思考过去没有考虑到的东西，真实面对自己。

(6) 户外体验或者拓展训练。可以通过个人报名或者组织同学、朋友等方式，进行一次户外体验或者拓展训练。这同样可以让自己放松、减压。

(7) 阅读书籍,汲取榜样的力量。当面对压力感到不知所措的时候,可以从榜样身上寻找力量。杰出人物毫无疑问经历了无数的挫折与压力,那么他们是怎么做的呢？去看看人物传记吧。

(8) 寻求专业人士的帮助。如果上述方式都无济于事,那么,我们建议是时候寻求专业人士的帮助了。你需要进行心理咨询,让专业人士引导你排除压力。

参考文献

[1] 邱美玲.大学生心理素质教育[M].广州:世界图书出版公司,2008.

[2] 陈家麟.学校心理健康教理与操作[M].北京:教育科学出版社,2002.

[4] 郑日昌.大学生心理咨询[M].济南:山东教育出版社,1996.

[4] 张小乔.大学生心理咨询书信集[M].武汉:华中科技大学出版社,2004.

[5] 樊富珉.当代大学生心理健康教育课程[M].武汉:武汉大学出版社,2006.

[6] 李蔚.心理健康与教育[M].太原:山西教育出版社,2004.

[7] 张庆林,史慧颖.学校心理健康教育[M].重庆:西南师范大学出版社,2001.

[8] 周红五.心理援助:应对校园心理危机[M].重庆:重庆出版社,2006.

[9] 张加彬.心理援助:青少年心理危机应对方略[M].北京:中国商业出版社,2009.

[10] Alfred Adler.自卑与超越[M].顾天天,译.重庆:重庆出版社,2011.

[11] 肖永春.幸福心理学[M].上海:复旦大学出版社,2008.

[12] 凌四宝,舒曼.心花怒放——高校心理健康教育操作手册[M].南昌:江西人民出版社,2011.

[13] 郭念锋.心理咨询师(基础知识)[M].北京:民族出版社,2005.

[14] 汪小琴,赖经洪.大学生心理健康知识读本[M].南昌:江西人民出版社,2005.

[15] 祝黄河,周广曾.青少年心理健康与心理咨询[M].南昌:江西人民出版社,2003.

[16] 许又新.神经症[M].北京:人民卫生出版社,1993.

[17] 蔡培培.大学生心理健康教育[M].成都:电子科技大学出版社,2011.

[18] 姚萍.大学生心理健康与咨询[M].北京:北京大学出版社,2010.

[19] 王晋.大学生心理健康[M].北京:北京大学出版社,2005.

[20] 韩延明.大学生心理健康[M].上海:华东师范大学出版社,2007.

[21] 谭谦章.大学生心理健康[M].广州:华南理工大学出版社,2007.

[22] 吴增强,蒋薇美.心理健康教育[M].北京:中国轻工业出版社,2007.

[23] 彭聃龄.普通心理学[M].北京:北京师范大学出版社,2008.

[24] 孔燕等.大学生心理健康教育[M].合肥:安徽人民出版社,2001.

[25] 吉红,王志峰.大学生心理健康与调适[M].北京:中央编译出版社,2006.

[26] 姚本先. 心理学[M]. 北京:高等教育出版社,2005.
[27] 张在均,邓卓明. 大学生心理健康教育[M]. 重庆:西南师范大学出版社,2004.
[28] 王为正,韩玉霞. 大学生心理自助读本:感悟 · 求索 · 升华[M]. 北京:科学出版社,2010.
[29] 黄玄清. 哈佛情商[M]. 北京:中国妇女出版社,2006.
[30] [美]默里卡 · 帕德丝,等. 心灵导师 · 情绪管理全书[M]. 北京:经济日报出版社,2003.
[31] 傅佩荣. 智者的生活哲学[M]. 北京:国际文化出版公司,2005.
[32] 曾仕强. 情绪管理[M]. 厦门:鹭江出版社,2008.
[33] 才永发,等. 做自己的心理调节高手[M]. 北京:地震出版社,2006.
[34] 宋宝萍. 大学生心理健康教育[M]. 西安:西安电子科技大学出版社,2007.
[35] 吕秋芳,齐力. 大学生心理健康与调适[M]. 北京:华文出版社,2003.
[36] 孔燕. 大学生心理健康教育案例[M]. 合肥:安徽人民出版社,2003.
[37] 库恩,等. 心理学导论:思想与行为的认识之路[M]. 11 版. 郑钢,译. 北京:中国轻工业出版社,2010.
[38] 陈琦,刘儒德. 当代教育心理学[M]. 2 版. 北京:北京师范大学出版社,2007.
[39] 郭念锋,等. 心理咨询师(基础知识)[M]. 北京:民族出版社,2005.
[40] [法]柏格森. 形而上学导论[M]. 刘放桐,译. 北京:商务印书馆,1963.
[41] [苏]伊 · 谢 · 科恩. 自我论:个人与自我意识[M]. 北京:三联书店,1986.
[42] [美]马斯洛. 人性能达到的境界[M]. 林方,译. 昆明:云南人民出版社,1987.
[43] [法]萨特. 存在主义是一种人道[M]. 周煦良,汤永宽,译. 上海:上海译文出版社,1988.
[44] 李维,张诗忠. 心理健康百科全书 · 社会问题卷[M]. 上海:上海教育出版社,2004.
[45] 王卫红. 抑郁症、自杀与危机干预[M]. 重庆:重庆出版社,2006.